hänssler

Heiko Krimmer
Martin Holland

Erster und zweiter Petrus-Brief

Die Reihe des EDITION C-Bibelkommentars zum Neuen Testament wird von Dr. Gerhard Maier herausgegeben.

Die Deutsche Bibliothek – CIP-Einheitsaufnahme

Erster und zweiter Petrusbrief / Heiko Krimmer ; Martin Holland. –
Neuhausen-Stuttgart : Hänssler, 1992
(Edition C : B ; 20)
ISBN 3-7751-1599-4
NE: Krimmer, Heiko ; Holland Martin ; GT

EDITION C-Bibelkommentar, B 20
Bestell-Nr. 55.920

Umschlaggestaltung: Daniel Dolmetsch
Printed in Germany

Inhalt

Der erste Petrus-Brief (H. Krimmer)

Der zweite Petrus-Brief (M. Holland)

Kurze Einleitung

Die Auslegung

Heiko Krimmer

Der erste Petrus-Brief

Kurze Einleitung

1. *Verfasser:* Der 1. Petrusbrief ist ein Brief des Apostels Petrus, der sich mit Namen und Dienst vorstellt (vgl. 1,1) und seine Mitarbeiter am Schluß des Briefes benennt (vgl. 5,12 f). Silvanus wird wohl Mitverfasser und Überbringer dieses Briefes gewesen sein. Mitverfasser in dem Sinn, daß er mit seinem vermutlich besseren Griechisch Petrus hilft, das Seine recht zu formulieren. Der Apostel will mit seinem Brief die Gemeinden Kleinasiens in den Anfechtungen stärken.

2. *Empfänger:* Petrus schreibt an die Gemeinden Kleinasiens. Pontus, Galatien, Kappadozien, die Provinz Asien und Bithynien sind römische Provinzen, in denen vor allem Paulus gemeindegründend gearbeitet hat. Es sind dort christliche Gemeinden entstanden, die in einer Diaspora-Situation zu leben haben, nämlich verstreut und auch geistlich als »Fremdlinge« in einer heidnischen Umwelt (vgl. 1,1). Sie sind vorwiegend Heidenchristen (vgl. 1,14.18; 2,10; 4,3 f). Es sind Gemeinden, die in Bedrängnis und Leiden stehen, weil sie Christen sind (vgl. 1,6; 2,12; 3,14 ff; 4,12 ff). Babylon wird als Abfassungsort genannt. Das ist wahrscheinlich ein Deckname für die Welthauptstadt Rom (vgl. zu 5,13). Die Abfassungszeit kann nicht genau bestimmt werden. Doch muß der Brief zu Beginn der 60er Jahre geschrieben worden sein, denn nach dem Zeugnis vieler Kirchenväter ist Petrus im Jahr 64 n. Chr. unter Nero den Märtyrertod gestorben.

3. *Ziel und Inhalt:* Petrus schreibt einen seelsorgerlichen Brief. Er will die Gemeinden »ermahnen« (vgl. 5,12; auch 2,11; 5,1) im gefüllten Sinn des Wortes. Er will mahnen, Weisung geben, ermuntern, trösten und eingründen. Er will den Gemeinden bezeugen, daß sie in der wahren Gnade Gottes stehen (vgl. 5,12). Damit gibt er ihnen Vergewisserung in den oft zermürbenden Anfechtungen, die die Leidenssituation mit sich bringt.

Der Brief kann klar gegliedert werden. Wir nennen ihn einen Brief des Glaubens, im Sinn von rückhaltlosem Vertrauen auf Gott, gerade auch auf schweren Wegstrecken. Der erste Teil (Kapitel 1) stellt den Gemeinden die Größe ihres Heils vor Augen: »Wiedergeboren zum Glauben.« Darum sind die Glaubenden nun auch befähigt und gerufen »heilig zu leben« (vgl. 1,15). Das entfaltet der zweite Teil (Kapitel 2 u. 3). »Gehorsam im Glauben«, unter der besonderen Fragestellung: »Wie lebt der Christ in der Gesellschaft?«, zugespitzt sogar: »... in einer Gesellschaft, die ihn wegen seines Christseins verfolgt?« (vgl. 2,12; 2,21; 3,13 f). Der dritte Teil (Kapitel 4) geht direkt auf die Leidenssituation ein und beantwortet besonders die Frage nach dem göttlichen Sinn des Leidens der Seinen (vgl. 4,1; 4,12 ff). Im letzten Teil (Kapitel 5) redet der Apostel in die konkrete Gemeindesituation hinein und gibt besonders Leitlinien zum praktischen Leben miteinander (vgl. 5,1 ff; 5,5).

4. *Aktualität:* Der erste Petrusbrief ist ein praktischer Brief mit vielen konkreten Leitlinien, die bis heute sehr hilfreich sind. Gerade in unserer mehr und mehr entchristlichten Gesellschaft fangen sie neu zu sprechen an. Petrus betont, von der konzentriert zusammengefaßten »Vertikalen« – dem Gotteshandeln und Gottesverhältnis – aus (Kap. 1 besonders), breit die Horizontale: »Das Leben des Christen in dieser Welt.« Die Situation der leidenden Gemeinde in ihrer Zuspitzung zeigt die christlichen Leitlinien besonders deutlich. Für die Gemeinde in der Verfolgung – und das wird die Gemeinde in der Endzeit immer mehr werden – ist dieser Brief hilfreichste Wegleitung, um durchzukommen zum Ziel der Herrlichkeit bei Gott.

A. Wiedergeboren zum Glauben (1,1-25)

1. Der Gruß des Glaubens (1,1-2)

1,1: **»Petrus, ein Apostel Jesu Christi, an die auserwählten Fremdlinge, die verstreut wohnen in Pontus, Galatien, Kappadozien, der Provinz Asien und Bithynien,«**

Wie im antiken Brief üblich und nötig (Papyrus- bzw. Pergamentrolle), nennt der Briefschreiber seinen Namen sofort am Anfang. *»Petrus«* schreibt diesen Brief. Es ist Simon Petrus, der Jünger Jesu, den alle vier Evangelien als den »Sprecher« des Jüngerkreises kennzeichnen. »Simon«, diesen Dankesnamen (deutsch: »Erhörung«) gaben ihm seine Eltern. »Petrus«, diesen Dienstnamen (deutsch: »Fels«), gab ihm sein Herr Jesus Christus. »Du bist Petrus, und auf diesen Felsen will ich meine Gemeinde bauen« (Mt 16,18), so ruft Jesus in besonderer Weise diesen Jünger in den gemeindegründenden Dienst.

Simon Petrus stammte aus Betsaida (vgl. Joh 1,44), lebte nach seiner Heirat dann in Kapernaum und war von Beruf Fischer (vgl. Mk 1,16; 1,29 f). Sein Bruder Andreas war ein Jünger von Johannes dem Täufer geworden und dabei am Jordan zum erstenmal Jesus begegnet (vgl. Joh 1,35 ff). Er führte auch seinen Bruder Simon Petrus zu Jesus, der ihm schon bei dieser ersten Begegnung seinen Dienstauftrag zusagte (vgl. Joh 1,41 ff). Doch erst später, bei einer zweiten Begegnung am See Genezareth (vgl. Lk 5,1-11), erfolgte die tatsächliche Berufung des Petrus als Jünger, und von da an folgte er Jesus nach. So wurde er Augen- und Ohrenzeuge von Jesu Verkündigung, Wundertaten und Heilungen. Mit Jakobus und Johannes gehörte Petrus zum engsten Kreis um den Herrn und war sowohl bei der Auferweckung der Tochter des Jairus (vgl. Lk 8,51) wie auch auf dem Berg der Verklärung (vgl. Mt 17,1) und dann im Garten Gethsemane (vgl. Mt 26,37) in der besonderen Nähe des Herrn.

Petrus bekannte als Sprecher der Jünger als erster die Messianität Jesu und bezeugte ihn als Gottes Sohn (vgl. Mt 16,16). Doch blieb ihm der Leidensweg seines Herrn völlig anstößig (vgl. Mt 16,22 f), und er wurde sogar zum Verleugner seines Herrn (vgl. Mt 26,70 ff).

Petrus war ein mutiger Mann: Er ging dem Herrn auf den Wellen entgegen (vgl. Mt 14,28), und er verteidigte Jesus im Garten Gethsemane (vgl. Joh 18,10). Aber er warf auch schnell die Flinte ins Korn und gab auf (vgl. Mt 8,25; 14,30). Doch der auferstandene Christus berief Petrus endgültig als Hirten seiner Gemeinde (vgl. Joh 21,15 ff) und sagte ihm auch das Martyrium voraus (vgl. Joh 21,18).

Petrus wurde zum Führer der Urgemeinde in Jerusalem. Er predigte an Pfingsten (vgl. Apg 2,14), und in unerschrockenem Freimut bezeugte er Jesus von Nazareth als den Christus Gottes auch vor dem Hohen Rat (vgl. Apg 4,8 ff; 5,26 ff). Durch eine Vision von Gott wurde Petrus auch in die Heidenmission geführt (vgl. Apg 10,9 ff).

So nennt er seinen Dienstnamen gleich am Anfang dieses Briefes und weist damit weg von seiner Person und hin auf seinen Dienstauftrag. Seine Vollmacht ist nicht in ihm selbst begründet, sondern eben in dem Dienst, zu dem ihn Jesus Christus selbst berufen hat.

Das kommt auch deutlichst in der knappen Beifügung zum Ausdruck: *»ein Apostel Jesu Christi«*. Jesus Christus selbst hat ihn zum Apostel berufen (vgl. Mk 3,14; Apg 1,2). »Petrus« ist sein Dienstauftrag, *»Apostel«* seine Dienstbezeichnung. »Apostel« ist ein einmaliges, unwiederholbares Amt, gemeindegründend (vgl. Eph 2,20), in das Jesus seine zwölf Jünger berufen hatte (vgl. Mt 10,2; Mk 3,14). Sie sind alle Augen- und Ohrenzeugen des irdischen Jesus, bis auf den Apostel Paulus, den der auferstandene Christus selbst zu dem Zwölferkreis als Apostel dazuberief (vgl. Apg 9,15; Röm 1,1; 1 Kor 1,1; 15,9 u. ö.). »Apostel« sind, wie das Wort meint, »Gesandte«. Der Apostel ist ein Gesandter und Botschafter seines Herrn. Diesen nennt Petrus deshalb sofort auch: Er ist »Apostel Jesu Christi«. *»Jesus«*, das ist der irdische Name des Sohnes Gottes. Petrus stellt ihn hier bewußt voran, denn er ist ja Jünger des irdischen Jesus gewesen. Paulus bezeichnet sich dagegen immer, wo er sich so in seinen Briefen vorstellt, als »Apostel Christi Jesu« und gibt damit wohl zu erkennen, daß er kein Jünger des irdischen Jesus war. Bis in solche »Kleinigkeiten« sind die neutestamentlichen Briefe also zuverlässig. Allein diese kleine Beobachtung stärkt das Vertrauen zu der Echtheit der Briefe, insbesondere ihren Verfasserangaben.

Auch die griechische Welt gebrauchte diese Amtsbezeichnung. So werden im militärischen Bereich Befehlshaber genannt, z.B. der Admiral einer Flotte. Auch Neusiedler, die die vom griechischen Mutterland eroberten Gebiete in Besitz nahmen, heißen gelegentlich »Apostel«. Beide Verwendungen des Begriffes halten also fest, daß hier nicht auf eigene Rechnung gehandelt wird, sondern im Auftrag. Ein Apostel setzt somit eine »i. A.« vor seinen Namen, das heißt eben: »im Auftrag«. So auch der Apostel Jesu Christi. Er handelt i.A. Jesu Christi, ist somit sein Handlungsbevollmächtigter.

Jesus hat den Petrus berufen. Das ist das geschichtliche Geschehen, wie der irdische Jesus von Nazareth diese Zwölf in seinen besonderen Dienst nahm (vgl. Mk 3,14; Mt 10,2; Lk 6,13). *»Christus«* ist der auferstandene Sohn Gottes, damit erwiesen und bestätigt als der »Christus« Gottes, sein Messias (so »Christus« auf hebr.; wörtlich »Gesalbter«) und ewiger König. Er hat Petrus ausdrücklich in diesen Dienst als sein Beauftragter neu eingesetzt (vgl. Joh 21,15 ff).

In dieser knappsten Selbstvorstellung »Petrus, ein Apostel Jesu Christi« liegen damit eine umfassende geschichtliche Wirklichkeit, tiefste geistliche Verankerung und höchste göttliche Vollmacht engstens ineinander. Es wäre undenkbar, gerade auch für die neutestamentliche Zeit, daß dieser einzigartige Dienstname, Dienstauftrag und Dienstbezeichnung mißbraucht würde, daß sich ein anderer – anonym – diese Wirklichkeit zu Nutzen macht. Es geht bei der Verfasserfrage um keine Randfrage, sondern hier wird die Autorität eines biblischen Buches bzw. Briefes in seinem Fundament berührt. So hat die Alte Kirche bei der Entscheidung, welche Schrift in den Kanon des NT aufgenommen werden soll, gerade die Echtheit bei der Verfasserfrage zu einem entscheidenden Kriterium gemacht.

Petrus schreibt diesen Brief in seiner ganzen apostolischen Vollmacht. Es ist kein Privatbrief, sondern ein Zirkularschreiben an viele christliche Gemeinden, der auch gewiß nicht die Privatmeinung des Petrus wiedergibt. Er redet hier i. A., als Gesandter Jesu Christi, und sagt das Wort und die Weisung seines Herrn. So ist dieser Brief »Wort Gottes«, inspiriertes Wort Jesu Christi. Die Inspirationslehre ist keine dogmatische Floskel, sie ist personale Inspiration, Reden i. A., gewirkt und bestätigt durch den Heiligen Geist. Der Brief des Petrus ist Gottes Wort, wie es der auferstandene Herr durch diesen Menschen »Petrus«, in dessen Originalität und Eigenart seiner Gemeinde damals und heute sagen läßt. Die Person des Zeugen wird gerade nicht ausgeschaltet, sondern voll »eingeschaltet« bis hin zu dem, daß Petrus »durch Silvanus« (5,12) seinen Brief schrieb, was immer das in den Einzelheiten bedeutet.

Petrus schreibt *»an die auserwählten Fremdlinge«. »Auserwählte«* – dieses Wort betont ganz und völlig Gottes Tun. Er hat uns erwählt, so wie Jesus sagt: »Nicht ihr habt mich erwählt, sondern ich habe euch erwählt ...« (Joh 15,16; vgl. Jes 14,1; 41,8; 43,10; 45,4; 65,9; Mt 20,16; 24,22; Lk 18,7; Apg 9,15; Röm 8,29.33; 11,7; 1 Kor 1,27; Eph 1,4; Tit 1,1; 1 Petr 1,2.20; Offb 17,14). »Auserwählen« heißt wörtlich übersetzt »herausrufen«. Das macht deutlich, daß zwei dazu gehören: einer, der ruft (das ist ganz allein Gott), aber auch einer der hört, der sich rufen läßt (das ist der hörende und gehorchende Mensch). So hat Petrus mit Andreas den Ruf Jesu gehört: »Folgt mir nach« (Mt 4,19). Petrus hätte sitzenbleiben können, dann wäre er nicht zum »Menschenfischer« geworden. Aber Petrus hat gehört und gehorcht. Er ist aufgestanden und hinter Jesus hergegangen.

So wird er *»auserwählt«.* »Erwählung« ist ganz gewiß völlig Gottes Tun; aber sie geschieht ebenso gewiß nicht zwangsweise. Dort, wo ein Mensch hört und gehorcht, vollzieht sich Gottes Erwählung. »Erwählung« ist nicht im Sinne von »Bevorzugung« zu verstehen; vielmehr stehen Erwählung und Gehorsam zusammen. Meinen Nicht-Glauben kann ich so nicht Gott anlasten. Das ist eine zu billige Lösung. Wenn eine Firma zehn Arbeiter sucht und nur acht sich melden, ist dann die Firma schuld? Trotzdem bleibt in der biblischen Erwählung Gottes Freiheit ganz gewahrt. Die Väter sagten so: Am Eingang zur »engen Pforte« steht das Wort: »Ringt darum, daß ihr durch die enge Pforte hineingeht« (Lk 13,24). Wer hindurchgegangen ist, liest staunend auf der Rückseite der engen Pforte: »Erwählt von Anbeginn der Welt« (vgl. Mt 25,34).

Dabei sind eben die »Auserwählten« jetzt und hier in dieser Welt *»Fremdlinge«.* Diese Kennzeichnung greift zurück auf den Vater des Glaubens, Abraham (vgl. Hebr 11,9). Er lebte als »Fremdling« im verheißenen Land, ganz wörtlich zu nehmen, denn außer der Höhle Machpela hatte er zeitlebens keinen Landbesitz. So leben Christen in dieser Welt als »Fremdlinge«, denn ihre Heimat ist im Himmel (vgl. 1 Mo 12,10; 15,13; 2 Mo 2,22; Ps 39,13; Mt 25,35; Apg 7,6.29; Eph 2,19; Hebr 11,9). Das griechische Wort macht in seiner Grundbedeutung eindrücklich klar, was der Stand der »Fremdlinge« bedeutet. Es heißt wörtlich übersetzt: »dabei weggeteilt«. Der »Fremdling« lebt wohl »dabei«, ist aber doch »weg« von den Bürgern und nicht Teil der Einheimischen. So leben Christen in der Welt, damals wie heute, wie Jesus selbst sagt: »Ich sende euch *in* die Welt« (vgl. Joh 17,18), und gleich dazusetzt: »Sie sind nicht *von* der Welt« (vgl. Joh 17,16). »Fremde« sind Christen in der Welt, weil ihre Heimat im Himmel ist (vgl. Hebr 11,10).

Dabei hat dieses Fremd-sein auch ganz praktische Konsequenzen. In vielen Ländern des Orients damals unterlag der »Fremdling« drei Beschränkungen:

a) Er konnte sein Recht nicht selber vor dem Richter einklagen. Er war darauf angewiesen, daß ihm ein Einheimischer zur Seite trat. Bis heute gilt das für viele Christen, besonders in den Ländern der Verfolgung: Sie sind weitgehend rechtlos.

b) Der »Fremdling« konnte auch keinen dauernden Besitz erwerben, sich also nicht seßhaft machen. Auch das ist heute für viele Christen (etwa in Indien) tägliche Wirklichkeit – bis hin zu dem, daß die Jesusgemeinde in der antichristlichen Zeit weder kaufen noch verkaufen kann, wenn sie »nicht das Zeichen hat, nämlich den Namen des Tieres« (vgl. Offb 13,17). Und

c) der »Fremdling« konnte auch keinen festen Beruf ergreifen, seinen Lebensunterhalt also nicht selber sichern. Das ist täglich für viele Christen Wirklichkeit, in islamischen Staaten zum Beispiel. Oder lange Jahrzehnte in der ehemaligen Sowjetunion.

Die »Fremdlingsexistenz« war, ist und wird auch wieder Kennzeichen der wirklichen Jesusjünger sein. Bis hin zu dem, daß sie *»verstreut wohnen«* (wörtlich »in der Diaspora«), daß sie in der Zerstreuung sind. Gerade weil sie »nicht von der Welt« sind, leben die Christen an ihrem jeweiligen Ort zerstreut, im Sinn von ausgesondert, anders als die anderen. Doch steckt in dieser Kennzeichnung auch eine ganz positive Aussage. »Diaspora« (»Zerstreuung«) kann auch ganz wörtlich, in der Grundbedeutung, mit »ausgesät« wiedergegeben werden.

Hier redet Petrus das nach, was sein Herr immer wieder gesagt hat. Das steht doch hinter dem Wort Jesu: »Ihr seid das Salz der Erde« (Mt 5,13), oder: »Ich sende euch wie Schafe mitten unter die Wölfe« (Mt 10,16). Christen sind Ausgestreute, ja Ausgesäte auf dem Acker der Welt, damit dort etwas wachsen kann. Salz muß hineingestreut werden in die Suppe, sonst bleibt sie fad, muß ausgestreut werden über das Fleisch, sonst verfault dieses.

Die »Zerstreuung« der Christen hat so bewahrenden, anreizenden und ganz gewiß missionarischen Sinn gerade für die Welt. »Die zerstreut (hier: verfolgt) worden waren, zogen umher und predigten das Wort«, so berichtet uns eindrücklich die Apostelgeschichte (8,4). Und da ist das Positive sichtbar. Doch hat dieses »Zerstreut-Wohnen« auch einen eschatologischen Aspekt: Der Herr wird seine Gemeinde aus aller Zerstreuung sammeln und sie ganz bei sich vereinen. Das ist gewisse Hoffnung der Christen (vgl. 5 Mo 30,3; Ps 142,8; Jes 11,12; 40,11; 54,7; Mt 3,12; 24,31), schon vom alten Bund mit Israel an, dem diese Sammlungsverheißung ebenso gilt.

Nun nennt Petrus die Gebiete der Diaspora. *»Pontus, Galatien, Kappadozien, die Provinz Asien und Bithynien«* sind alte kleinasiatische Landschaftsnamen, die Petrus hier aber wohl als die römischen Provinznamen gebraucht. So ist dieser Brief an alle Christen in Kleinasien gerichtet. Pontus, Kappadozien und die Provinz Asien sind schon bei der Pfingstpredigt des Petrus (Apg 2,9) genannt. Schon von da an wird es dort Christen gegeben haben. Auch Paulus hat ja in weiten Teilen Kleinasiens missioniert, so daß dort einige christliche Gemeinden waren. Von einer Missionstätigkeit des Petrus in Kleinasien haben wir im NT keine Nachricht, doch ist wohl anzunehmen, eben auf Grund dieses Briefes, daß Petrus die Gemeinden dort auch einmal besucht, wenn nicht gar manche gegründet hat.

1,2: **»die Gott, der Vater, ausersehen hat durch die Heiligung des Geistes zum Gehorsam und zur Besprengung mit dem Blut Jesu Christi: Gott gebe euch viel Gnade und Frieden!«**

Im Griechischen ist dieser Satz klar gegliedert durch die drei Präpositionen »nach«, »in« und »zum«, griechisch genauer: »ausgehend von«, »hinein in«, und »nach-hin«. Es sind also drei Geschehnisse, Bewegungen gemeint. Zu »auserwählten Fremdlingen« sind die Christen geworden, weil sie *»Gott, der Vater, ausersehen hat«*, griechisch kürzer; »nach der Vorsehung Gottes, des Vaters.« Wie bei dem »auserwählt« (vgl. V. 1) wird noch einmal eindeutig und zuerst Gott als der Handelnde betont. »Ausgehend von der Vorsehung Gottes«, das war der Anfangspunkt für den Glauben. »Vorsehung« (auch »Vorwissen« oder »Vor-Erkennung«) ist allein Gottes Möglichkeit und Wirklichkeit.

Das ist aber kein dogmatischer Satz, der Menschen übergestülpt wird, sondern ist hier – wie überall in der Bibel – seelsorgerlicher Zuspruch. Gerade den Angefochtenen und Bedrängten damals wie heute wird damit dieser gründende Trost zugesprochen: Gott hat seinen Plan mit dir und für dich. Er hat dich ganz in seiner Hand. Seine Treue hält dich fest, und er bringt dich zum Ziel. Mit dem »Vorherwissen Gottes« über unser Leben ist eine objektive Glaubensgrundlage für jeden Christen persönlich gelegt: Mein Glaube beruht nicht auf meiner Entscheidung – so wichtig diese ist –, sondern auf der »Vorbestimmung Gottes«. Wenn mein Glaube angefochten ist – etwa: War meine Bekehrung auch echt? –, darf ich mich getrost auf diese Grundlage stellen: Gott hat einen Plan der Liebe und Treue mit mir, und er läßt mich nicht los. Wie Paulus schreibt: »... der in euch angefangen hat das gute Werk, der wird's auch vollenden bis an den Tag Christi Jesu« (Phil 1,6).

»Vorher-Erkenntnis Gottes«, das meint den Liebesplan Gottes über jeden Menschen. Das griechische Wort enthält deutlich die Realität dieser Beziehung zwischen Gott und Menschen. Wir könnten »Vorher-Erkenntnis« freier wiedergeben mit »schon bevor wir geboren wurden von Gott zu engster Gemeinschaft ersehnt«. Hier geht es also gewiß nicht um ein unabänderliches »Schicksal«, sondern der liebende »Vater« schuf uns zur Gemeinschaft mit sich. »Vorhersehung« wird oft nur auf uns als Menschen bezogen und mit Fremd-Bestimmung verbunden. Denken wir auch einmal an das »Leid« Gottes, der unsere Gemeinschaft will, was doch so viele ablehnen. Der *»Vater«* in Jesu Gleichnis vom verlorenen Sohn (vgl. Lk 15,15 ff) ist nicht der neutrale Beobachter der Irr- und Abwege seiner Söhne. Der Freude bei der Rückkehr des Gescheiterten entspricht ganz gewiß das Leiden des Vaters beim Weggang seines Sohnes. Und auch Jesus weint über Jerusalem, das jede Gemeinschaft mit dem Gottessohn ablehnt (vgl. Lk 19,41).

Die »auserwählten Fremdlinge«, an die Petrus schreibt, leben im Glauben, »ausgehend von«, d. h. gegründet auf die »Vorsehung Gottes«. Er führt sie so hinein in *»die Heiligung des Geistes«*: Das beschreibt das praktische Leben im Glauben. »Heiligung« bedeutet zum einen das Geheiligtsein eben durch die Gemeinschaft mit dem heiligen Gott, zum andern aber auch das Heiligwerden durch die Neugestaltung der ganzen Person. »Heilig« meint in seiner Grundbedeutung »ausgesondert sein«, ganz für Gott da sein. Es ist also weniger ein Qualitätsbegriff als vielmehr ein Beziehungsbegriff, so wie es schon im alten Bund Gott zu Israel sagt: »Ihr sollt heilig sein, denn ich bin heilig« (3 Mo 19,2; vgl. auch 2 Mo 19,6; 28,36; Jes 4,3; Rö 6,19; 12,1; Eph 1,4; 5,27; 2 Petr 3,11; Offb 20,6; 22,11; auch 1 Kor 1,30; 2 Kor 7,1; 1 Thes 4,3 ff; 2 Thes 2,13; Hebr 12,14). Gott ist heilig. Das griechische Grundwort meint »zu verzehren« und bedeutet auch »ausdörren«. So ist das

Qualitätsbezeichnung: Gott ist verzehrendes Feuer (vgl. 2 Mo 3,2; 19,18; 24,17; 3 Mo 9,24; 5 Mo 4,12.24; 9,3; Apg 2,3; Hebr 12,29). Das staunende Wunder ist, daß er uns nicht verzehrt, sondern reinigt, durchglüht und an seiner Art teilhaben läßt.

»Heiligung« bedeutet gewiß auch Heiligwerden. Und das wirkt am und im Glaubenden der Heilige Geist. In seiner Kraft können wir nach Gottes Gebot und Willen leben, so daß sich die Christusart immer deutlicher an uns ausprägt. Diese »Heiligung« ist nicht auf unsere Kräfte und Anstrengungen gegründet, vielmehr sollen wir Gottes Geist an uns arbeiten lassen. Der Geist wirkt so die »Frucht des Glaubens« (vgl. Gal 5,18.22-25; Eph 5,26; Kol 1,22; 1 Petr 1,15 f; Hebr 13,12).

Mit *»zum Gehorsam und zur Besprengung mit dem Blut Jesu Christi«* wird der gelebte, tägliche Glaube genannt. Das ist die Heiligung inhaltlich. Sie besteht zunächst im *»Gehorsam«* (griech. wörtlich »darauf hören«, »ein scharfes Ohr auf etwas haben«). »Gehorsam« beschreibt also zunächst diese wichtigste Verbindung zwischen zweien, daß sie einander hören können, miteinander reden. Gott redet uns an in seinem Wort. Wir können seine Stimme hören. Das ist das Wunder. Er ruft uns Weggelaufenen nach. Jesus kommt in unsere Welt, daß wir wieder deutlich hören können. Ja, »der Glaube kommt aus dem Hören« (Röm 10,17). »Gehorsam« heißt deshalb, Gottes Stimme zu hören und seinen Weisungen zu folgen. Das ist für den Glaubenden gewiß kein Sklavengehorsam, sondern Kindesgehorsam. Das ist kein Gehorsam aus Zwang oder Angst vor Strafe, sondern ein Gehorsam aus Liebe und Freude. Es ist der »Gehorsam des Glaubens« (Röm 1,5), der freudig und gern den Gotteswillen lebt, der Gott zuliebe lebt.

Allerdings ist solcher Gehorsam auch und gerade für Christen nicht selbstverständlich. Denn auch Christen sündigen immer wieder, erliegen der Versuchung des Bösen zur Sünde. Zwar kommt die Sünde nicht mehr aus mir. In mir wohnt ja der Heilige Geist. Vielmehr tritt die Sünde versucherisch an mich heran, und ich erliege immer wieder. Wir leben nicht mehr unter der Herrschaft der Sünde, wohl aber im Wirkungsraum der Sünde und lassen uns oft da hineinziehen. Deshalb leben Christen täglich von der Vergebung.

Christen sind *»ausersehen zur Besprengung mit dem Blut Jesu Christi«*. *»Blut Jesu Christi«*, das benennt den Opfertod Jesu am Kreuz. Jesus opferte sich für uns, nahm unsere Strafe auf sich. Nun haben wir Frieden mit Gott, sind versöhnt mit Gott. Das sind Kernaussagen des Evangeliums (vgl. Jes 53,4 f; Lk 22,19 f; Röm 4,25; 6,23; 1 Kor 5,7; 15,3; 2 Kor 5,19; Gal 3,13; Eph 1,7; Kol 2,14). *»Blut«* ist nach biblischem Sprachgebrauch das Leben. Jesus läßt sein Leben für uns, als Opfer für unsere Sünden.

Der Opfergedanke ist biblisch völlig verkannt, wenn gesagt wird: Gott fordert Blut, damit er versöhnt ist. Solch ein blutdürstender Gott ist nicht der biblische Gott. Das Blut des Opfertieres ist nicht für Gott, sondern es soll dem schuldigen und damit todgeweihten Sünder deutlich machen: So wie das Blut des Opfertieres fließt und das Tier stirbt, so müßte ich sterben. Das Opfer geschieht immer als Stellvertretung. Gott fordert nicht zu seiner Befriedigung das Blut seines Sohnes – welch ein grauenhafter Gedanke! –, vielmehr gibt die überwältigende Liebe Gottes den Sohn für uns her.

Jesus ist am Kreuz in der Hand des Bösen, der seinen Preis fordert, nämlich das Leben. Er will zerstören und kaputtmachen, und das darf er in dieser Stunde am Sohn Gottes tun. Jesus stirbt für uns. Jeder, der ihm vertraut, ist damit der Macht des Bösen entnommen. Der Böse hat seine Zerstörungsgewalt getan und damit seine Rechte verloren. Das meint »Blut Jesu Christi«. Das ist Versöhnung. Das ist Vergebung, durch Jesu Opfer ein für allemal.

»Besprengung mit dem Blut Jesu Christi«, das ist die Zueignung dieses Opfers Jesu, seiner Vergebung an uns – so, wie Mose das Blut des Opfertieres über die Gemeinde Israel sprengte, um ihnen damit handgreiflich zu verdeutlichen, daß sie Vergebung brauchen. Gott schloß seinen Bund mit Israel und gab ihnen durch die verheißene Vergebung die Möglichkeit, auch bundesgemäß zu leben (vgl. 2 Mo 24,7 f; 3 Mo 17,11; Hebr 9,22). *»Besprengung«* hat im Griechischen auch die schon inhaltlich füllende Bedeutung »Reinigung«. Der Schmutz der Sünde, durch nichts zu entfernen? Doch das Blut Jesu Christi reinigt uns von aller Sünde (vgl. 3 Mo 16,30; Jos 22,17; Ps 51,4; Jer 33,8; 2 Kor 7,1; Eph 5,26; 1 Jo 1,9; Hebr 1,3).

In kürzester Formulierung faßt Petrus das ganze Heilsgeschehen so zusammen. Nun grüßt er in derselben gefüllten Kürze: *»Gott gebe euch viel Gnade und Frieden«*, griechisch prägnanter noch: »Gnade und Friede möge euch immer reichlicher zuteil werden.« Daß Gott Gnade und Frieden gibt, ist eindeutig. Das muß nicht noch einmal betont werden. *»Gnade«* bezeichnet das ganze Heilshandeln Gottes, der uns begnadigt hat. »Gnade« meint den Gunsterweis des Herrschers, der sich von seinem erhöhten Thron herabbeugt und sich dem Bittsteller huldvoll zuwendet. Unverdiente, geschenkte Gunst in rettender Zuwendung – so handelt Gott in Jesus Christus. »Gnade« faßt das ganze Heilsgeschehen zusammen. Die Gnade wurde Ereignis im Kreuzesgeschehen und bleibt nicht – in einer letztlich doch unverbindlichen – gnädigen Gesinnung. Gottes Gnade wurde Person in seinem Sohn. In Leiden, Sterben und Auferstehung hat Jesus Christus Gnade gewirkt und gibt sie den Seinen (vgl. Röm 3,21-24; 5,10-11; Gal 2,15-21). »Gnade« ist also ein Geschehen und beschreibt zusammenfassend das Handeln Gottes. Aus solcher Gnade werden wir gerechtfertigt, wird uns die Vergebung der Sünde, Gerechtigkeit vor Gott, ja die »neue Kreatur« zugesprochen (vgl. Apg 15,11; Gal 1,6; Eph 2,5; 1 Petr 2,10).

Auch *»Friede«* ist biblisch ein Person-Begriff. Mit *»Shalom«* (»Friede«) grüßt sich Israel bis heute und bezeugt damit eben dasselbe, nämlich das Heilshandeln Gottes, das dieses Volk durch die Zeiten erfahren und erhalten hat. »Shalom« ist atl. die volle Heilsgabe Gottes, die die heilsvolle Bundesgemeinschaft herstellt (vgl. 4 Mo 25,12; Ri 6,24; Ps 29,11; 119,165; Jes 27,5; 48,18.22; 53,5; Jer 29,11; Mi 5,4; Lk 2,14). Im neuen Bund ist dieser Friede Person geworden: »Er ist unser Friede« (Eph 2,14). In Jesus Christus haben wir Frieden mit Gott (vgl. Joh 14,27; Röm 5,1; 1 Petr 5,14; Offb 1,4).

Mit *»Gnade und Frieden«* spricht Petrus den kleinasiatischen Christen den vollen Segen des Evangeliums zu. Sie haben dieses Heil und leben darin, doch ist es der Wunsch des Petrus, daß ihnen dieses Heil *»immer reichlicher zuteil werden möge«*. Das griechische Wort kommt von der Grundbedeutung »füllen«, und hat auch die Bedeutung von »wachsen, zunehmen«.

Dahinter steht das Bild eines Gefäßes, das angefüllt wird. So soll das Leben des Christen gefüllt werden mit Gottes Heil, zu Fülle und zur Reife kommen (vgl. Ri 6,34; Ps 16,11; Jes 33,6; 53,11; Jer 31,14; Lk 15,17; Joh 1,16; Rö 5,17; 15,13 f; Eph 3,11; 4,13; Kol 2,10). Dieser »Wunsch« des Apostels ist wirksamer Zuspruch des Segens Gottes.

Vorschlag zur Bibelarbeit über 1. Petrus 1,1-2

---

1. Einleitung

a) Wir vergleichen: Welche Form haben unsere Briefe, und welche Form hat der Brief des Petrus?
b) Wir versuchen, den Inhalt der biblischen Begriffe »Gnade und Friede« in eigene Worte zu fassen (Konkordanz benutzen)
c) Wir erstellen eine »Lebensgeschichte« des Petrus. Soviel wir aus dem NT wissen (Konkordanz)
d) Wir suchen auf einer Karte die Provinzen, an die dieser Brief geht. Wie ist heute die Lage der Christen dort? (Information bei »Hilfe für Brüder«)

2. Durchführung

Mögliche Überschrift: *Das volle Heil*

Eingangsbeispiel

Der Fremdling ist und war Außenseiter, ohne Recht auf Besitz, Beruf und Gerechtigkeit. So leben Christen in der Welt. Doch ihr Herr gibt ihnen ganzes Heil.

a) *Auserwählt von Gott*

Das ist auch die ganz persönliche Lebensgeschichte des Petrus. Der Fischer wird berufen zum Apostel Jesu Christi. Er wird ein treuer Zeuge seines Herrn. Er wird »fremd« in Israel (vgl. bes. Apg 5,17 ff), aber Hirte der Herde Christi.
Christen sind Auserwählte. Das ist kein Zwangsgeschehen, sondern Gottes Heilstun, das den Menschen »einschaltet«. Gott ruft. Wer hört und folgt, ist erwählt. Gott können wir unseren Unglauben nicht zuschieben. Auch der Begriff »Vorherwissen, Vorhererkenntnis« Gottes schließt menschliche Entscheidung nicht aus. Die Vorsehung Gottes ist tragendes Glaubensfundament, seelsorgerlicher Trost in Anfechtung, gerade für Leute in der Fremdlingsschaft. Unser Heil ist verbürgt im Heilswillen Gottes, in seinem Heilsratschluß. Denken wir auch an das Leid Gottes, über die vielen, die nicht hören wollen.

b) *Befähigt zum Gehorsam*

Christen leben neu. Der Geist Gottes handelt an ihnen und mit ihnen. Er wirkt den Glaubensgehorsam, den Gehorsam aus Liebe zu dem Herrn. Petrus hat das selber erlebt. Er wird grundlegend verwandelt: Aus dem »Maulhelden« wird der treue Zeuge. Er erlebte auch die Vergebung Jesu Christi in der seelsorgerlichen Frage nach seiner völligen Liebe (vgl. Joh 21).
Christen sind Heilige, ausgesondert für Christus und heiliggemacht durch die Kraft des Geistes. Dabei leben wir von dem Opfer Jesu Christi: Das Opfer als Stellvertretung: Er für uns. Das ist unser Heil. »Blut« meint nicht den blutdürstigen Gott – welche Perversion! –, sondern die lebenszerstörende Macht des Bösen. Doch Jesus besiegt ihn. So leben wir im Heil.

c) *Gesegnet zum Heil*

Gott füllt unser Leben. Ein Leben, das wachsen und ausreifen darf. Durch Gnade. Gnade ist ein Geschehen, ist da in der Person Jesu Christi. Sein Leben, Leiden, Sterben und Auferstehen ist Inhalt der Gnade. Das ist nicht nur eine huldvolle Gesinnung, sondern rettendes Handeln. In Frieden. Shalom ist Gottes volle Heilsgabe. Christus ist unser Friede, ist der Friede in Person. Gerade den bedrängten, verfolgten Christen Kleinasiens gilt hier die Wirklichkeit solchen Segens Gottes. Er wird geben. Sie dürfen nehmen.

Schluß

Durch die, die »zerstreut« (wörtlich: »ausgesät«) wohnen, wirkt Gott Heil, das Heil für andere – durch das Wort- und Lebenszeugnis der Christen (so bes. Apg 8,4).

2. Die Hoffnung des Glaubens (1,3-9)

1,3: **»Gelobt sei Gott, der Vater unseres Herrn Jesus Christus, der uns nach seiner großen Barmherzigkeit wiedergeboren hat zu einer lebendigen Hoffnung durch die Auferstehung Jesu Christi von den Toten,«**

In der Tradition der atl.-jüdischen Gebetsliturgie, die immer den Lobpreis Gottes an den Anfang stellt, fährt Petrus nun fort. Sein ganzer jüdischer Hintergrund wird hier deutlich. Solche Einzelheiten weisen deutlich auf den Jesusjünger Simon als Verfasser. *»Gepriesen sei Gott«* (wörtlich eigentlich »gute Worte für Gott«) drückt die Ehrfurcht und Anbetung vor dem handelnden Gott aus. »Gut« ist zu verstehen im Sinne Jesu, der dem reichen Jüngling antwortet: »Niemand ist gut, als allein Gott« (Mk 10,18). »Gut« hat auch die Wurzelbedeutung von »stark, kräftig«.

Im Lobpreis wird Gott also als der angebetet, der allein gut ist, der alle Stärke und Macht hat. Der jüdische Beter preist den »Gott Israels«. Petrus nimmt jüdische Liturgie zwar auf, aber er füllt sie christlich: Gott ist *»der Vater unseres Herrn Jesus Christus«*. So hat er sich endgültig geoffenbart. Hier liegt auch die radikale Scheidung vom Judentum, denn die Juden wollten Jesus töten und töteten ihn dann auch, weil er »sagte, Gott sei sein Vater, und machte sich selbst Gott gleich« (Joh 5,18). Das aber bekennt die christliche Gemeinde zu aller Zeit: Gott ist der Vater Jesu Christi, und Jesus Christus ist Gottes Sohn (vgl. 2 Kor 1,3; Eph 1,3).

Inhalt des Lobpreises ist Gottes Handeln, das aus *»seiner großen Barmherzigkeit«* kommt. Das griechische Wort für *»Barmherzigkeit«* ist erst von seiner hebräischen Entsprechung her – und so gebraucht wohl Petrus das Wort – ganz klar. Dort heißt der entsprechende Begriff wörtlich übersetzt »weich sein«, »in Bewegung sein«, »geneigt sein«. Wenn das von Gott ausgesagt wird, ist das für griechisches Denken ein umstürzender Gottesbegriff. Der Grieche sieht Gott als das höchste, in sich selbst ruhende, unbewegte Sein. Der biblische Gott aber ist ein Gott in Bewegung, ein Gott, der sich zuneigt, uns geneigt ist, der handelt und seine Geschöpfe führt. Die »Barmherzigkeit Gottes« ist zusammenfassender Begriff für alles, was Petrus vorher über das Heils- und Erwählungshandeln Gottes bezeugt hat.

Diese Barmherzigkeit ist also kein unverbindliches Mitleid etwa, wie wir es so oft oberflächlich bekunden. Gottes Barmherzigkeit ist zur Tat geworden, hat einen Namen, ist in Jesus Christus Person geworden. *»Groß«* ist diese Barmherzigkeit Gottes, sein Rettungshandeln, im dreifachen Sinn, wie die griechische Wortbedeutung zeigt:

a) Sie hat sich in »zahlreichen« Taten Gottes gezeigt, angefangen im AT, gipfelnd in Jesus Christus und wirkend bis heute.
b) Diese Barmherzigkeit ist »ausgedehnt, umfassend«, denn sie gilt über die ganze Erde und für alle Menschen, wie es

der auferstandene Christus im Missionsbefehl (vgl. Mt 28,16 ff) endgültig verdeutlicht.

c) Und groß ist Gottes Barmherzigkeit, denn sie ist »stark, gewaltig, kräftig«. Sie erweist ihre Kraft in den Vielen, die dem Evangelium glauben. Sie ruft »Tote« ins »Leben« (vgl. Lk 15,24; Röm 6,13; Eph 2,1; Kol 2,13; auch Offb 3,1).

Dieses Wirken der »Barmherzigkeit Gottes« ist zusammengefaßt in dem Satzteil *»wiedergeboren zu einer lebendigen Hoffnung«. »Wiedergeboren«* – dieses Wort verwendet so nur Petrus. Das heißt eigentlich »wiedergezeugt«. Inhaltlich meint der Apostel aber damit dasselbe wie sein Herr, der zu Nikodemus sagt: »Es sei denn, daß jemand von neuem geboren werde, so kann er das Reich Gottes nicht sehen« (Joh 3,3; vgl. auch Joh 3,5 u. 1,13; Tit 3,5; 1 Jo 2,29; Jak 1,18). Auch Paulus bezeugt dasselbe, wenn er die Existenz in Christus als die »Neuschöpfung« bezeichnet (vgl. 2 Kor 5,17; auch Jes 66,8; Röm 4,17; 1 Kor 15,48; Gal 6,15; Eph 4,24; Kol 3,10). Der Glaube ist Neuschöpfung, Neugeburt, nicht einfach ein Dazukommendes oder Überhöhung der menschlichen Natur. Wer Jesus Christus begegnet und ihm vertraut, wird ein völlig neuer Mensch. Gottes Geist verwandelt sein Sein. Der Glaubende ist der neue Mensch, »wiedergezeugt«, neu gezeugt durch Gottes Kraft.

Diese neue Existenz beschreibt Petrus hier als Leben mit *»einer lebendigen Hoffnung«. »Lebendig«* steht hier im Sinne von »bleibend«, ja »vollendend«. Das griechische Wort hat viele Bedeutungsinhalte, etwa »kräftig«, »wirksam«, »Bestand haben«, »fortleben« und »blühen«. »Lebendig« meint im Tiefsten »ewig«. Denn *»Hoffnung«* beschreibt nicht ein Gefühl, einen innerseelischen Vorgang im Menschen, sondern biblisch ist Hoffnung immer das »Hoffnungsgut«, die feste Gewißheit, daß Gottes Heilsgabe des neuen Lebens vollendet, verwirklicht wird in Gottes Ewigkeit. »Hoffnung« ist das »Erhoffte«, was wir hier und jetzt schon im Glauben leben und dort verwirklicht empfangen (vgl. Apg 23,6; Röm 4,18; 5,2; 8,20; 12,12; 1 Kor 13,13; 2 Kor 3,12; Eph 1,18; 4,4; Kol 1,5.27; 1 Thes 5,8; Tit 1,2; 2,13; 3,7; 1 Jo 3,3; Hebr 3,6; 10,23). Es ist

»lebendige Hoffnung«, denn sie wächst und entfaltet sich und wird in der Ewigkeit vollendet, da sie sich auf das richtet, was ewig ist. Alle anderen Hoffnungen, die Menschen zeitlich haben, sind letztlich tot, denn sie sterben ab, gehen aus, spätestens in der zeitlichen Erfüllung.

Christen sind Menschen der Hoffnung. Paulus sagt es so: »Wir sind zwar gerettet, doch auf Hoffnung« (Rö 8,24), und Johannes bezeugt: »Wir sind schon Gottes Kinder; es ist aber noch nicht offenbar geworden, was wir sein werden.« Und dann strahlt das ganze biblische Hoffnungsgut auf: »Wir wissen aber: wenn es offenbar wird, werden wir ihm gleich sein; denn wir werden ihn sehen, wie er ist« (1 Jo 3,2).

Der Grund solcher überwältigenden Hoffnung ist *»die Auferstehung Jesu Christi von den Toten«. »Durch«* steht im Sinne von »in Folge von« und »wegen«. Die *»Auferstehung Jesu Christi«* – dadurch wird seine Siegeskraft herausgestellt; der Ausdruck »Auferweckung« betont mehr das Handeln Gottes – ist der Beginn der Vollendung. Jesus Christus ist der »Erste der neuen Schöpfung« (vgl. 1 Kor 15,23). Mit seiner Auferstehung hat er die Großmacht Tod endgültig besiegt, den Satan an seiner stärksten Stelle entmachtet (vgl. 1 Kor 15,54 ff; Offb 1,17 f). Nun hat die Neuschöpfung begonnen. Bis Ostern herrschte die Todeslinie. Seit Ostern ist mitten in dieser vergehenden Welt Gottes Neuschöpfung angebrochen. Jeder, der Jesus Christus als seinen Herrn bekennt und ihm vertraut, steht in dieser Lebenslinie. Er trägt den neuen Menschen in sich – das ist die Wirklichkeit des »Wiedergeborenen«, des Bekehrten. Dieser neue Mensch wird vollendet in der Auferstehung der Toten zum ewigen Leben – das ist das gewisse Hoffnungsgut, das uns der Herr geben wird.

1,4: **»zu einem unvergänglichen und unbefleckten und unverwelklichen Erbe, das aufbewahrt wird im Himmel für euch,«**

Dieses Hoffnungsgut erfaßt Petrus mit dem Begriff *»Erbe«* (wörtlich »das Zugeloste«). Dahinter steht die atl. Wirklichkeit, wie unter Josua das Land Kanaan, das verheißene Land, unter den Stämmen Israels durch Los aufgeteilt wurde (Jos 14,2). Das »Erbe« ist also das ihnen von Gott Gegebene, denn durch das Los wird sein Wille bekannt. So sind Christen nach Gottes Willen Erben; Gott teilt ihnen das himmlische, ewige Erbe zu. Wir sind Erben, denn wir sind durch die Wiedergeburt Gottes Kinder. Im Begriff »Erbe« wird schon vom AT an die volle Heilsgabe beschrieben (vgl. 4 Mo 26,53; 5 Mo 12,10; Jos 22,4; Ps 33,12; 37,9; Jes 19,25; Jer 3,18; Apg 20,32; Eph 5,5; Kol 1,12; 3,24; auch Röm 8,17; Gal 3,29; 4,7; Eph 1,11; Tit 3,7; Jak 2,5). Die Heilsgabe des Landes im AT und die Heilsgabe der ewigen Herrlichkeit mit Christus im NT, das hat Gott verwirklicht und verheißen. Im Wort »Erbe« steckt auch beides: Wir sind jetzt schon Erben, aber wir haben das Erbe noch nicht. Es steht noch vor uns in der Ewigkeit. Jetzt aber haben wir als »Angeld« den Heiligen Geist, der unser Leben jetzt schon erfüllt, verändert und auf die Vollendung gestaltet (vgl. 2 Kor 1,22; 5,5; Eph 1,14).

Was wir auf Erden erben, das vergeht. Das »Erbe«, das uns Jesus Christus erworben hat (er, *der* Sohn, hat uns zu »Miterben« gemacht, vgl. Röm 8,17), ist aber *»unvergänglich«*. Im Griechischen heißt das deutlicher »nicht zerschmelzend«. Dahinter steht wohl die Erfahrung, wie Eis in der Sonne unaufhaltsam vergeht. Es kann auch bedeuten »ausdörren« – wie die sengende Sonne alles zur Wüste machen kann. Gottes verheißenes Erbe vergeht nicht. Es ist auch *»unbefleckt«*. Das griechische Wort enthält von seiner Wurzel her den Hintergrund menschlicher, böser Leidenschaft. Nicht äußerlicher Schmutz ist gemeint, sondern daß etwas belastet ist durch menschliche böse Tat, insbesondere durch Mord. Wieviel irdisches Geld und Gut – »Erbe« – ist auf solch unrechtmäßige Weise zusammengekommen, auf Kosten anderer! Das »Erbe«, das Jesus Christus uns gibt, ist ohne jede solche Befleckung. Er, der Sündlose, hat dieses Erbe in völligem Gehorsam gegen den Vater erworben und gibt uns Anteil daran. Das Erbe ist auch *»unverwelklich«*, was wiederum wörtlich »nicht auslöschend« bedeutet – so wie sich das Licht einer Kerze etwa verzehrt, wie auch eine Blume dahinwelkt. Gottes Erbe für uns ist und bleibt frisch und lebendig.

Das »Erbe« ist jetzt schon da: Es *»wird aufbewahrt im Himmel für euch«*. *»Aufbewahrt«* ist dieses Erbe im Wortsinn von »behütet, gehegt, gepflegt«: Gott wacht darüber, unser Herr Jesus Christus, daß wir das ewige Erbe nicht verlieren. Das hat Petrus von seinem Herrn gehört, als dieser zu seinen Jüngern sagte: »In meines Vaters Hause sind viele Wohnungen ... Ich gehe hin, euch die Stätte zu bereiten« (Joh 14,2).

»In meines Vaters Hause ...«, sagt Jesus; Petrus umschreibt Gottes Wohnort mit *»im Himmel«* (im Griech. ist das ein Plural: »in den Himmeln«). Gemeint ist mehr als ein Ort – »aller Himmel Himmel können dich nicht fassen« (1 Kö 8,27). »Die Himmel«, das ist die umfassende Wirklichkeit Gottes, seine Dimension, die alles andere einschließt (vgl. 1 Mo 11,4; 2 Mo 20,4; 5 Mo 4,39; 10,14; Ps 2,4; 11,4; 115,3; Jes 63,19; 66,1; Jer 23,24; Dan 7,13; Mt 3,16; 5,12; 6,1; 18,10; Mk 16,19; Joh 3,13; 6,38; 2 Kor 5,1; 12,2; Eph 2,6; 4,10; Kol 1,5; Offb 4,2; 21,1). Dort, bei Gott selbst, ist schon alles bereit gelegt *»für euch«*, schreibt Petrus den bedrängten Christen. An der »himmlischen Wohnung« steht schon mein Namensschild. Ich brauche dann nur noch einzuziehen. So läßt sich das Schwere der Welt in sehnender, hoffender Gewißheit tragen und überwinden.

1,5: **»die ihr aus Gottes Macht durch den Glauben bewahrt werdet zur Seligkeit, die bereit ist, daß sie offenbar werde zu der letzten Zeit.«**

Nicht nur das Erbe wird im Himmel bewahrt, sondern die Jesusleute werden *»bewahrt zur Seligkeit«* jetzt, in dieser Zeit der Bedrängnis. Das griechische Wort *»bewahrt«* betont hier die vorausschauende, fürsorgliche Bewahrung im Sinne von: Gott »macht, daß die Versuchung so ein Ende nimmt, daß ihr's ertragen könnt« (1 Kor 10,13). Gerade in den Gerichten *»der letzten Zeit«*, die der Heilsvollendung dienen müssen, werden selbst »die Pforten der Hölle meine Gemeinde nicht überwältigen« (Mt 16,18). Wieder spricht Petrus nach in seelsorgerlichem Trost, was er vom Herrn selbst gehört hat.

»Gottes Macht« bewahrt seine Gemeinde. Das griechische Wort *dynamis* beschreibt die allen überlegene Stärke Gottes. Selbst wenn der Böse in der letzten Zeit mit aller Gewalt antritt, um die Jesusgemeinde zu vernichten (vgl. etwa Offb 2,10; 3,10; 12,14 ff; 13,1-10; 10,7 ff), so heißt es doch immer wieder: »Ihm wurde gegeben ...« Er kann sein Werk nur unter der Zulassung Gottes – zur Vollendung des Willens Gottes letztlich – tun. Gottes Macht ist Allmacht. (vgl. 1 Mo 17,1; Ps 91,1; Offb 4,8; 15,3; 16,7.14; 19,6; 21,22).

Diese Bewahrung geschieht nicht zwangsweise, sondern *»durch den Glauben«*, an denen also, die Gott ganz vertrauen. Gott zwingt auch seine Hilfe niemandem auf, aber wer glaubt, wird gerettet. Denn Gottes Bewahrung führt zur *»Seligkeit«* (wörtlich »Rettung«). Der Glaubende ist schon jetzt gerettet aus der Macht des Bösen und hat die Verheißung der ewigen Rettung (vgl. 2 Mo 3,8; 18,4; Ps 22,6; 31,16; 39,9; 41,2; 50,15; 68,21; 91,14; Jes 19,20; 46,4; Jer 31,11; Dan 3,17.28 f; Lk 1,71; 2 Kor 1,10; Gal 1,4; Kol 1,13).

Diese Rettung liegt von Gott her *»bereit«*. Gott steht »Gewehr bei Fuß«, ständig bereit, uns gegen die Angriffe des Bösen zu schützen, und das ganz gewiß in der letzten Zeit, wie es der Liederdichter bekennt: »Es kann mir nichts geschehen, als was er hat ersehen und was mir selig ist« (EKG 292,3). Dann, wenn die Macht des Bösen am deutlichsten antritt, in der Gestalt des Antichristen, dann wird auch *»offenbar werden«* (im Sinne von »enthüllt«, »offen zu Tage liegen«), wie Gottes Allmacht seine Kinder durchträgt, bewahrt und vollendet. Das sind gründende Trost- und Seelsorgeverheißungen für die Gemeinde in der Verfolgung.

1,6: **»Dann werdet ihr euch freuen, die ihr jetzt eine kleine Zeit, wenn es sein soll, traurig seid in mancherlei Anfechtungen,«**

Wenn diese Rettung durch Gott vollendet ist, wird die Gemeinde ihre Jubel- und Anbetungslieder vor Gottes Thron singen. Das Halleluja kommt erst im letzten Buch der Bibel vor. Doch darf dieses »Jubeln« (so *»euch freuen«* griechisch erfüllter) schon jetzt in dieser Zeit eingeübt werden. Luther übersetzt mit *»dann werdet ihr... «*. Das Griechische kann aber deutlicher mit »darüber« wiedergegeben werden und so durchaus die jetzige Zeit mitbeschreiben. Im Blick auf die zeitliche und erst recht auf die ewige Rettung finden wir in solches »Jubeln« hinein. Die griechische Wortwurzel »Jubel« enthält schon inhaltlich gefüllt die ganze Macht dieser Freude, denn dieses Wort heißt auch »glänzen, feiern, prunken, frohlocken«. Solcher »Jubel« kennzeichnet den Christen hier schon im Ansatz nach Leib, Seele und Geist und in der Ewigkeit vollendet im neuen Herrlichkeitsleib und den Jubelchören der Erretteten.

Freilich, jetzt ist es Freude, Jubel unter Tränen oft. Petrus ist da ganz nüchtern, wenn er schreibt: *»die ihr ... traurig seid in mancherlei Anfechtungen«. »Anfechtungen«* (wörtlich, »Prüfung, Erprobung«, eigentlich »etwas durchbohren«, auf Kernechtheit prüfen) ist dabei Gottes Tun und soll die Echtheit des Glaubens zeigen und vertiefen. Anfechtungen wollen nicht kaputtmachen, sondern eingründen, festigen und vertiefen, zu unserem »Besten dienen« (vgl. Röm 8,28). Es können »mancherlei Anfechtungen« sein: persönliches Leid, Krankheit, Not, Unglück usw. Besonders aber ist die Bedrängung und Verfolgung durch den Bösen im Blick. Oft führt das zum *»Traurig-Sein«*, tatsächlich zum »Zerbrechen« (so griechisch wörtlich). Was aber zerbricht? Nicht mein Leben oder gar mein Glaube, sondern Gott zerbricht in solchen schweren Strecken meinen Eigenwillen, meinen Hochmut und meine Gleichgültigkeit. Diese »Trauer« führt mich hin zu meinem Herrn. In meinen zerbrochenen Möglichkeiten berge ich mich in seiner unerschöpflichen Kraft. Das ist eine atemberaubende biblische Sicht des Schweren, der Anfechtung und des Leidens.

Petrus fügt noch tröstend zwei Anmerkungen dazu. Zum einen dauert diese Trauer durch die Anfechtungen eine *»kleine Zeit«* (»klein« als »kurz« oder auch als »beschränkt« verstanden), so, wie der auferstandene Christus der verfolgten Gemeinde in Smyrna den Zeitraum angibt, nämlich »zehn Tage lang« (Offb 2,10). Der Herr wird rechtzeitig ein Ende machen, so daß unsere Trauer in Freude verwandelt wird. Und zum andern: *»Wenn es sein soll«* (eigentlich »wenn es nötig ist, sein muß«) – das ist das »Muß«, das aus der Liebe Gottes kommt. Es ist das »Muß«, in dem Gott unser Bestes, unser Wachstum und unsere Reife im Auge hat. Das ist kein Zwangsmuß, sondern das »Muß« der fürsorgenden Liebe des Vaters zum Besten seiner Kinder, das »Muß« des göttlichen Heilsplanes, das auf die Vollendung gerichtet ist (vgl. Ps 34,20; 66,3; 97,11; Jes 1,27; Dan 11,36; Mt 10,22; 16,21; 17,12; 18,7; 24,6; Mk 13,10; 14,49; Lk 9,44; 12,50; 24,26; Joh 20,9; Apg 9,16; 14,22; 2 Thes 2,3; Hebr 12,7; Offb 17,10; 20,3). Die begrenzte Zeit und dieses »Muß« der göttlichen Liebe geben der Anfechtung Raum und Grenze.

1,7: **»damit euer Glaube als echt und viel kostbarer befunden werde als das vergängliche Gold, das durchs Feuer geläutert wird, zu Lob, Preis und Ehre, wenn offenbart wird Jesus Christus.«**

Jetzt entfaltet Petrus den tiefsten Sinn des Leidens der Christen, wohlgemerkt: des Leidens als Anfechtung um Jesu willen, des Leidens zur Vertiefung. Es gibt auch Leiden, das durch die Sünde kommt, als Folge der Sünde. Das ist hier nicht gemeint. Solches Leiden kann nur aufhören, wo wir unsere Sünde vor Gott und vor Menschen bekennen und aus der Kraft der Vergebung neu wieder leben. Das Leiden als Erprobung soll den Glauben als echt erweisen. Diese Echtheit des Glaubens ist letztlich die Frage nach der Tiefe meiner Liebe zum Herrn. Petrus hat das selber erlebt, denn der auferstandene Christus fragt ihn nicht nach der Stärke seines Glaubens, auch nicht nach der Größe seiner Reue, sondern bewußt: »Hast du mich lieb?« (Joh 21,15.17). Das ist *»echter« »Glaube«*, der Gott über alle Dinge liebt.

Bis solche unverfälschte Liebe unser Leben durchgestaltet, muß vieles weggebrannt werden. Um zu prüfen ob *»Gold«* echt ist, dazu muß es im *»Feuer«* ausgeschmolzen werden. Dann wird alles Beigemengte, Unechte weggebrannt, und nur das Gold bleibt. Zu solcher tiefen Liebe des Glaubens muß vieles im Leiden weggebrannt werden: unser Stolz, unsere Eigensucht, unsere Oberflächlichkeit, unsere Ehrsucht, unsere bösen Begierden, unser frommer Dünkel, unsere Wehleidigkeit und vieles andere noch. Gott hat wahrlich viel an uns zu tun.

Gold ist *»vergänglich«*, und doch gilt es als sehr *»kostbar«* (wörtlich »sehr hoch eingeschätzt«). Noch viel kostbarer als das vergängliche Edelmetall ist aber solch ein bewährter, aus der Liebe gespeister Glaube. Goldschmuck macht seinem Träger Ehre, gibt ihm Glanz und Ansehen. Echter, bewährter Glaube dient zu *»Lob, Preis und Ehre«* Gottes. Durch das liebende Vertrauen seiner Kinder wird Gott, der Vater, geehrt. Seine »Herrlichkeit« (so ist *»Preis«* wiederzugeben) wird eben darin überstrahlend deutlich, daß er aus verlorenen Menschen gerettete, liebende Kinder erweckt und gemacht hat. Das wird bei der *»Offenbarung Jesu Christi«* (das meint bei seiner Wiederkunft) weltöffentlich werden. Jetzt sind die Kinder Gottes oft verachtet, verkannt, unscheinbar und ausgestoßen; in Gottes Vollendung, am Tag Jesu Christi, wird ihre vollendete Herrlichkeit sichtbar werden. Da wird das Lob *des* Gottes vollkommen sein, der aus unbrauchbaren Gefäßen, Gefäße seiner Herrlichkeit gebildet hat (vgl. Röm 9,21; 2 Tim 2,21).

1,8-9: **»Ihn habt ihr nicht gesehen und habt ihn doch lieb; und nun glaubt ihr an ihn, obwohl ihr ihn nicht seht; ihr werdet euch aber freuen mit unaussprechlicher und herrlicher Freude, wenn ihr das Ziel eures Glaubens erlangt, nämlich der Seelen Seligkeit.«**

Solcher Glaube ist wirklich ein Wunder, ein Wunder, das Gott in der Wiedergeburt allein wirken kann. Denn die Liebe der Christen gilt Jesus Christus, den sie doch nie mit ihren leiblichen Augen gesehen haben. *»Ihr habt ihn nicht gesehen«*: das verweist auf den irdischen Jesus. Es ist schon ein großes Vorrecht der Apostel – deshalb sind sie auch einmalig –, daß sie den Herrn sehen durften, daß sie ihn drei Jahre lang täglich begleiten und mit ihren Augen sehen konnten, was er an Wundern und Zeichen vollbrachte. Deshalb schreibt Johannes: »Was wir gehört haben, was wir gesehen haben mit unsern Augen, was wir betrachtet haben und unsere Hände betastet haben, vom Wort des Lebens ...« (1 Jo 1,1). Das ist der Vorzug der Apostel. (Trotzdem mußte auch ein Petrus erst zur Liebe zum Herrn erweckt werden.)

Um so größer das Wunder: Wir Späteren haben den irdischen Jesus nicht gesehen, aber wir lieben ihn. Das ist ganz allein die Frucht des Geistes (vgl. Gal 5,22). Er wirkt im Glaubenden die Liebe, die nicht sieht und doch vertraut. Wer solche Liebe hat, der erlebt aber auch die bergende Gegenwart des lebendigen Christus in seinem Wort, im Gebet, in der Gemeinschaft der Mitglaubenden (vgl. Apg 2,42) und ganz gewiß in der täglichen Erfahrung seiner Kraft und Hilfe. Jetzt leben wir »im Glauben und nicht im Schauen« (2 Kor 5,7), selig gepriesen vom Herrn: »Selig sind, die nicht schauen, und doch glauben« (Joh 20,29).

Doch der Ausdruck »jetzt nicht sehend« (so griechisch kürzer das *»obwohl ihr ihn nicht seht«*) beschreibt auch die immer wieder auftretende Anfechtung, daß wir als Christen oft nichts »Vorzeigbares« in der Hand haben. Die Wunder und Krafterweise Jesu Christi sind nicht zur öffentlichen Demonstration zu mißbrauchen, und auch Christen leben mit vielerlei Krankheiten, oft in Nöten und im Unglück, ohne daß die Kraft ihres Herrn anderen oder auch uns selbst unbezweifelbar wird. Doch das ist eben *»Glauben«*, vom Geist Gottes gewirktes kindliches Vertrauen: Mein Herr liebt mich; er meint es gut mit mir, und er wird mein Leben zur Herrlichkeit vollenden.

Aus solcher Liebe und diesem vertrauenden Glauben wächst der Jubel, die überfließende Freude. Luther übersetzt futurisch *»ihr werdet euch freuen«*; im Griechischen aber steht »jubelt ihr«. Gewiß ist dieser Jubel vollkommen erst in der Ewigkeit, aber der freudige, jubelnde Dank durchstrahlt schon jetzt den Glaubenden (vgl. Lk 1,47; 10,20; Joh 16,22; 2 Kor 13,11; Phil 4,4; auch Lk 2,10; 24,52; Joh 15,11; 16,22; Apg 13,52; Röm 14,17; 15,13; Gal 5,22; Kol 1,12). Es ist die durch den Geist Gottes gewirkte Freude *im* Herrn, *am* Herrn und – hier überstrahlt das Futur – *auf* den Herrn. Dieser Jubel ist *»unaussprechlich«*, er kann in menschlichen Worten nur unzureichend ausgedrückt werden. Darum ist die christliche Gemeinde immer eine singende Gemeinde, und auch die vollendete Gemeinde im Himmel ist eine singende Schar (vgl. 2 Mo 15,1; Ri 5,1; Ps 21,14; 33,3; 42,9; 57,8; 65,14; 68,5; 89,2; Jes 30,29; Röm 15,9; Eph 5,19; Kol 3,16; Offb 5,9; 14,3; 15,3). Diese Freude der Christen ist *»herrlich«*, geprägt von der Herrlichkeit des Christus, jetzt in der Verborgenheit und dann im Strahlglanz des wiederkommenden Herrn.

Inhalt dieses Jubels ist die *»Rettung der Seelen«*. Dieses *»Ziel«* werden die Glaubenden durch Gottes durchhaltende Treue *»erlangen«*. Das griechische Wort beschreibt inhaltlich genauer und kann mit »durch viel Mühe erlangen« wiedergegeben werden. Gemeint sind eben die Anfechtungen, der ganze Einsatz und das wollende Streben der Christen. Das soll keine selbstgeschaffene Werkgerechtigkeit bedeuten, denn beides, den Einsatz und das Streben, wirkt der Geist Gottes (vgl. Phil 2,12 f).

Das *»Ziel«*, das Ende, die Vollendung des Glaubens ist *»der Seelen Seligkeit«*, die »Rettung« (vgl. zu V.5) der »Seelen«. *»Seele«* ist gewiß nicht im griechisch-philosophischen Sinn zu verstehen, als das Eigentliche des Menschen, als der göttliche Funke, für den der Leib nur Gefängnis ist. Gottes Heil ist leibhaft: Wir warten auf des »Leibes Erlösung« (Röm 8,23) und auf den himmlischen Leib (vgl. 1 Kor 15,44 f). »Seele« meint hier »Person«, also das, was der Mensch ist. Durch diesen betonten Gebrauch des Begriffs »Seele« wehrt Petrus aber dem Mißverständnis, als würde die Rettung immer auch Rettung vor dem Martyrium, der Lebenshingabe beinhalten. So wie Jesus sagt: »Fürchtet euch nicht vor denen, die den Leib töten, doch die Seele nicht töten können.« Auch im äußeren Zerbrechen und Vergehen unseres Leibes sind wir doch bei und vor Gott da und werden bei der Auferstehung der Toten vollendet mit dem Leib der Herrlichkeit (vgl. Mt 5,29; Röm 8,11; 1 Kor 15,46; Phil 3,21).

Vorschlag zur Bibelarbeit über 1. Petrus 1,3-9

1. Einleitung

a) Wir sammeln in einem Rundgespräch unsere Gedanken zu der Frage: Was hoffen, erhoffen wir als Christen?
b) Was bedeutet biblisch der Begriff »Erbe«? (Kommentar u. Konkordanz benützen!)
c) Wo wird in unserem Leben als Christen und in unseren Versammlungen der Jubel und die Freude deutlich?
d) Was bedeutet hier der Begriff »Seele«. Was ist unbiblisch an der Rede vom alleinigen Weiterleben der »Seele«?

2. Durchführung

Mögliche Überschrift: *Die Freude aus Gott*

Einleitung

Petrus beginnt mit dem Lobpreis Gottes. Ist das bei diesen bedrängten Gemeinden angebracht? Loben zieht nach oben; dieses Lob erwächst aus der Freude.

a) Freude, weil Gott gehandelt hat

Die Barmherzigkeit Gottes – das ist der grundlegende Begriff. Gott in Bewegung, auf uns zu. Er hat uns zu seinen Kindern gemacht. Das hat er gewirkt in der Wiedergeburt. Vergleiche Jesu Wort an Nikodemus (Joh 3,3). Das tut allein Gott. Das ist die objektive Grundlage unseres Jubels: Er hat uns wiedergeboren. Das geschieht in der Christusbegegnung durch Jesu

Wort und Geist. Die Auferstehung Jesu Christi ist der Anfang der Neuschöpfung. Da sind wir hineingenommen. Das ist unsere gewisse Hoffnung, unsere lebendige Hoffnung, denn sie verdorrt nicht, verwelkt nicht und ist ohne Böses erworben. Petrus wählt das Bild des Erbes. Das Zugeloste (vgl. Landgabe an Israel). Dieses Erbe liegt für uns schon im Himmel bereit. Und Gott wird uns in seiner Macht für dieses Erbe bewahren. Darüber können wir jetzt schon jubeln.

b) Freude, weil Gott weiterhandelt

Die Freude ist jetzt, in dieser Zeit, oft noch eine Freude unter Tränen. Christen leben in Anfechtungen, Leiden und Bedrängnissen. Es sind drei Arten von Leiden:

a) Leiden als Folge meiner Sünde. Erbitte Vergebung.
b) Leiden zur Erziehung, zur Bewährung, und
c) Leiden um Jesu willen.

Hier geht es um das Leiden zur Bewährung, zur Echtheitsprobe für unseren Glauben. So vieles Eigene muß weggebrannt werden: Eigensucht, Ehrsucht, böse Begierde usw. Und Gott tut das an uns. Darin liegt auch Freude im Leiden. Echter Glaube ist Glaube, der völlig Gott ergeben ist, ihn über alles liebt. Und: Gott setzt eine Grenze, zeitlich und fürsorglich: »... so, daß ihr's könnet ertragen.« Er gestaltet uns durch die Anfechtung in die Gleichgestalt des Sohnes. So werden wir gestaltet zu seiner Ehre. *Er* kann aus Verdorbenem Herrliches machen.

c) Freude, weil Gott vollendet

Solcher liebende Glaube braucht nicht das Sehen. Wir lieben unseren Herrn, denn wir erleben bei ihm Geborgenheit und Fülle. Wir vertrauen ihm kindlich, denn wir wissen um seine tägliche Fürsorge. Der Glaube, der nicht schaut, ist oft auch angefochten. Wo bleibt Gottes Kraft? Aber es steht unter der Seligpreisung Jesu (vgl. Joh 20,29). Wir jubeln jetzt schon, dann aber vollendet am Tag der Wiederkunft Jesu. Christliche Gemeinde ist singende Gemeinde. Im Himmel wird gesungen. Wir warten auf des Leibes Erlösung, auf den Herrlichkeitsleib. Seele ist die ganze Person. Aber: »Gottes Wege enden in der Leiblichkeit« (Oetinger).

Schluß

Singet dem Herrn ein neues Lied: das jubelnde Lied der Erlösten.

3. Wegweiser des Glaubens (1,10-12)

1,10: **»Nach dieser Seligkeit haben gesucht und geforscht die Propheten, die von der Gnade geweissagt haben, die für euch bestimmt ist,«**

Sei Jesu Kommen, seit seiner Auferstehung ist Heilszeit: »Siehe, jetzt ist die Zeit der Gnade, jetzt ist der Tag des Heils« (2 Kor 6,2). Heilszeit ist »Rettungszeit«; die *»Seligkeit«*, die wir durch Jesus Christus haben, ist »Rettung«. So nüchtern ist die Bibel: Seit Adams Fall sind wir Menschen verlorene Leute, dem Untergang ausgeliefert. Der Böse zerstört uns mit der Macht des Todes. Doch das Reden, das Heimrufen Gottes ist nie verstummt; so wie er Adam aus dem Versteck rief. Er berief den Abraham und hat mit ihm seinen Heilsplan, seinen Rettungsplan begonnen. Die *»Propheten«* waren durch die Zeiten sein Mund, sagten seine Heilsworte an Israel weiter und riefen die kommende »Gnade« aus. *»Gnade«* ist der zusammenfassende Begriff für Gottes Rettungshandeln (vgl. zu V. 2).

Die Propheten haben diese Gnade *»geweissagt«* (wörtlich griechisch »vorhergesagt«). Sie war also noch nicht da, sondern sollte erst kommen. Deshalb haben die Propheten nach der Erfüllung ihrer Verheißungen selber *»gesucht und geforscht«*. Das Griechische drückt in den beiden Worten den ganzen Einsatz der Propheten aus, etwa wiederzugeben mit: »Sie haben mit höchstem Eifer danach gesucht und unter Einsatz aller Möglichkeiten danach geforscht.« So groß war die Sehnsucht nach einer gewissen Rettung aus dem Todesgeschehen der Sünde! Bei Paulus klingt das noch durch in der verzweifelten Frage: »Ich elender Mensch! Wer wird mich erretten aus dem Leibe dieses Todes?« (Röm 7,24).

In Jesus Christus ist Gottes Gnade, die endgültige Rettung, erschienen. Jetzt beginnt die Heilszeit. Was für eine überwältigende Zeitbestimmung: *»die für euch bestimmt ist«* (wörtlich: »für euch ist es vorhergesagt worden«). Mit der Generation, die bei Jesu Geburt lebte, beginnt die endgültige Rettungszeit, und das *»für euch«* gilt bis auf uns, die wir heute leben. Jesus macht das deutlich – Petrus spricht ihm hier wieder nach –, wenn er eben dasselbe sagt: Propheten und Könige begehrten zu sehen und zu hören, was die Jünger sehen und hören durften (vgl. Lk 10,24). In ihm ist Rettung und Heilsvollendung, ist mehr als Mose und mehr als Salomo (vgl. Joh 1,17 u. Mt 12,42).

1,11: **»und haben geforscht, auf welche und was für eine Zeit der Geist Christi deutete, der in ihnen war und zuvor bezeugt hat die Leiden, die über Christus kommen sollten, und die Herrlichkeit danach.«**

Die Propheten, die Verkündiger der Heilsverheißungen Gottes, wollten eines erforschen, nämlich, wann die Zeit der Erfüllung dieser Verheißung käme. Dabei trieb sie nicht einfach die Wann-Frage um, sondern die Frage, *»was für eine Zeit«* (griechisch »wie beschaffene Zeit«) das sein wird. Die Frage nach der Qualität dieser Zeit war für sie also ebenso wichtig. Die näheren Umstände interessierten sie ebenfalls brennend. In dem »wie beschaffen« steckt sicherlich auch die Frage nach den Voraussetzungen, so wie etwa die Rabbiner formulierten: »Wenn einmal *ein* Sabbat völlig nach dem Gesetz in Israel gehalten wird, dann kommt der Messias, oder auch: Wenn *ein* Israelit einmal völlig gesetzestreu den Sabbat begeht, dann kommt der Messias.« Die Propheten verkündigten ihre Heilsverheißungen nicht aus ihrem eigenen Denken und Hoffen, sondern der *»Geist Christi«* war *»in ihnen«.*

Dies ist die wesentlichste Klammer zwischen AT und NT: Der Christus ist schon im AT präsent, ja er ist der Schöpfungsmittler (vgl. Kol 1,16); er war bei Israel beim Zug durch die Wüste als »geistlicher Fels« dabei (vgl. 1 Kor 10,4). Der Christus ist das ewige Wort Gottes (vgl. Joh 1,1). Luther liest das AT deshalb unter dem Thema: »Was Christum treibet.« Und unsere Väter, besonders im Pietismus, haben die Bibel immer mehr heilsgeschichtlich zu verstehen gelernt und gelehrt. Der Geist Christi gibt die Verheißung des Heils und *»deutet«* auf die Erfüllung (»deuten« im griechischen Wortsinn von »klarmachen, weithin sichtbar machen«).

Dieser Geist war in den Propheten, und er gab ihnen weitreichende Erkenntnisse, nämlich *»die Leiden, die über Christus kommen sollten«.* Das ist also schon im AT deutlich vorausgesagt, daß der Sohn Gottes den Leidensweg gehen wird. Der auferstandene Christus schließt den beiden Jüngern auf dem Weg nach Emmaus das AT auf, indem er in ihre Trauer hineinsagt: »Mußte nicht Christus dies erleiden und in seine Herrlichkeit eingehen?« Und dann zieht er die Linie aus dem AT: »Und er fing an bei Mose und allen Propheten und legte ihnen aus, was in der ganzen Schrift von ihm gesagt war« (Lk 24,26 f). Der Auferstandene selbst also steht für die Feststellung des Petrus, daß das ganze AT – die Bibel Jesu und der Urgemeinde – christuszentriert und christusausgerichtet ist und gerade auch seinen Leidensweg voraussagt (vgl. 1 Mo 3,15; 5 Mo 18,15; Ps 22; Jes 52,13-53,12; Lk 2,35; Joh 1,29). Auch seine Erhöhung, »die Herrlichkeit danach«, griechisch Plural »die Herrlichkeiten danach«, sind schon im AT vorausgesehen (vgl. 2 Sam 7,13; Ps 22,26-30; Jes 9,6; Jes 11,1 ff; 42,4; 49,6; 53,12; 60,1 ff).

1,12: **»Ihnen ist offenbart worden, daß sie nicht sich selbst, sondern euch dienen sollten mit dem, was euch nun verkündigt ist durch die, die euch das Evangelium verkündigt haben durch den heiligen Geist, der vom Himmel gesandt ist – was auch die Engel begehren zu schauen.«**

Die Propheten des Alten Bundes *»dienten«* vorlaufend der Gemeinde des Neuen Bundes *»nicht sich selbst«. »Dienen«* heißt in seiner Grundbedeutung »den Tisch decken«. Ein treffendes Bild: Die Gotteszeugen des Alten Bundes decken den Tisch; selber aber können sie noch nicht davon essen. Erst die essen am gedeckten Tisch, die Gott zur Zeit des Heils zu seinen Gästen erwählt hat. Das mußten die Propheten erkennen; es *»ist ihnen offenbart worden«*. Dahinter steht sicherlich auch ein Schmerz des Gotteszeugen des Alten Bundes. Sie sagten das Heil, die Rettung an, aber mußten noch auf die Verwirklichung warten. Dieser Schmerz und die Sehnsucht nach dem endgültigen Heil steht wohl hinter dem Ruf des Jesaja: »Ach, daß du den Himmel zerrissest und führest herab ...« (Jes 63,19).

Jetzt, in der Zeit der Erfüllung, der Jesus-Zeit, wird das Evangelium verkündigt: *»Nun wird es verkündigt ...« »Verkündigen«* – die griechische Zeitform unterstreicht, daß dies auf Dauer geschieht – ist inhaltlich ein sehr gefüllter Begriff, der so umschrieben werden könnte: »göttliche Botschaft wieder öffentlich ausrufen«. *»Das Evangelium«*, die »gute Botschaft«, ist nicht Menschenwort, sondern Gotteswort. Das wird »öffentlich«, vor allen Menschen ausgerufen und bekannt gemacht. Auch die amtlichen Befehle des Kaisers wurden *so* öffentlich bekannt gemacht (da wird dasselbe Wort gebraucht). Es wird »wieder« ausgerufen. Die Jesus-, die Christusboten sagen nichts anderes als die atl. Gottesboten. Hier liegt die Einheit zwischen AT und NT: Der eine *»Heilige Geist«* erfüllt die atl. und die ntl. Zeugen und gibt ihnen das Wort.

Zwei wesentliche Unterschiede aber gilt es festzuhalten. Einmal: Bei den atl. Boten wirkte der Geist Gottes auf Zeit, wenn sie ihren Dienst ausrichten sollten. »Der Geist kam über sie« (vgl. 5 Mo 34,9; Jes 32,15; Hes 3,24). Im Neuen Bund ist der Geist Gottes bleibend in den Glaubenden. *»Der Heilige Geist, der vom Himmel gesandt ist«*, – darin steckt eine »Ortsveränderung«, die etwa so wiederzugeben ist: »Der Heilige Geist ist aus dem Himmel weggesandt, abgesandt«, um bleibend bei den Glaubenden zu wohnen (vgl. auch Joh 1,14; Röm 8,9.11; 1 Kor 3,16; Jak 4,5). Zum andern: Im AT wird *voraus*-geweissagt; jetzt aber wird das Evangelium als Wirklichkeit verkündigt. Dabei ist biblisch *»Verkündigung«* viel mehr als nur Mitteilung. Wie man auf ein kaiserliches Gebot reagieren muß – gehorchen oder nicht gehorchen mit den jeweiligen Folgen –, so ist das Hören der Christusbotschaft immer mit einer Entscheidung verbunden: Glauben und zu Gottes Kindern werden oder Unglaube und das ewige Heil verspielen. Was im AT verheißene Möglichkeit war, ist jetzt wirkende Wirklichkeit.

Das ist die überwältigende Qualität der »Zeit der Gnade«. Da wurde der Tisch gedeckt, und jetzt ist jeder zur Festmahlzeit eingeladen und darf essen. Wohl deshalb hat Jesus in seiner Verkündigung so viele Gleichnisse von Festessen, Hochzeitsessen für die Wirklichkeit des angebrochenen Gottesreiches gebraucht und seiner Gemeinde das »Festmahl«, das Abendmahl bleibend als Vergewisserung seiner Gegenwart und seines Heils gegeben.

So herrlich ist das Evangelium, daß *»auch die Engel begehren zu schauen«*. Das Griechische drückt das noch viel eindrücklicher aus, wiederzugeben mit: »Selbst die Engel spähen erwartungsvoll vorgebeugt, in der Erwartung, etwas von dieser Herrlichkeit zu erspähen.« Die Engel, die vor dem Thron Gottes dienen (vgl. Hebr 12,22; Offb 5,11), haben keine Einsicht in Gottes Heilsverwirklichung (vgl. Mk 13,32). Sie erhalten erst durch die Gemeinde Einblick in Gottes umfassenden Heilsplan (vgl. Eph 3,10). Deshalb sehen sie staunend, erwartungsvoll und begehrend der Heilsverkündigung zu, die die Schar der Vollendeten sammelt. So überwältigend ist diese Zeit der Gnade also – das will Petrus sagen –, daß selbst die Engel, die doch in himmlischer Herrlichkeit leben, das, was nun auf der Erde geschieht, begehrend beobachten.

Vorschlag zur Bibelarbeit über 1. Petrus 1,10-12

1. Einleitung

a) Wir lesen Psalm 22 und sammeln alle Einzelheiten, die in den Passionsberichten des NT wiederzuerkennen sind.
b) Was ist ein Prophet? (Bibellexikon benützen).
c) Was ist die Aufgabe der Engel? (Konkordanz).
d) Gibt es Unterschiede zwischen Gotteszeugen im AT und NT? (Kommentar)

2. Durchführung

Mögliches Thema: *Der gedeckte Tisch*

Einleitung

Wir nehmen das Wort *diakonein* (»dienen«) in seiner Grundbedeutung: »zu Tisch dienen«, »den Tisch dekken«. Das taten die Zeugen des AT.

a) Der Tisch ist gedeckt

Die Zeugen des AT decken den Tisch: Sie sagen das Heil, die Rettung in Christus voraus. Der Schmerz und die Sehnsucht, daß es doch bald komme, durchzieht auch die Heilsweissagungen des AT. Wie sind wir bevorzugt: Wir haben mehr als Abraham, Mose, David, Salomo, denn wir haben den Christus Gottes. Der Geist Gottes sagt im AT dasselbe wie im NT. Die *ganze* Bibel kann nur heilsgeschichtlich recht verstanden werden. Der Geist bezeugt voraus sowohl die Leiden Christi wie auch seine ewige Herrlichkeit. Jesus selbst zeigt den Emmausjüngern, daß das AT christuszentriert ist. Vorsicht vor jeder Abwertung des AT! Dadurch wird ja »der Tisch leer«.

b) Wir dürfen essen

Jesus vergleicht das in ihm anbrechende Gottesreich oft mit der Einladung zu einem Festmahl, zum Hochzeitsessen. Jetzt ist das Essen angerichtet. Die Gnade ist da, das Evangelium wird verkündigt unter uns. Evangelium ist nicht einfach Mitteilung, sondern Wort, das in die Entscheidung stellt. Wenn die Mutter sagt: »Nun iß!« Dann kann ich essen und werde satt, oder ich esse nicht und bleibe hungrig. So auch: Glaube und das Leben haben. Oder: Unglaube und das Heil verscherzen. Das herrliche Heil: Selbst die Engel gelüstet nach Teilhabe an solcher Herrlichkeit.

c) Jesus gibt sich selbst

Das ist ja Inhalt des Evangeliums: Jesus Christus selbst. Er ist unsere Rettung, unser Heil. Sein Leiden wirkt unsere Herrlichkeit. Seine Auferstehung zieht uns in die Neuschöpfung. Seine Herrlichkeit im Himmel ist unsere Zukunft. Alles das ist im Abendmahl vorgezeichnet: Vergebungsmahl, Stärkungsmahl, Hoffnungsmahl, Gemeinschaftsmahl, Vor-Essen zum großen Hochzeitsmahl im Himmel.

Schluß

Das ist *die* Einladung: »Nehmet hin und esset!«

4. Der Grund des Glaubens (1,13-21)

1,13: **»Darum umgürtet die Lenden eures Gemüts, seid nüchtern und setzt eure Hoffnung ganz auf die Gnade, die euch angeboten wird in der Offenbarung Jesu Christi.«**

Der ganze Briefeingang war Zuspruch, überwältigende Zusage des ganzen Heils Gottes in Jesus Christus an die Gemeinden. Aus dem Zuspruch, nach dem Zuspruch folgt der Anspruch. Diese Reihenfolge ist biblisch unumkehrbar. Erst die Zusage, dann die Aufgabe; erst die Gabe, dann der Dienst; erst die Gnade, dann der Gehorsam. So beginnt schon die Reihe der zehn Gebote: »Ich bin der Herr dein Gott...« Das ist die volle Zusage, und dann erst folgt: »Du sollst nicht...« (vgl. 2 Mo 20,2 ff).

Genauso spricht Jesus den Seinen erst die volle Glückseligkeit zu in dem neunmaligen »Selig sind ...«, das die Bergpredigt einleitet, und dann folgt die Dienstaufgabe (vgl. Mt 5,3 ff). Erst entfaltet Paulus in elf Kapiteln im Römerbrief das volle Heil Gottes, ehe er in Kapitel zwölf mit dem Neueinsatz »ich ermahne euch...« die Christen zum neuen Leben im Heil aufruft.

»Darum«, so ruft auch Petrus jetzt die Christen zu einem bewußten Leben im geschenkten Heil. Daß es bei solchem Leben nicht um eigene Leistung geht – gar mit der Absicht, sich das Heil zu verdienen –, wird deutlich in der zentralen Aussage dieses Verses: *»Setzt eure Hoffnung ganz auf die Gnade«* (griechisch kürzer: »hofft ganz«). Die griechische Zeitform des Aorist für *»hofft«* drückt die Dauer solcher Haltung aus und die Aufforderung, diese Hoffnung jeden Tag neu zu leben. Dabei ist »hofft« nicht im Sinn von »habt Hoffnung« zu verstehen, sondern eben von den Versen 3 – 9 aus als Aufforderung: ›Erweist mit eurem Leben, daß ihr eine überwältigende Hoffnung habt!‹ Das Wort *»ganz«* betont die Radikalität dieses neuen Lebens: Ich verlasse mich nicht mehr auf mich, auf meine Kraft und meinen Willen. Ich sage auch zu allen anderen Heilsangeboten nein.

Christen leben einseitig in der Hoffnung auf die *»Gnade«*. *»Gnade«* meint eben das in Jesus Christus geschenkte Heil, die Rettung, die mich zur neuen Kreatur macht. »Gnade« wird hier näher bestimmt: *»die euch angeboten wird in der Offenbarung Jesu Christi«* (wörtlich: »die euch gebracht wird bei der Offenbarung Jesu Christi«). Beides ist gemeint: Diese Gnade, das volle Heil, ist uns zum einen jetzt schon geschenkt. Gott hat sich in der Person Jesu von Nazareth offenbart. Er ist unsere Rettung. Bei seiner Wiederkunft wird Jesus Christus seine Gnade an uns vollenden, die Rettung endgültig sein. Wir werden nicht ins Gericht kommen, sondern in die ewige Herrlichkeit gehen. Dieses Wort »hofft« ist also nicht nur auf die Zukunft gerichtet; es ist unsere tägliche Lebensgrundlage (vgl. zu V. 3).

Solche »Hoffnung« macht nicht träge; vielmehr bringt sie unser Leben in Bewegung, in die Nach-folge und wirkt sich aus im tätigen Handeln für den Herrn. Petrus drückt das aus in dem Bildwort: *»Umgürtet die Lenden eures Gemüts.«* Die *»Lenden umgürten«* heißt, das lange, bauchige Gewand hochraffen und in den Gürtel stecken. So kann man ungehindert gehen und hat Bewegungsfreiheit zum Arbeiten. *»Gemüt«* meint den ganzen Menschen unter Betonung seiner geistigen Art, sein Denken, Wollen, Wünschen, seine ganze Gedanken- und Gefühlswelt. Unser Handeln und Tun wird ja aus den Gedanken geboren; erst steht der Gedanke und der Wille, der dann zur Tat wird. Dabei ist auch unsere unbewußte Gefühlswelt oft von großer Wichtigkeit. Deshalb setzt der Heilige Geist bei seinem »Gnadenwerk« an uns bei unserem Denken an, dort, wo die Taten »beginnen« (vgl. Röm 12,2). Das also ist gemeint: Unser ganzes Denken und Wollen darf konzentriert auf unseren Herrn und die Erwartung seiner Wiederkunft ausgerichtet sein, aufbruchs- und dienstbereit.

Hinter diesem Bild des hochgeschürzten Gewandes steht sicher die geschichtliche Erinnerung an die Nacht des Passah, vor dem Auszug aus Ägypten, wo Gott seinem Volk gebot: »Um eure Lenden sollt ihr gegürtet sein und eure Schuhe an euren Füßen haben und den Stab in der Hand und sollt essen als die, die hinwegeilen« (2 Mo 12,11). Wir Christen dürfen aufbruchbereit, abrufbereit wie Israel leben, als solche, »die hinwegeilen«. Das meint nicht Weltflucht, aber zeigt deutlichst an, daß wir ein anderes Ziel haben, das nicht in dieser Welt und Zeit liegt. Auch Jesus gebraucht dieses Bild eben zur Illustration des gespannten Wartens der Christen auf die Wiederkunft ihres Herrn (vgl. Lk 12,35 f).

Noch eine zweite Näherbestimmung gibt Petrus für dieses geh- und dienstbereite Leben des Christen, wenn er mahnt: *»Seid nüchtern.«* Das ist ganz wörtlich gemeint. Christen leben nicht in einer »Rauschwelt« mit benebelten Sinnen; vielmehr erkennen sie die Wirklichkeit, nämlich eben die Herrschaft Jesu Christi. Sie lassen sich deshalb nicht von den Gütern und Sorgen dieser Welt gefangennehmen, sondern konzentrieren sich auf das Wesentliche, das Wirkliche, das angebrochene und kommende Reich Gottes, wie Jesus sagt: »Trachtet am ersten nach dem Reich Gottes ...« (Mt 6,33). *»Nüchtern«* zu sein bedeutet aber auch gerade für Christen in ihrer Hoffnung das »Noch-Nicht« und »Schon-Jetzt« ernstzunehmen. Wir sind gerettet, sind jetzt schon »Neue«, aber wir warten noch auf die Vollendung. Der Weg der Jesusgemeinde geht noch durch Anfechtung und Leiden, ist der Kreuzesweg hinter Jesus her. Erst im vollendeten Gottesreich werden wir triumphieren und wird alles Leiden abgetan sein. Wer das überspringt, verfällt einem gefährlichen »Halleluja-Christsein«, das zutiefst unbiblisch ist und für Sünde ganz anfällig wird (vgl. 1 Kor 15,34; 1 Thes 5,8).

1,14: **»Als gehorsame Kinder gebt euch nicht den Begierden hin, denen ihr früher in der Zeit eurer Unwissenheit dientet;«**

Die Unnüchternheit ist dadurch gekennzeichnet, daß sie eben in dem »Rausch« der *»Begierde«* lebt. *»Begierde«* meint nicht nur die verschiedenen bösen Laster (vgl. 4,3), sondern damit ist die ganze sich selbst suchende und sich selbst verwirklichen wollende Leidenschaft des »alten« Menschen gemeint. Der »natürliche« Mensch lebt in seinen Leidenschaften, also in einer Gesamtausrichtung von Wille, Trieben und Wünschen, in der er sich gegen Gott selbstmächtig auslebt (vgl. Mk 4,19; Röm 1,24; 6,12; 7,7 f; 13,14; Gal 5,16; Eph 2,3; 4,22; Kol 3,5 f; 1 Thes 4,5; 1 Tim 6,9; Tit 2,12; 3,3; 1 Petr 2,11; 4,2; 2 Petr 2,18; 1 Jo 2,16 f; Jak 1,14 f). Diese Begierden formen das Leben des »alten« Menschen.

Deshalb gilt die Mahnung an den »neuen« Menschen: *»Gebt euch nicht den Begierden hin«* (ganz wörtlich: »sich nicht zusammen mitgestalten lassen«). Der »natürliche« Mensch meint in der Regel, er beherrsche seine Begierden und Triebe, und er wird doch von ihnen beherrscht und geprägt. Erst der Gehorsam des Glaubens (vgl. zu V. 2) befreit aus diesen bösen Prägungen. *»Gehorsame Kinder«* nennt Petrus deshalb uns Christen. Wir hören als Kinder Gottes seine Weisungen, die unser Leben befreien und zur Fülle bringen. Das ist unser »Jetzt«. Das »Früher«, das Leben des »alten« Menschen, liegt hinter uns. Petrus kennzeichnet dieses alte Sein als *»Zeit der Unwissenheit«*, als ein Leben, in dem wir nichts von der Kraft Gottes, von der Rettung durch Jesus Christus und von der Freiheit der Kinder Gottes wußten. Dabei ist *»Unwissenheit«* nicht Schicksal, sondern bewußt gelebter Weg (vgl. Röm 1,18 ff, besonders V. 21).

1,15: **»sondern wie der, der euch berufen hat, heilig ist, sollt auch ihr heilig sein in eurem ganzen Wandel.«**

Das Leben der Kinder Gottes soll *»heilig«* sein, also ganz ausgesondert für Gott und ganz von ihm bestimmt. *»Heilig sein«* im *»ganzen Wandel«* geschieht dadurch, daß wir den Weisungen unseres Herrn aus seinem Wort gehorchen, daß der Geist Gottes so unser ganzes Leben gestalten darf. Wir werden nicht mehr vom Bösen gestaltet, auch nicht mehr von unseren Leidenschaften bestimmt; heilig zu leben heißt, vom Geist Gottes geprägt zu werden. Die Christusart gestaltet sich so in unserem Denken, Reden und Handeln aus. Darum kann Petrus sagen: »Wie der, der euch berufen hat, heilig ist, sollt auch ihr heilig sein.« Die Kindesart kommt nach dem Vater. Der heilige Gott hat uns *»berufen«*; das war sein Tun an uns. Das geschah durch die Wiedergeburt (vgl. zu V. 3), und nun bestimmt uns auch die Christusart. *»Heilig sein«* ist so zunächst gewiß keine eigene Leistung, zwingt uns nicht in Anstrengung unserer Kräfte; vielmehr ist es die Folge unserer Zugehörigkeit zum Herrn.

Trotzdem hat die Aufforderung *»ihr sollt«* entscheidende Bedeutung gerade auch für Christen. Denn Heiligung geschieht nicht automatisch und zwangsweise, sondern dann, wenn ich selber will und mich gestalten lasse. Der Imperativ – gewiß beruhend auf dem Indikativ – nimmt uns gerade als Person ernst. Wir können und sollen handeln nach dem Willen Gottes. Christliches Leben, heilig sein, heißt immer, das nun auch zu ergreifen und zu leben, was ich bin, wozu ich durch meine Berufung geworden bin.

1,16: **»Denn es steht geschrieben (3 Mo 19,2): ›Ihr sollt heilig sein, denn ich bin heilig.‹«**

Petrus spricht mit diesem Ruf zum *»Heilig-Sein«* nichts Eigenes aus, sondern er beruft sich auf die *»Schrift«*, auf das Gotteswort. Als Gott Israel seine Gebote gab, damit sie *»heilig«*, das heißt abgesondert von den Heiden, leben sollten, verwies er eben auf sich selbst. So wie er soll sein Volk auch sein: »Heilig«, von anderer Qualität als die Völker, so wie Gott von völlig anderer Art ist, mit nichts und niemandem zu vergleichen oder zu messen. Und diese unvergleichliche Qualität wird im täglichen Leben gelebt. Für Israel wie für die ntl. Gemeinde gilt: Heiligkeit wird zur Heiligung. Was ich bin, darf ich auch leben.

1,17: **»Und da ihr den als Vater anruft, der ohne Ansehen der Person einen jeden richtet nach seinem Werk, so führt euer Leben, solange ihr hier in der Fremde weilt, in Gottesfurcht;«**

Wir Christen kennen Gott als unseren *»Vater«*, dürfen ihn als Vater *»anrufen«* (wörtlich: »zu ihm hin rufen«), also beten. So hat es uns Jesus im »Vaterunser« ja selbst gelehrt (vgl. Mt 6,9 ff). Das ist das größte Vorrecht der Kinder Gottes, daß wir zu Gott »Vater« sagen dürfen. Das zeigt die allerengste Gemeinschaft mit ihm, das drückt die umfassende Liebe aus. Eben deshalb aber, weil wir ganz mit Gott sein dürfen, wissen wir auch um den Ernst der Gottesbegegnung. Der Vater ist auch der Richter. Das ist eine zentrale, gesamtbiblische Aussage (vgl. 1 Sam 2,10; Ps 7,9; 48,12; 58,12; 76,10; 110,6; Jes 66,16; Hes 34,17; Joh 5,30; Apg 17,31; Röm 2,16; 2 Tim 4,8; Hebr 10,30; 12,23; Offb 11,18; 20,12).

Gott richtet *»ohne Ansehen der Person«*. Er hat also keine Günstlinge; sein Gericht ist ohne Bevorzugung oder Benachteiligung. Und er richtet *»einen jeden nach seinem Werk«*. *»Jeder«* wird einmal vor dem Richter stehen, ohne Ausnahme; und der Maßstab des Gerichtes wird *»sein Werk«* sein. Es steht hier nicht »seine Werke«. Im Gericht wird das Ganze eines Lebens beurteilt. Das *»Werk«* ist die Summe aller Taten, ist die Gesamthaltung, in der und aus der ein Mensch gelebt hat, was in einem Leben bewirkt wurde. Das steht gewiß nicht im Gegensatz zu der »Rechtfertigung allein aus Glauben«, die zentraler Inhalt des Evangeliums ist (»allein aus Gnade«); vielmehr ist das entscheidende »Werk«, nach dem der Richter fragen wird, eben der Glaube, also das, was Gottes Geist an meinem Leben wirken konnte. Das Gericht »nach dem Werk« fragt nicht nach meinen frommen Verdiensten, sondern es enthüllt den Glauben, der in der Liebe tätig ist. Es ist mein »Werk«, aber als das durch den Geist Gottes an mir Gewirkte. Dafür wird der Glaubende im Gericht, das für ihn Preisgericht ist, »Lohn empfangen« (vgl. 2 Kor 5,10).

Ebenso aber gilt, daß der Ungläubige, der seine bösen Werke wirkte, in die ewige Verdammnis gehen wird (vgl. Mt 7,13; 23,33; Mk 16,16; Röm 9,22; Phil 3,19). Das ist der Ernst des Evangeliums. Wer Jesus Christus nicht glaubt, wird verloren sein (vgl. auch Mt 25,41).

Für *»richten«* gebraucht Petrus ein Wort, das den Ausgang noch ganz offen läßt, das also etwa mit »beurteilen« wiederzugeben ist. Die Rede vom Gericht Gottes ist biblisch nie Drohrede, aber sie bewahrt jeden Menschen vor der Oberflächlichkeit. Es steckt auch eine ganz wichtige Aussage in diesem Zeugnis vom Gericht über jeden Menschen. Wir fassen sie dreifach:

a) Soviel sind wir Gott wert, daß er uns richtet, jeden.
b) Der Maßstab ist vorher bekannt, nämlich ob wir an Jesus Christus glauben. Wir gehen nicht unvorbereitet in Gottes Gericht.
c) Der *Vater* ist der Richter. Er wird ganz gewiß alles sehen, was unser Leben gestaltet.
   Ohne das Zeugnis von Gottes Gericht wird die Gnade »billig«. Daß Gott uns richten wird, das ruft in die persönliche Antwort auf das Evangelium und gibt jeder Stunde unseres Lebens Ewigkeitsdimension, denn sie wird vor Gottes Gericht beurteilt.

Weil Gott richten wird, weil seinen prüfenden, alles aufdekkenden Augen nichts verborgen bleibt, darum: *»Führt euer Leben ... in Gottesfurcht, solange ihr hier in der Fremde weilt«* (griechisch kürzer: »In Furcht wandelt die Zeit eures Aufenthalts in der Fremde«). *»Furcht«* ist hier ganz gewiß nicht die sich duckende Furcht des Sklaven in Angst vor Strafe. Wir sind ja Gottes Kinder. Es ist die Ehrfurcht vor Gott, die ihn anbetet und ihm alle Macht über mein Leben einräumt. Es ist eine »Furcht«, wie sie in Psalm 33,18 erklärt wird: »Siehe, des Herrn Auge achtet auf alle, die ihn fürchten, die auf seine Güte hoffen« (vgl. auch Ps 147,11).

Diese »Furcht« ist also die kindliche Bangigkeit, die den Vater nicht betrüben will, die in allem bestrebt ist, dem Vater Freude zu machen. Es ist eine »Furcht«, die vor der Sünde flieht, den eigenen Antrieben absagt und auf gar keinen Fall den Geliebten betrüben will. Diese »Furcht des Herrn ist der Weisheit Anfang« (Ps 111,10), doch die wachsende, eingründende, den Willen Gottes gern tuende »Liebe treibt die Furcht aus« (1 Jo 4,18). Aus der Furcht in die Liebe, vom Nein zur Sünde zum freudigen Ja zu Jesus Christus und seinem Willen, das ist die Lebensbewegung des Kindes Gottes. »Wandelt in Furcht«, das beschreibt aber gerade keine »Angstexistenz«, sondern ruft uns in die immer engere Verbindung mit unserem Herrn, uns, die wir »in der Zeit des Aufenthalts in der Fremde« sind (vgl. zu V. 1). Gerade in der *»Fremde«* ist die Nähe des Geliebten großer Trost und Wegleitung zum Ziel.

1,18: **»denn ihr wißt, daß ihr nicht mit vergänglichem Silber oder Gold erlöst seid von eurem nichtigen Wandel nach der Väter Weise,«**

Daß diese Gottesfurcht keine sklavische Angst sein kann wird jetzt vollends deutlich, denn wir sind ja von Gott *»erlöst«* (wörtlich »freigekauft, losgekauft«), sind nun seine Kinder und leben in dankbarer Liebe.

Dahinter steht das Bild von dem Schuldsklaven, der seinem Herrn ausgeliefert ist und nur durch Auslösung aus der Sklaverei freigekauft werden kann. So ist der natürliche Mensch Schuldsklave Satans, unter die Sünde verkauft und kann sich selber nicht erlösen (vgl. Röm 7,14; auch Jes 50,1; 52,3). Gott hat uns freigekauft von dem *»nichtigen Wandel nach der Väter Weise«*. So wird das alte Sünderleben charakterisiert. *»Nichtig«* hat im Griechischen einen weiten Bedeutungsumfang: eitel, leer, vergeblich, erfolglos, umsonst, töricht, lügenhaft, frevelhaft etc. So ist das alte Leben ein Leben *»nach der Väter Weise«* (genauer: »von den Vätern überliefert«).

Die Sünde ist auf der einen Seite meine ganz eigene Sache, und doch finde ich mich schon immer als Sünder vor. Dieser Aspekt wird hier betont: Schon in der Linie der Generationen wird die Sünde – auch und gerade in der frommen Form der Religiosität – weitergegeben. Paulus faßt das als die Linie von Adam her (vgl. Röm 5,12). Seit Adams Sünde herrscht die Sünde als Macht über alle Menschen, »weil sie alle gesündigt haben«. Das prägt alle Traditionen, Religionen und Kulturen. Nur Jesus kann uns daraus erlösen, nicht *»vergängliches Silber oder Gold«*. Die kostbarsten menschlichen Güter reichen nicht aus, um einen Menschen aus der Sünde freizukaufen. Vielmehr mußte das Jesus selbst tun.

1,19: **»sondern mit dem teuren Blut Christi als eines unschuldigen und unbefleckten Lammes.«**

Und Christus hat das getan. Petrus knüpft mit der Rede vom *»Lamm«* wieder an das geschichtliche Geschehen in der ersten Passah-Nacht dort in Ägypten an: Das Blut eines Lammes, an die Türpfosten gestrichen, bewahrte die Israeliten vor dem Todesengel, vor der Vernichtung (vgl. 2 Mo 12,1-13). Auch Paulus schreibt: »Auch wir haben ein Passalamm, das ist Christus, der geopfert ist« (1 Kor 5,7). Gott hat uns erlöst durch das Opfer Jesu Christi, das am Kreuz geschah, das meint *»das teure Blut«* (eigentlich »kostbar« im Sinne, von »von höchstem Wert«). Das Leben des Gottessohnes wird für unsere Erlösung dahingegeben; soviel wert sind wir Gott (vgl. Joh 3,16). Der Sohn wird das *»Lamm«*, das Opferlamm für uns (vgl. noch Jes 53,7; Jer 51,40; Joh 1,29; Apg 8,32; Offb 5,6; 6,1; 7,9; 8,1).

Das »Lamm« wird näher gekennzeichnet als *»unschuldig«* (eigentlich: »ohne jeden Tadel oder Makel«). Die Sündlosigkeit des Gottessohnes wird damit betont (vgl. Hebr 4,15; auch Joh 8,46; 2 Kor 5,21; 1 Petr 2,22; 1 Jo 3,5). Und es ist ein *»unbeflecktes«* Lamm (eigentlich »ohne jeden Schmutz«); auch die schmutzigen Angriffe seiner Gegner haben auf Jesus nicht abgefärbt. Er blieb und lebte in durchhaltender Liebe. Dieses »unbefleckt« wird in 1. Petrus 2,23 näher ausgeführt, wenn Petrus Jesus als den beschreibt, »der nicht widerschmähte, als er geschmäht wurde, nicht drohte, als er litt«. Er ließ sich nicht in den Schmutz hineinziehen.

Diese Erlösung ist zentraler Inhalt des christlichen Bekenntnisses. Davon leben wir. Das führt uns zum Dank und zur Liebe gegen unseren Herrn. Deshalb ist die »Gottesfurcht«, zu der Petrus die Gemeinden ruft, die Haltung der kindlichen, bangen Liebe, die in allem danach trachtet, dem Christus zuliebe, zu Gefallen zu leben (vgl. Kol 1,10).

1,20: **»Er ist zwar zuvor ausersehen, ehe der Welt Grund gelegt wurde, aber offenbart am Ende der Zeiten um euretwillen,«**

Dieses Erlösungsgeschehen ist jetzt Wirklichkeit. Denn Jesus Christus hat durch seinen Tod am Kreuz alles vollbracht. Auf diese Erlösung zielte Gottes Heilswille schon immer ab. Er hat

Jesus als den Retter *»zuvor ersehen, ehe der Welt Grund gelegt war«. »Zuvor ersehen«* meint die ewigen Liebesgedanken Gottes zu unserer Rettung (vgl. zu V. 2). Gott war vor aller Zeit und sein Christus *»ehe der Welt Grund gelegt wurde«.* Bevor Gott den Kosmos schuf, hat er schon seine Heilsgedanken beschlossen. Ebenso wird auch deutlich, daß Christus schon vor aller Zeit war (vgl. Joh 8,58; Kol 1,17). Er ist der ewige Gottessohn. Zum andern ist auch klar, daß der Kreuzestod Jesu Gottes vorzeitlicher Heilsratschluß war und nicht eine Katastrophe oder gar ein Sieg des Bösen. Das stellvertretende Opfer des Sohnes war Gottes Heilsplan von Ewigkeit her. Vor aller Zeit hat Gott dieses Heil ausersehen; jetzt, in der Zeit, ist es offenbart, ist *er*, der Christus, erschienen und hat das Heil vollbracht. *»Zeit«* meint hier die Dauer.

Petrus charakterisiert die Zeit seit Christi Kommen als *»Ende der Zeiten«*, als letzte Zeit. Seit Jesu Geburt ist Endzeit in dem Sinne: Auf ihn ist alles zugelaufen. Er ist die Erfüllung. Das Ende allen Wartens. Das Letzte, die Vollendung hat begonnen. In Christus, ist das ganze Heil Gottes *»offenbart«*, enthüllt. Jetzt tritt klar zutage, was Gott mit dieser Welt, mit uns Menschen will: Er will retten, erlösen, vollenden. *»Um euretwillen«* setzt Petrus betont hinzu. Gottes Heil gilt den Glaubenden, wie Petrus jetzt verdeutlicht:

1,21: **»die ihr durch ihn glaubt an Gott, der ihn auferweckt hat von den Toten und ihm die Herrlichkeit gegeben, damit ihr Glauben und Hoffnung zu Gott habt.«**

Durch Jesus Christus ist Glaube an Gott möglich geworden. Er, der Gottessohn, »führt uns zu Gott« (vgl. 3,18). Er zeigt uns den Vater. Er zeigt uns die Liebe des Vaters zu uns, eben dadurch, daß Gott seinen eigenen Sohn für uns hingibt. Jemand hat das so ausgedrückt: »Willst du Gott ins Herze sehen, dann mußt du zum Kreuze gehen.« Luther sagte: »Das hat er alles uns getan, sein groß Lieb zu zeigen an« (EKG 15,7). Christus ist nicht nur Objekt, sondern auch Subjekt unseres Glaubens, nicht nur Ziel, sondern auch der Ursprung. Wer durch

Jesus Christus zum Glauben kommt, glaubt damit an den, der *»ihn auferweckt hat von den Toten«.* Das ist ja Gottes freie Heilstat, mit der er den Sohn bestätigte und seine Allmacht erwies. Die Auferweckung Jesu ist das Ja des Vaters zu seinem Sohn und damit auch das Ja zu uns, für die sich der Sohn geopfert hat.

Die Auferstehung Jesu Christi ist der Beginn der neuen Schöpfung. Das wird mit dem Ausdruck *»der ... ihm die Herrlichkeit gegeben hat«* festgehalten. *»Herrlichkeit«* ist die Macht, die Gottgleichheit des Christus, wie der Auferstandene zu seinen Jüngern sagt: »Mir ist gegeben alle Gewalt im Himmel und auf Erden« (Mt 28,18; vgl. auch Eph 1,18.22).

Durch Jesus Christus, weil Gott durch ihn sieghaft und heilschaffend gehandelt hat, haben wir *»Glauben und Hoffnung zu Gott«.* So, wie Gott an Christus gehandelt hat, so wird er auch an und mit uns handeln: Er wird uns in diese Herrlichkeit hineinziehen. Durch Christus vertrauen wir Gott als unserem Vater und leben in der gewissen Hoffnung, daß er auch uns verherrlichen wird (vgl. Joh 17,24; Röm 5,12; 8,17 f; 1 Kor 15,43; 2 Kor 4,17; Phil 3,21; Kol 3,4; 1 Thes 2,12).

Vorschlag zur Bibelarbeit über 1. Petrus 1,13-21

---

1. Einleitung

a) Was meint das Bild »umgürtet die Lenden eures Gemüts«?
   Wir versuchen, das in eigenen Worten zu sagen.
b) Welche »Begierden« prägen mein Leben? Wir prüfen uns selber.
c) Wie verhalten sich das Gericht nach dem Werk und die Rechtfertigung allein aus Gnaden zueinander?
d) Was heißt biblisch Gottesfurcht?

2. Durchführung

Mögliche Überschrift: *Als Heilige leben*

Einleitung

Heilige werden an ihren Werken gemessen. »Biblisch: Heilige werden an ihrem Herrn erkannt.

a) Heilig in Gott

Heilig ist nicht zuerst eine Qualität, sondern eine Beziehung. »Heilig« = ganz in Gott, für ihn abgesondert. Heilig zu leben heißt, auf ihn ausgerichtet zu leben. Abruf- und dienstbereit. Das Gewand hochgesteckt zum Gehen und zur Arbeit. Heilig zu leben, weil Gott heilig ist, meint, nach seinem Willen leben. Er soll uns ganz gestalten und prägen. Nicht mehr unsere Begierden, unsere Leidenschaften, letztlich unsere Eigensucht. Heilig zu leben, das heißt auch, im Glauben zu handeln nach Gottes Willen. Grundlage solcher Heiligung ist allein die Gnade. Der Zuspruch: »Ihr seid heilig« (zu Gott gehörig) steht immer *vor* dem Anspruch: »Seid heilig.«

b) Heilig durch Gott

Wir sind Erlöste. Gott hat uns zu seinen Kindern gemacht. Wir sind freigekauft mit dem Blut Jesu Christi. Das macht uns heilig. Jesus Christus heiligt uns. Er gibt uns das völlige Vertrauen zu Gott. Wir dürfen ihn als Vater anrufen. Jesus ist das Vorbild der Heiligkeit: ein unschuldiges und unbeflecktes Lamm. Er ist der Sündlose, der sich auch nicht von der Sünde anstecken ließ. Als Heiliggemachte wissen wir auch um die richtende Heiligkeit Gottes. Gott tritt gegen die Sünde an. Heiliges und Unheiliges geht nicht zusammen. Biblisch ist Gericht nie Drohung, vielmehr gilt sogar: So wichtig sind wir Gott, daß er jeden Menschen beurteilt. Deshalb leben wir als Heilige in Gottesfurcht, nämlich der Sorge des Kindes, dem Vater Freude zu bereiten.

c) Heilig für Gott

Heilig zu leben heißt, im Glauben und in der Hoffnung zu Gott zu leben. Unsere Erlösung, daß wir heilig werden, war Gottes Rettungsplan von Ewigkeit her und zieht uns in die Ewigkeit. Der Kreuzestod Jesu, der uns rettet und heiligmacht, ist Zielpunkt des Heilsplanes Gottes. Der Sieg und die Herrlichkeit des Christus wird uns zugeeignet. Das ist unsere Heiligkeit: die Mitverherrlichung bei Christus in der Ewigkeit.

Schluß

Bist du ein Heiliger? Ja, denn ich gehöre Jesus Christus!

5. Das Wort des Glaubens (1,22-25)

1,22: **»Habt ihr eure Seelen gereinigt im Gehorsam der Wahrheit zu ungefärbter Bruderliebe, so habt euch untereinander beständig lieb aus reinem Herzen.«**

Der Glaube und die Hoffnung zu Gott, die wir Christen durch Jesus Christus haben, stellt uns hinein in die große Gemeinschaft der Glaubenden, die jetzt für Petrus Thema ist, als in die Gemeinschaft der Liebenden. Hauptsatz ist dabei: *»Habt euch untereinander lieb.«* Solche Liebe ist aber nicht unsere natürliche Möglichkeit.

Voraussetzung dafür ist die *»Reinigung der Seele«*. »... eure Seelen gereinigt haben im Gehorsam gegen die Wahrheit«, schreibt Petrus. *»Seele«* meint wieder (vgl. zu V. 9) den ganzen Menschen als Person unter besonderer Betonung seiner Geistigkeit, seiner Gefühle, seines Verstandes und seines Willens. Unser ganzes Sein muß zuerst *»gereinigt«* werden. Die Zeitform des Perfekts im Griechischen betont die Dauer dieses Vorgangs. »Reinigen« ist das jüdische Fachwort für die kultische Reinigung, hier übertragen gebraucht im selben Sinn wie »heiligen« (in V. 15).

Solche Reinigung geschieht dadurch, daß wir der *»Wahrheit gehorsam«* werden. *»Wahrheit«* ist biblisch viel mehr als eine Sachwahrheit: Es ist die Wirklichkeit, die uns Gott in seinem Wort offenbart. Die »Wahrheit« ist also das Evangelium, und dieser Wahrheit gehorsam wird man durch Glauben. Es geht also nicht nur darum, eine Wahrheit zu erkennen, sondern die Wahrheit, die Gott uns in seinem Wort sagt, anzuerkennen, sich ihr auszuliefern. Das ist gemeint. Das Evangelium aber deckt uns die Wahrheit über uns selbst auf, unsere Selbstsucht und unsere Bosheit, die uns unfähig zu wirklicher Liebe machen. Deshalb brauchen wir die Reinigung. Sie geschieht an uns durch das Wort der Vergebung.

Erst so sind wir fähig zu *»ungefärbter Bruderliebe«*. Die *»Bruderliebe«* ist das Kennzeichen der christlichen Gemeinde. So sagt Jesus: »Daran wird jedermann erkennen, daß ihr meine Jünger seid, wenn ihr Liebe untereinander habt« (Joh 13,35; vgl. auch Röm 12,10; 1 Thes 4,9; 1 Petr 4,8; 2 Petr 1,7; Hebr 13,1).

Die Bruderliebe soll *»ungefärbt«* sein (wörtlich »nicht Schauspielerei«), also nicht vorgespielt und vorgetäuscht. Selbst das kann es unter Christen geben, daß Liebe nur vorgetäuscht wird, daß man so tut als ob. Diese Liebe ist nur Form der Höflichkeit, die doch meine Selbstsucht verdeckt.

Deshalb ist die Mahnung immer wieder nötig: *»Liebt untereinander.«* Gerade auch da, wo mir der andere in der Gemeinde Mühe macht. Liebe ist viel mehr als Gefühl. Liebe ist willentliche Zuwendung zum andern, ist durchhaltende Treue. Petrus fügt hinzu, die Liebe solle *»beständig«* sein (eigentlich »ausgespannt«), also umfassend und den anderen ganz umgebend, ihm nachgehend und nicht loslassend. Das wird durch den Ausdruck *»aus reinem Herzen«* noch erweitert und ist als echte Herzensbewegung auf den andern hin zu verstehen, gezielt das Wohl des anderen zu wollen und zu suchen. Es ist eine Liebe die nichts für sich will, sondern alles für den Bruder (vgl. 1 Kor 13).

1,23: **»Denn ihr seid wiedergeboren nicht aus vergänglichem, sondern aus unvergänglichem Samen, nämlich aus dem lebendigen Wort Gottes, das da bleibt.«**

Solche ungefärbte Liebe ist Wirklichkeit der Glaubenden, denn sie sind *»wiedergeboren«*. Der natürliche Mensch liebt im Tiefsten nur sich selbst. Erst der Wiedergeborene, der Noch-einmal-Gezeugte (siehe zu V. 3) hat die neue Art, die zu solcher Liebe befähigt. Bruderliebe ist nicht die Ausbildung einer natürlichen Emotion, die im Menschen liegt, sondern allein ermöglicht durch die Wiedergeburt.

Auch diese ist keine Weiterentwicklung religiöser Anlagen, sondern radikale Neuschöpfung, die allein *»aus dem lebendigen Wort Gottes«* geschehen kann. Der Mensch wird in seiner natürlichen Zeugung und Geburt aus *»vergänglichem Samen«*, aus Vergehendem zum Vergehen gezeugt. Petrus bezeichnet das Wort Gottes als *»unvergänglichen Samen«*; es hat Ewigkeitsqualität, wie Jesus sagt: »Himmel und Erde werden vergehen; aber meine Worte werden nicht vergehen« (Mt 24,35). Dieses Wort Gottes ist inhaltlich das Evangelium von Jesus Christus, die Botschaft von unserer Rettung und Vollendung, die Rechtfertigung des Sünders allein aus Gnaden. Das ist ein *»lebendiges«* Wort im Sinne von wirkendem und lebenschaffendem Wort. Gottes Wort ist ein herstellendes Wort, wie schon bei der Schöpfung deutlich ist (»Gott sprach, und es ward«), es ist gebietendes Wort, (»wenn er gebietet, so steht's da«, Ps 33,9; vgl. Röm 4,17). Es ist ein Wort das *»bleibt«*, das Bestand hat, das in Kraft bleibt.

1,24-25: **»Denn ›alles Fleisch ist wie Gras und alle seine Herrlichkeit wie des Grases Blume. Das Gras ist verdorrt und die Blume abgefallen; aber das Wort des Herrn bleibt in Ewigkeit‹« (Jes 40,6-8). Das aber ist das Wort, welches unter euch verkündigt ist.«**

Weil das Wort Gottes bleibt, hat auch das neue Ich, hat der Wiedergeborene teil an diesem Bleibenden und dadurch seine Bruderliebe Beständigkeit. Sonst gilt, was schon Jesaja Israel zuruft: *»Alles Fleisch ist wie Gras«* (Jes 40,6). Die ganze Menschheit (das meint »Fleisch«) ist dem Vergehen unterworfen, so wie Gras verdorrt. Alle *»Herrlichkeit«*, Stärke, Macht, Ehre, aller Einfluß und Besitz, alles also, was für den natürlichen Menschen Gewicht hat, ist wie eine Blume, die bald verblüht. Der natürliche Mensch lebt unter dem Gesetz des Todes, des Vergehens. *»Aber des Herrn Wort bleibt in Ewigkeit«*, und darum »bleiben« auch die, die durch dieses Wort gezeugt sind. Für *»Wort«* steht hier nicht *logos*, sondern *rhaema*, also ein Begriff, der das aktuelle, im verkündigten Wort Gottes immer wieder neu gestaltende und treffende Wort umschreibt. Es ist die Gottesrede, die als Verkündigung des Evangeliums durch die Zeiten heilschaffend geschieht. Das ist eben das Wort, *»welches unter euch verkündigt ist«*, das Evangelium, das die Gemeinden damals erreicht und bekehrt hat. Das ist die frohe Botschaft, die bis heute Menschen aus dem Tod ins Leben ruft.

Dieses Wort wirkt die Gemeinschaft der Glaubenden in der ungefärbten Bruderliebe.

Vorschlag zur Bibelarbeit über 1. Petrus 1,22-25

---

1. Einleitung

a) Was sagt das NT von der Bruderliebe? (Konkordanz benützen!)

b) Wie sieht solche Liebe konkret und praktisch aus? Wir sammeln unsere Gedanken dazu in einem Rundgespräch.
c) Wir stellen biblische Aussagen über die völlig andere Qualität des Wortes Gottes zusammen. (Konkordanz!)

2. Durchführung

Mögliche Überschrift: *Wiedergeboren zur Liebe*

Einleitung

Natürliche Liebe *will*, geistliche Liebe *gibt*. Jesus hat das eindrücklich vorgelebt: Er wollte nichts für sich, aber alles für uns.

a) Die beständige Liebe

Kennzeichen der christlichen Gemeinde, zu der wir durch den Glauben gehören, ist die Bruderliebe. In der christlichen Gemeinde richtet sich die Liebe nicht nach Sympathie und Antipathie. Jedem, der wiedergeboren ist, gilt meine Liebe. Liebe ist biblisch viel mehr als Gefühl: Sie ist Wille und Tat. Zu solcher Liebe sind wir von Natur aus nicht fähig. Erst die Wiedergeburt eröffnet diesen Weg. Und wir brauchen immer wieder die Reinigung unserer ganzen Person von der Selbstsucht. Sonst verdecken wir unseren Egoismus mit Heuchelei, mit dem So-Tun-als-ob. Wieviel Schauspielerei gibt es unter uns?! Lassen wir uns durch Gottes Geist wieder reinigen zu echter, bleibender Liebe.

b) Aus dem beständigen Wort Gottes

Das Wort Gottes hat wirkende Kraft. Es ist ein unvergänglicher Same, und wer sich diesem Wort öffnet, hat teil an dieser Unvergänglichkeit. So gewinnt unsere Bruderliebe Dauer. Der »natürliche« Mensch ist aus Vergänglichem gezeugt und zur Vergänglichkeit bestimmt. »Mit jeder Kindstauf ist eine Leich angesagt«, sagten deshalb unsere Väter. Das Wort Gottes erweckt uns zu Ewigem. Es ist lebendiges Wort, lebenschaffendes Wort. Inhaltlich ist dies das Wort vom Kreuz, das Evangelium von Jesus Christus. Dieses Wort ist herstellendes Wort – wie bei der Schöpfung, so auch bei der Neuschöpfung – bei denen, die zum Glauben kommen.

c) Durch das wirkende Wort Gottes

Dieses göttliche Wort wirkt bis heute. Es ist ein ein für allemal ergangenes Wort, wie es in der Bibel niedergelegt ist. Dieses Wort aber wird gepredigt, in die je aktuelle Situation hineingesprochen, und es ruft bis heute Menschen *so* aus dem Tod zum Leben, zum neuen, zum ewigen Leben. Das alte Leben verdorrt wie Gras. Was dem natürlichen Menschen so wichtig ist, vergeht mit ihm (Ehre, Einfluß, Macht, Stärke) oder ist selber vergänglich (Besitz, Reichtum) wie eine Blume verblüht. Allein das Wort Gottes bleibt in Ewigkeit – und das, was dieses Wort in uns und an uns wirkt. Gewiß auch die durchtragende Liebe.

Schluß

Paulus sagt: »Nun aber bleiben Glaube, Hoffnung, Liebe, diese drei; aber die Liebe ist die größte unter ihnen« (1 Kor 13,13).

B. Gehorsam im Glauben (2,1-3,22)

1. Das Volk des Glaubens (2,1-10)

2,1: **»So legt nun ab alle Bosheit und allen Betrug und Heuchelei und Neid und alle üble Nachrede«**

Die christliche Gemeinde lebt in und aus der Bruderliebe – das war das vorhergehende Thema (1,22 ff). Daran knüpft Petrus jetzt an mit dem *»nun«* und entfaltet in den folgenden Versen das neue Sein der Gemeinde, was sie von Gott her ist. Das neue Sein hat mit dem *»Ablegen«* begonnen. *»So legt nun ab«* – das ist zwar Befehlsform, aber schon die Zeitform drückt im Griechischen aus, daß das ein geschehenes und immer wieder neu zu vollziehendes Tun ist.

»Ablegen« – dahinter steht das Bild vom Ausziehen der alten Kleider (vgl. Röm 13,12; Eph 4,22 f; Kol 2,11; 3,8; Hebr 12,1; Jak 1,21; vgl. auch Mt 22,11). Die »alten Kleider« kann ich ablegen, weil mir Jesus Christus das neue Kleid der Gerechtigkeit schenkt. Aber ich muß auch die alten Kleider ausziehen. Zum neuen Leben gehört immer wieder das entschlossene Nein zur alten Sünde. Noch leben auch Christen im natürlichen Leib. Zwar wohnt der Geist in ihren Herzen, aber der Nährboden für die Bosheiten ist immer da und jede keimende Pflanze der Bosheit muß konsequent ausgerissen werden, sonst wuchert sie empor. Die »Laster«, die Petrus jetzt nennt sind nicht die Wirklichkeit der Gemeinde, aber immer vorhandene Möglichkeit.

»Bosheit« (eigentlich »Schlechtigkeit«) (die gegenüber dem andern Böses ersinnt meint eine Grundhaltung. Sie ist im Herzen angesiedelt und bestimmt alles Handeln, wie schon Gott urteilt: »Des Menschen Herz ist böse von Jugend auf« (1 Mo 8,21). Diese Bosheit kann ich nicht aus eigener Kraft »ablegen«. Dazu braucht es die das Herz verändernde Kraft des Heiligen Geistes. Das Gegenteil solcher Bosheit ist die geistgewirkte Liebe, die »nicht das Ihre sucht« (1 Kor 13,5).

Auch *»Betrug«* (wörtlich »Arglist«, »Hinterlist«) ist eine umfassende Haltung, in der alle Mittel der Täuschung verwendet werden, um sich selber durchzusetzen. Das Gegenteil ist die geistliche Liebe, die ertragen und dulden kann (vgl. 1 Kor 13,7).

»Heuchelei« (im Griechischen steht der Plural »Heucheleien«) meint das konkrete Verhalten in vielen einzelnen Begegnungen, wo wir dem anderen etwas vorspielen, einen Schein aufrechterhalten, obwohl es hinter der Fassade, in unserem Herzen ganz anders aussieht. Heuchelei ist eigentlich gelebte Lüge, die oft in großer Frömmigkeit erscheint, aber nur auf die eigene Ehre aus ist. Darum warnt auch Jesus so vor der Heuchelei (vgl. Mt 6,2 ff; 7,5; 15,7; 23,13; 24,51), denn sie zerstört die Liebe nachhaltig.

Dasselbe gilt vom *»Neid«*, (auch das steht in der Mehrzahl; eigentlich »Neidgedanken«). Diese Gedanken sind oft ganz verborgen, entspringen der Ichsucht und gönnen dem andern nicht das Seine. In der griechischen Wortwurzel wird deutlich, daß Neid kein harmloses »Gefühl« ist, sondern dem anderen sogar Böses wünscht. Denn die Grundbedeutung heißt »untergehen, umkommen, vernichten«.

Die atl. Geschichte von Nabots Weinberg ist eine eindrückliche Illustration solcher tödlichen Folgen des Neides (vgl. 1 Kön 21).

Zerstörend für die Liebe ist auch ganz besonders die *»üble Nachrede«* (wörtlich »Herunter-Reden«). Gerade weil sich »Brüder« untereinander so gut kennen, wissen sie auch um die Fehler und Schwächen des anderen. Da ist es leicht, den anderen »niederzumachen«. Das alles sind Sünden, die die Liebe und die Gemeinschaft zerstören.

Das geschieht im Bereich der Gedanken, die aber sehr schnell zu bösen Taten und Worten werden können. Da gilt es wohl »abzulegen«, immer wieder aufmerksam die keimenden Samen solcher Übel herauszureißen und in neuer Hinwendung zum Herrn sich durch Vergebung und Neuanfang reinigen zu lassen.

•

2,2: »und seid begierig nach der vernünftigen lauteren Milch wie die neugeborenen Kindlein, damit ihr durch sie zunehmt zu eurem Heil,«

Was aus uns Menschen kommt, was auf unserem Herzensboden wächst, das ist gefährdend für uns, auch als Christen. Wir sind versuchlicher Boden. Gesunden und wachsen können wir mit dem, was in uns hineinkommt, was Gott uns gibt. Auf Gottes Speise ausgerichtet zu sein, das stärkt unser Leben. *»Seid begierig«*, schreibt deshalb Petrus und zeigt damit diese neue Richtung des Wiedergeborenen an, der das will, was von Gott kommt. Wörtlich steht da »etwas herbeisehnen«, sogar in der Vergangenheitsform, etwas umständlicher wiederzugeben: »Ihr seid solche geworden, die herbeisehnen...« Das *ist* die neue Lebensrichtung: Christen sind durch den Geist Gottes in ihrem Wollen und Wünschen verändert. Ihre Sehnsucht ist nach ihrem Herrn und seinem Wort. Sie sind *»wie neugeborene Kindlein«*. Das Bild von 1,23 wird noch einmal aufgenommen (»gezeugt aus unvergänglichem Samen«). Ob dieses *»neugeboren«* auch zeitlich zu verstehen ist, daß also Petrus an Neubekehrte schreibt, muß offen bleiben. Solche »Kleinkinder« verlangen dringlich nach der *»Milch«*, der Muttermilch; ohne sie können sie nicht leben. *»Milch«* steht hier für das Wort Gottes (vgl. Jes 55,1; 1 Kor 3,2; Hebr 5,12). Dieses Wort ist *»vernünftige«* Nahrung für Christen. »Vernünftig« steht wohl im Sinne von »zweckentsprechend«, ja geeignet (vgl. Röm 12,1). Das ist die »Milch« aber nur, wenn sie auch *»lauter«* ist (eigentlich: »ohne Trug«), ohne Hinterlist, also zuverlässig und wahr. Das ist direkt der Gegensatz zu den Lastern, den menschlichen Erzeugnissen der Arglist und Täuschung (vgl. V.1), die mit allen Mitteln sich selbst suchen.

Das Wort Gottes ist Gabe. Gott will nichts für sich. Er will uns alles, sich selbst in Jesus Christus geben. Darum wird der stark, der dieses Wort »ißt«. »...damit ihr durch sie zunehmt zu eurem Heil«, formuliert Petrus; »damit ihr wachst, gedeiht, kräftig werdet, Stärke gewinnt« (das ist der griechische Bedeutungsumfang). Kräftig werden in der Gewißheit der Rettung, das ist gemeint. Ein starker Glaube, der sich ganz allein auf die

Gnade gründet, die uns in Jesus Christus geschenkt ist, und durch die wir bei seiner Wiederkunft gerettet und vollendet werden.

2,3: **»da ihr ja geschmeckt habt, daß der Herr freundlich ist.«**

Dieses Wort Gottes wurde ihnen ja verkündigt (vgl. 1,25). Sie haben es angenommen und aufgenommen und haben erlebt, daß Gott gütig und gnädig ist. Sie haben *»geschmeckt«* (wörtlich »gekostet«; auch die Bedeutung »genießen, erproben« erklären genauer). Sie haben in der Gemeinschaft mit ihrem Herrn die Erfahrung machen können, daß er *»freundlich«* (wörtlich »brauchbar«, mit den Bedeutungen »heilsam, gut, gütig«) ist. Gott läßt sich erfahren und erproben. Der Glaubende erlebt seine Güte und Hilfe. »Vorkosten« – das ist eine herrliche Beschreibung christlichen Lebens jetzt: in dieser Zeit schon vor-essen für das große Hochzeitsmahl in Gottes Herrlichkeit und Ewigkeit, zu dem uns Jesus Christus berufen. Es ist höchste Vergewisserung der Güte Gottes.

2,4: **»Zu ihm kommt als zu dem lebendigen Stein, der von den Menschen verworfen ist, aber bei Gott auserwählt und kostbar.«**

Christlicher Glaube ist zentral Glaube an Jesus Christus. Er ist der, der seine Gemeinde sammelt, baut und erhält. Petrus ist im AT zu Hause. Er nimmt nun das Bild vom *»Stein«* auf, vom Eckstein, den Gott gesetzt hat, und charakterisiert so Christus (vgl. Ps 118,22; Jes 8,14; 28,16; Dan 2,34). Dieses Bild wird auch im NT vielfach aufgenommen (vgl. Mt 21,42; Apg 4,11; Röm 9,32 f). Jesus selber gebraucht das Bild aus Psalm 118 für sich und stellt sich als diesen »Stein« Gottes vor. Zu ihm, zu Jesus Christus dürfen wir Christen *»kommen«*, immer wieder (das Griechische drückt das in der Zeitform aus). Er ist der *»lebendige Stein«* – im Sinne von: er lebt (der Auferstandene) und er macht lebendig. Das Wort Gottes nährt den Glaubenden, und auf den Eckstein Jesus Christus ist ihre Gemeinschaft der Liebe gegründet.

Die folgenden Sätze umreißen die »Erdengeschichte« Jesu Christi. *»Von den Menschen verworfen«* – das geschah in Jerusalem auf dem Galgenberg. Israel und die Heiden haben diesen Jesus »eingeschätzt«, geprüft, und als unbrauchbar, »wertlos« (so das griechische Wort im genauen Sinn umschrieben) weggetan. Sowohl vor dem Hohen Rat als auch vor Pilatus wurde Jesus eingeschätzt und als »wertlos« verurteilt. Daß er *der* entscheidende Stein ist, Gottes Grundstein für den ganzen Heilsbau, das läßt sich nicht aus der Distanz feststellen. Um das zu erkennen muß man *»kommen«*, auf diesen Grund treten. Dann, erst dann, wird man erfahren, daß dieser Grund trägt, im Leben und im Sterben. Christus ist Gottes *»auserwählter, kostbarer«* Grundstein des Heils. *»Auserwählt«* bedeutet, daß der Vater schon vor aller Zeit den Christus zum Retter ersehen hat (vgl. 1,20), und *»kostbar«* ist entsprechend zu »als wertlos verworfen« gebildet. Gott gibt seinem Sohn alle Ehre und Herrlichkeit (vgl. Phil 2,9-11) und bestätigt damit sein Opfer.

2,5: **»Und auch ihr als lebendige Steine erbaut euch zum geistlichen Hause und zur heiligen Priesterschaft, zu opfern geistliche Opfer, die Gott wohlgefällig sind durch Jesus Christus.«**

Wer auf diesen *»lebendigen Stein«* tritt, der wird eingebaut, wird selbst »wie« ein »lebendiger Stein«. Das »wie« (Luther: *»als«*) betont den Unterschied zum Grundstein Christus. Er *ist* der Stein. Wir haben unser neues Leben nur in der Verbindung mit ihm. Die Gemeinde Jesu Christi ist ein Bau. Das meint das Bild: *»Erbaut euch zum geistlichen Hause«* (griechisch genauer »laßt euch aufbauen«). Das tut Christus durch seinen Heiligen Geist. Er fügt uns ein in das Haus der »lebendigen Steine«, zum *»geistlichen Hause«*. Dahinter steht das Bild vom Tempel, des Ortes der Gegenwart Gottes. Die erwählte Gemeinde ist der neue Tempel, das geistliche Haus, in dem Jesus gegenwärtig ist (vgl. Mk 14,58; 1 Kor 3,16 f; 2 Kor 6,16; Eph 2,20 ff; 1 Tim 3,15; Hebr 3,6; 10,21 f). Der alte Tempel ist abgelöst – hier schimmert auch ein Urteil über Israel durch – und Gottes neuer Tempel erbaut sich in der Gemeinde.

Im Tempel taten die Priester ihren Dienst; im geistlichen Haus, im neuen Tempel ist die Gemeinde, sind die Glaubenden die *»heilige Priesterschaft«*. Wer zum Haus der lebendigen Steine gehört, ist nicht einfach dabei, sondern er wird in Dienst genommen. *»Heilig«* besagt wieder, daß die Glaubenden ganz zu Gott gehören und ganz für ihn leben. Unreines, eigensüchtiges Wesen schließt vom geistlichen Hause aus.

Der Priesterdienst besteht im *»Opfern geistlicher Opfer«*. *»Opfern«* heißt wörtlich »hinaufbringen«: Der Priester steigt die Stufen des Altars empor, um sich Gott zu nahen und die Weihegabe zu bringen. Die Glaubenden des Neuen Bundes haben Zugang zum Thron Gottes, zum Allerheiligsten. Welch ein großes Vorrecht! Sie opfern *»geistliche Opfer«*. Das sind keine Tiere oder dingliche Gaben mehr, sondern meint die persönliche ganze Hingabe des Glaubenden an Gott. Das ist schon im AT vorgebildet in dem Wort: »Gehorsam ist besser als Opfer« (1 Sam 15,22). Inhaltlich kann das die »Hingabe der Leiber« (vgl. Röm 12,1) als Ganzauslieferung bis hin zur Preisgabe des irdischen Lebens für den Herrn sein. Das Lob Gottes, das Zeugnis vor den Menschen, die Mission, die andere Menschen gewinnt, das alles können solche »geistlichen Opfer« sein (vgl. Röm 15,16; Eph 5,2; Phil 4,18; 2 Tim 4,6; Hebr 13,15 f; Offb 8,3 f; vgl. auch im AT Ps 40,9 ff; 50,14; 51,16-19; 69,31 f; 107,22; 141,2).

Diese geistlichen Opfer sind keine eigenen Leistungen, mit denen wir Gottes Wohlgefallen verdienen müßten, sondern sie *»sind Gott wohlgefällig«* (wörtlich: »als gut von Gott angenommen«) *»durch Jesus Christus«*. Das Wort *»durch«* ist dabei die entscheidende Bestimmung. Wir könnten ausführlicher dieses »durch, vermittelst, infolge« wiedergeben mit »weil« (also: ›...weil Jesus Christus uns zu seinen Nachfolgern gemacht hat und uns so Zugang zum Vater gegeben hat und uns durch seinen Geist zum neuen Leben befähigt hat‹).

2,6: »Darum steht in der Schrift (Jes 28,16): ›Siehe, ich lege in Zion einen auserwählten, kostbaren Eckstein; und wer an ihn glaubt, der soll nicht zuschanden werden.‹«

Nun zitiert Petrus ausdrücklich das AT, die Schriftstelle aus Jesaja 28,16, die hinter seinen Aussagen ab Vers 4 stand. Das ist ntl. Verkündigung, ist die Predigt des Petrus: Er legt die Schrift aus, sagt sie in die aktuelle Situation hinein. Damals redete Jesaja dieses Gotteswort vom »auserwählten, kostbaren Eckstein« gegen die Führer Israels, die dem Gericht Gottes frech entgehen wollten. Sie meinten, sie hätten sich abgesichert, sogar gegenüber dem Tod, und könnten so ungestraft die Armen ausbeuten. Gott kündigt seinen »neuen Bau«, sein Handeln an, eben durch eine ganz neue Grundlegung: den Eckstein Jesus Christus. Dabei gibt er die Verheißung: *»Wer an ihn glaubt, der soll nicht zuschanden werden.«* Das tolle Israel, seine falschen Priester und Propheten, sie werden *»zuschanden«*, ihre Schändlichkeit wird schonungslos aufgedeckt. Wer an Jesus Christus glaubt, ihm ganz vertraut, der kann nicht mehr zuschanden werden, denn Jesus hat unsere Schande, unsere Sünde auf sich genommen, vergeben und weggetan.

2,7-8: **»Für euch nun, die ihr glaubt, ist er kostbar; für die Ungläubigen aber ist ›der Stein, den die Bauleute verworfen haben und der zum Eckstein geworden ist, ein Stein des Anstoßes und ein Fels des Ärgernisses‹ (Ps 118,22; Jes 8,14); sie stoßen sich an ihm, weil sie nicht an das Wort glauben, wozu sie auch bestimmt sind.«**

An diesem Eckstein Jesus Christus fällt die Entscheidung. Er liegt als Fels auf dem Weg eines jeden Menschen. Entweder wird dieser darüber fallen oder sich darauf gründen. An Jesus Christus kommt keiner vorbei.

Das verdeutlicht Petrus jetzt wieder mit zwei atl. Schriftworten. Zuerst der Zuspruch: *»Für euch, die ihr glaubt, ist er kostbar.«* Für den, der Jesus Christus ganz vertraut, ist er der höchste Wert, das Beste, was ich im Leben gewinnen kann. *»Für die Ungläubigen aber«*, für alle die, die den Glauben verweigern, bewußt und willentlich nein zu Jesus sagen, wird er *»ein Stein des Anstoßes«*; sie kommen an ihm zu Fall. Jesus wird ihnen zum *»Fels des Ärgernisses«* (wörtlich: »zur Falle«); sie fangen sich ausweglos in ihren Sünden und gehen darin unter.

Petrus nimmt damit Jesaja 8,14 auf, wo im Blick auf das ungehorsame Israel angesagt wird, daß ihnen ihr Gott zum Fall und zum Ärgernis werden wird. Und so ist es ja dann auch zuletzt mit Jesus für Israel geworden.

Mit Psalm 118,22 beschreibt Petrus noch einmal die Ausstoßung und Verurteilung Jesu durch die Führer Israels. Sie hielten sich für *»Bauleute«*, wollten Gottes Herrschaft in Israel bauen, aber Jesus paßte nicht in ihren frommen, so eigensüchtigen Bauplan. Deshalb haben sie ihn *»verworfen«*. »Hinweg mit ihm, kreuziget ihn!« schrie damals die aufgehetzte Volksmenge vor dem Richterstuhl des Pilatus. Gott aber hat durch Kreuz, Leiden, Sterben und Auferstehung den Sohn zum kostbaren *»Eckstein«*, zum Ersten der neuen Schöpfung gemacht.

Bis heute *»stoßen sie sich (die Ungläubigen) an ihm«*. Sie *»glauben nicht an das Wort«*. Das ist ihre persönliche Schuld. Obwohl Petrus hinzufügt: *»...wozu sie auch bestimmt sind.«* Sie sind dazu von Gott »gesetzt« (so wörtlich), daß sie sich stoßen und auch zu Fall kommen. Es geht hier nicht um eine Vorherbestimmung zur Verdammnis (solches lehrt die Bibel nirgends!), wohl aber entspricht dem Unglauben auf des Menschen Seite – als seine Entscheidung – seine Verstockung auf Gottes Seite – als Gottes Beschluß und Setzung. Beides muß nebeneinander stehengelassen werden.

2,9: **»Ihr aber seid das auserwählte Geschlecht, die königliche Priesterschaft, das heilige Volk, das Volk des Eigentums, daß ihr verkündigen sollt die Wohltaten dessen, der euch berufen hat von der Finsternis zu seinem wunderbaren Licht;«**

Der ganze Gegensatz zwischen Glaubenden und Unglaubenden wird noch einmal deutlich, wenn Petrus jetzt den Gemeinden ihren Stand vor Augen stellt, was sie wirklich sind durch und in Christus. Dabei wird das Wort *»Volk«* in dreifacher Ausprägung zur Kennzeichnung der Gemeinde des neuen Bundes gebraucht:

a) *»Ihr seid das auserwählte Geschlecht.« »Geschlecht«* meint im Griechischen das Volk von seiner Abstammung her. Christen haben die gleiche Abstammung, den gleichen Vater, sind gezeugt aus dem unvergänglichen Samen des Wortes Gottes (vgl. 1,23). Das alles beinhaltet das Wort *»auserwählt«*.

b) *»Ihr seid...das heilige Volk.«* Das griechische Wort *»Volk«* bezeichnet Menschen der gleichen Zugehörigkeit, Kultur und Lebensweise. Die Christen sind *»heilig«*, abgesondert für den selben Herrn. Sie leben in der Heiligung, richten ihr ganzes Denken, Wollen und Handeln auf ihren Herrn Jesus Christus aus. Dabei sind sie Volk Gottes nicht als Volk unter anderen Völkerschaften. Sie sind *»die königliche Priesterschaft«*. Ihr Handeln und Sein ist nach oben, vertikal ausgerichtet. »Volk« meint hier keine soziologische Größe, sondern eine geistliche Größe. Christen sind *»königlich«*, denn sie sind Bürger des Königreiches Jesu Christi, das nicht »von dieser Welt ist« (vgl. Joh 18,36), sich aber in dieser Welt entfaltet und gebaut wird. Sie sind eine *»Priesterschaft«*, tun Priesterdienst, d. h. sie dienen vor Gott für die Welt in aufhaltender Fürbitte und stehen vor der Welt, um ihr Gottes Weisung und Evangelium anzusagen.

c) *»Ihr seid das Volk des Eigentums.«* Dieser griechische Begriff meint das Volk, das dieselben Ziele hat. Mit *»Volk des Eigentums«* (eigentlich »Volk *zum* Eigentum«) ist die Zielrichtung angegeben. Die Gemeinde ist unterwegs, um in Gottes Ewigkeit ganz mit ihrem Herrn vereint zu sein. Doch ist sie schon hier *»Eigentum«* Gottes, nämlich das Werk, das Jesus Christus »errettet« hat, freigekauft und damit für sich »erworben« hat (so die griechischen Wortbedeutungen). Für sie gilt: »Ich habe dich bei deinem Namen gerufen, du bist mein« (Jes 43,1).

Hinter diesen Kennzeichnungen der christlichen Gemeinde als »auserwähltes Geschlecht«, »heiliges Volk« und »Volk des Eigentums« stehen atl. Gottesworte an Israel (vgl. 2 Mo 19,5 f; Jes 43,20 f). Die Gemeinde des neuen Bundes tritt also mit in die Stellung Israels ein. Allerdings tritt sie nicht an Israels Stelle, denn das atl. Gottesvolk ist von Gott nicht verworfen, sondern bis zum Ende der Zeit zurückgestellt. Wir sind eingepfropfte Zweige am Baum Israel (so drückt es Paulus aus, vgl. Röm 11,17.25 f).

Das neue Gottesvolk steht im Dienst seines Herrn: *»...daß ihr verkündigen sollt die Wohltaten.«* Christen sind Zeugen ihres Herrn und rufen vor den Menschen die »Wohltaten« ihres Herrn einladend aus. Das griechische Wort *»Wohltaten«* kann mit »Herrlichkeit, Stärke, Machttat« wiedergegeben werden. Dahinter steht Jesaja 43,21, Israel soll Gottes Ruhm verkündigen. Und diese »Machttat« Gottes gipfelt eben darin, daß er uns *»berufen hat von der Finsternis«*. *»Finsternis«* ist der Zustand des »alten« Menschen, ist der »Schatten des Todes« (vgl. Ps 107,10; Jes 42,7; 58,10; 60,2; Mt 4,16; Lk 1,79; Joh 1,5; 8,12; 2 Kor 4,6; Eph 5,8; Kol 1,13; 1 Thes 5,4; 1 Jo 2,8.11). Daraus hat Gott durch Jesus Christus – *das* Licht der Welt – uns herausgerufen *»zu seinem wunderbaren Licht«*, *»wunderbar«*, denn es ist und bleibt das Gotteswunder, daß Tote zum Leben kommen können, daß Finsternis hell werden kann, daß Menschen im Glauben an Jesus Christus gerettet werden für Zeit und Ewigkeit.

2,10: **»die ihr einst ›nicht ein Volk‹ wart, nun aber ›Gottes Volk‹« seid, und einst nicht in Gnaden wart, nun aber in Gnaden seid (Hos 2,25).«**

In dieser Gegenüberstellung von *»einst«* und *»nun«* wird dieses Wunder noch einmal verdeutlicht. *»...einst ›nicht ein Volk‹«*: In Anklängen an Hosea (vgl. 1,6.9; 2,3.25) wird die »alte« Natur als »Nicht-Volk« Gottes beschrieben. Das griechische Wort für *»Volk«* betont das Volk, das die gleichen Ziele hat, »das Volk des Eigentums«. Die Gemeinschaft mit Gott war für die Heiden ein für allemal verloren, und alle Religionen konnten dazu nicht helfen. *»Nun«* aber, das ist die Machttat Gottes durch Jesus Christus, sind wir zu *»Gottes Volk«* geworden. *»Einst«* lebten wir *»nicht in Gnaden«* (wörtlich »ohne Mitleid zu finden«), in der kalten, einander tief schädigenden

Gemeinschaft der verlorenen Sünder. *»Nun aber in Gnaden«*: Jetzt sind wir erlöst und erkauft durch das Mitleiden Jesu Christi, von dem es heißt: »Als er aber das Volk sah, jammerte ihn« (Mt 9,36). Wir haben bei Gott Mitleid und Barmherzigkeit gefunden. Das ist die überwältigende Wohltat unseres Herrn.

Vorschlag zur Bibelarbeit über 1. Petrus 2,1-10

1. Einleitung

a) Wir lesen Psalm 118 und sammeln alle Aussagen, die sich im NT über Jesus wiederfinden.
b) Was meinen die einzelnen »Laster« in Vers 1?
c) Was sagt Vers 9 über den »Stand« der christlichen Gemeinde?
d) Wir versuchen, Vers 9 in eigenen Worten wiederzugeben.

2. Durchführung

Mögliche Überschrift: *Gottes eigenes Volk*

Einleitung

Wir leben in dieser Welt, sind aber anders als die Welt: anders von der Geburt her, anders in unserer Lebensweise und zu einem anderen Ziel unterwegs.

a) Das auserwählte Geschlecht

Von der Herkunft her sind wir Christen gleich: gezeugt durch unvergänglichen Samen. Durch das Wort Gottes. Auch das Bild vom Eckstein drückt das aus: Christen leben auf neuem Fundament. (Vgl. Jesu Gleichnis vom Haus auf Sand und dem Haus auf dem Fels, Mt 7.) Lebst du auf solchem festen Fundament? Auch das Bild vom Ausziehen der alten Kleider: Was auf dem natürlichen Boden wächst (V. 1), muß schon in der Wurzel ausgerissen werden. Sonst zerbricht die Liebe. Wir sind Neue: aus der Finsternis zum Licht gekommen, auf den lebendigen Stein getreten und damit selbst lebendig geworden. Beachte die Fülle der Bilder in diesem Abschnitt für die Wiedergeburt.

b) Das heilige Volk

Von der Zugehörigkeit und »Kultur« (Lebensweise) her sind wir Christen gleich. Wir haben dasselbe Sehnen: Das Wort Gottes aufzunehmen. So eingegründet im Glauben zu werden. Wir sind Heilige: (a) gehören ganz zum Herrn und (b) richten uns in Wort und Tat ganz auf ihn aus. Unsere Lebensrichtung ist vertikal = zu Gott hin. Wir sind Bürger des Reiches Gottes, das nicht von dieser Welt ist. Im priesterlichen Amt: (a) Vor Gott für die Welt und (b) vor der Welt für Gott. Geistliche Opfer dürfen wir bringen: Martyrium, Lob, Gebet, Diakonie. Jesus wirkt das in uns. Wir verkündigen Christus als den Eckstein. Daran scheiden sich bis heute die Menschen, aber keiner kommt an Jesus Christus vorbei.

c) Das Volk des Eigentums

Wir haben das gleiche Ziel: Wir sind unterwegs zu der ewigen Gemeinschaft mit unserem Herrn. Deshalb legen wir alle Bosheiten ab. Wir lassen uns zubereiten, um in Gottes Herrlichkeit bestehen zu können. Lebendige Steine sind Steine, die gestaltet werden können, eingepaßt, bis sie in den vollendeten Tempel Gottes passen. Wir lassen das »Einst« entschlossen hinter uns, leben freudig im »Jetzt-aber« und sehnen uns nach dem »Dann-einmal«.

Schluß

Was wir alles sind. Was uns zugesprochen ist. Staune, aber lebe auch darin!

2. Die Werke des Glaubens (2,11-17)

2,11: **»Liebe Brüder, ich ermahne euch als Fremdlinge und Pilger: Enthaltet euch von fleischlichen Begierden, die gegen die Seele streiten,«**

Mit der Anrede *»liebe Brüder«* (griechisch kürzer: »Geliebte«) wird ein neuer Ansatz gekennzeichnet. Diese Anrede ist im Griechentum nicht geläufig, drückt aber eben das entscheidend aus, wie die Christen miteinander leben, nämlich in herzlicher Bruderliebe (vgl. zu 1,22). Deshalb findet sich diese innigste Anrede oft im Neuen Testament; auch Jesus hat sie gebraucht (vgl. Mk 10,24; Joh 13,33; Apg 3,17; 6,3; 7,2; 9,17; Röm 1,13 u. ö.; 1 Kor 1,10 u. ö.; 2 Kor 1,8 u. ö.: Gal 1,11 u. ö.: Phil 1,12 u. ö.: Hebr 3,12 u. ö.; vgl. auch Jes 5,1).

Petrus gibt nun Anleitung zum konkreten Christsein in der Welt: *»Ich ermahne euch...«* Der Zuspruch und der Anspruch ist in dem griechischen Wort *»ermahnen«* enthalten. Es hat die Bedeutung von »bitten, zusprechen, trösten, mahnen« und ist geradezu *das* Wort für die christliche Ethik (vgl. 1 Kor 1,10; 4,16; 16,15; 2 Kor 2,8; 10,1; Eph 4,1; Phil 4,2; 1 Thes 4,10; 5,14; 2 Thes 3,12; 1 Tim 2,1). Das Ermahnen ist Teil des Auftrages des Apostels und geschieht in der Autorität des Heiligen Geistes, der selber von Jesus als »Ermahner« und »Tröster« (im Griechischen ist beides dasselbe Wort) bezeichnet wird (vgl. Joh 14,16.26; 15,26; 16,22). Ermahnung bzw. Zuspruch ist aber auch eine Gnadengabe, die einzelnen in der christlichen Gemeinde besonders gegeben ist (vgl. Röm 12,8), die aber von allen Christen geübt werden soll (vgl. Röm 15,14; Kol 3,16; 1 Thes 5,11.14).

Diese Ermahnung und Wegweisung spricht Christen eben als *»Fremdlinge und Pilger an«. »Fremdlinge«* (wörtlich »dabei weg geteilt«) sind wir (vgl. zu 1,1), denn wir leben in der Welt, gehören aber nicht dazu. Der zweite Begriff, von Luther mit *»Pilger«* wiedergegeben, heißt wörtlich »Beisasse«. Gemeint ist damit der Fremde, der minderberechtigt – geduldet – auf Dauer neben den Bürgern des Landes lebt. Der »Fremdling« ist nur auf Zeit da, ohne alle Rechte; der »Beisasse« ist auf Dauer da, aber mit stark eingeschränkten Rechten. Beides traf und trifft als wohl tatsächliche Kennzeichnung des »weltlichen« Lebens der Christen zu, hat aber zuerst geistliche Bedeutung. Wir sind und bleiben Fremde in der Welt für kürzere oder längere Zeit, denn unsere Heimat ist im Himmel (Phil 3,20).

Wie leben nun die Christen als solche Fremde in der Welt? Überraschend die erste Mahnung: *»Enthaltet euch von fleischlichen Begierden.«* »Wehrt ab, haltet euch fern« (so *»enthalten«*) – aber nicht die böse Welt! Diese Mahnung verweist uns vielmehr zunächst auf uns selbst, auf unsere *»fleischlichen Begierden«*. Genauer heißt dies: Wehrt die Leidenschaften und Triebe ab, die aus euch selber kommen, aus eurem Leben im Leib! Das ist gemeint: Wir Christen sind auch noch Teil der Welt. Wir leben noch im »Fleische«, und das meint nicht nur den Körper, sondern unsere Anlagen, Triebe, Leidenschaften und Wünsche. »Fleisch« ist der Christ nach seinem irdischen Sein (vgl. Röm 7,18.25; 8,13; 2 Kor 10,3; Gal 2,20; 5,13.16; Phil 1,22). Wir leben im »Fleisch«, sollen aber nicht gemäß dem »Fleisch« leben. Da regieren die *»Begierden«* (letztlich zu fassen als die Selbstmächtigkeit, in der der Mensch nicht nach Gott fragt). Christen können ihren Glauben also nicht als »Weltflucht« leben; sie sind selber Teil der Welt. Wohl aber sollen sie dagegen antreten. Diese »Begierden«, die Selbstsucht, gaukelt dem »natürlichen« Menschen vor, es geschehe alles zu seinem Besten, zu seinem Vorteil; er solle sich deswegen nur ausleben, das sei gut für ihn.

Wer aber den Geist Gottes hat, erkennt die wahre Absicht der Begierden: Sie *»streiten gegen die Seele«*. Das Wort *»streiten«* ist ein starkes Wort, das eigentlich mit dem Ausdruck »einen Vernichtungskrieg führen« wiedergegeben werden muß. Was als so gute Selbstverwirklichung erscheint, vernichtet in Wahrheit die *»Seele«*. *»Seele«* steht hier wieder für die ganze Person (vgl. zu 1,9). Daher ist diese ernste Mahnung gerade an Christen wohl berechtigt. Wer als Christ die Gefährdung durch das »Fleisch« leugnet, der wird bald fallen.

2,12: **»und führet ein rechtschaffenes Leben unter den Heiden, damit die, die euch verleumden als Übeltäter, eure guten Werke sehen und Gott preisen am Tag der Heimsuchung.«**

Auch die zweite Mahnung ist ganz nüchtern: *»Führet ein rechtschaffenes Leben.« »Das Leben führen«* (griechisch wörtlich: »sich wieder um-, hinwenden zu jemanden« enthält beides: Zum einen ist kein Untätigsein gemeint, daß Christen also nur beobachtend außerhalb der Gesellschaft stünden; sie leben, handeln und arbeiten vielmehr in ihrer Gesellschaft. Zum anderen wendet sich solches christliche Tun dem Nächsten zu. Auch hier gibt es keinen Rückzug von den Menschen, den »Heiden«, etwa in ein christliches Ghetto. Wir leben bewußt *in* der Welt. Mit dem Ausdruck *»unter den Heiden«* (neutral übersetzt »unter den anderen Völkern bzw. Menschen«) unterstreicht Petrus das. Das Leben der Christen soll *»rechtschaffen«* sein. Im Griechischen steht ein ganz allgemeines Wort in der Bedeutungsbreite von »schön, sittlich gut, tüchtig, brauchbar, edel«. Petrus meint ganz allgemein einen Lebenswandel der bürgerlichen Ehrbarkeit. Allerdings ist das nicht oberflächlich zu verstehen. Denn daß sie *»eure guten Werke sehen«* füllt doch inhaltlich genauer. *»Gute Werke«* meint nicht einfach bürgerliches Wohlverhalten. Petrus spricht hier Jesus nach, der seine Jünger in der Bergpredigt ebenfalls zu »guten Werken« vor den Menschen ruft (vgl. Mt 5,16). Die guten Werke des Christen sind von dem her bestimmt, »der allein gut ist« (vgl. Lk 18,19). »Gute Werke« sind das Tun des Gotteswillens, zusammengefaßt in den Zehn Geboten. In den Umkehrungen des »du sollst nicht« – besonders der zweiten Tafel – zeigen sich die guten Werke, etwa: die Eltern ehren, dem Nächsten zu helfen und ihn zu fördern in allen Nöten, eine vorbildliche Ehe zu führen, den andern nicht auszubeuten oder zu betrügen, Gutes von ihm zu reden und ihm zu helfen, das Seine zu behalten und zu mehren (vgl. Luthers Erklärungen zu den Zehn Geboten). Auch im Gericht nach den Werken beim großen Weltgericht (vgl. Mt 25,31 ff) werden die »guten Werke« genannt. Es sind ganz einfach gute Taten, etwa: Hungernde speisen, Nackte bekleiden, Durstigen zu trinken geben, Fremde beherbergen, Kranke und Gefangene besuchen. Das alles aber fließt aus der Gemeinschaft mit *dem* Guten, gründet in der ersten Tafel der Gebote, *den* guten Werken des Christen, nämlich Gott allein anzubeten, seinen Namen heilig zu halten und sein Wort als Speise zu essen.

Äußerlich sehen also die guten Werke der Christen genauso aus wie das Tun der bürgerlich Ehrbaren. Aber der Antrieb ist ein völlig anderer. Und das wird spürbar an dem, was sie nicht tun. Sie tun nur gute Werke und nicht mehr die »fleischlichen Werke«, leben nicht mehr nach den »Begierden«; das macht sie der Welt verdächtig. Dadurch kommen die Christen in Verruf, werden *»als Übeltäter verleumdet«* (wörtlich »als Bösetuer hinuntergeredet«). Vielerlei Verdächtigungen umschwirren sie, etwa: »Da müssen doch viele Dinge heimlich geschehen! Wer sich nach außen so ehrbar gibt, der muß doch Dreck am Stecken haben. Gutes tun ist ja recht, aber manchmal darf man doch auch über die Stränge schlagen.« In 4,4 führt Petrus diese Verleumdung aus: »Das befremdet sie, daß ihr euch nicht mehr mit ihnen stürzt in dasselbe wüste, unordentliche Treiben, und sie lästern.«

Solchen Verleumdungen kann der Christ in gelassenem Handeln begegnen. Die Welt soll ruhig seine guten Werke *»sehen«*. Das griechische Wort meint »genau beobachten, überwachen«. Der Christ steht auf dem Prüfstand der Welt, wird genauestens beobachtet. Aber eben in solchem Beobachten wird es geschehen daß die Verleumder *»Gott preisen am Tag der Heimsuchung«*. Aus den Taten der Christen wird ihr Herr erkannt – das ist eine große Verheißung. Wo wir die guten Werke tun, zu denen uns unser guter Vater befreit hat, da finden Menschen zum Gotteslob. Der Ausdruck *»am Tag der Heimsuchung«* meint spätestens das jüngste Gericht (vgl. Jes 10,3; Jer 10,15; Mi 7,4; Zeph 1,8). Gemeint ist aber auch der Tag, an dem Gott – hier und jetzt schon – einem Menschen unausweichlich begegnet, ihn zur Nachfolge und zum Glauben ruft. Solche *»Heimsuchung«* kann für den Unglaubenden eine schwere äußere Not sein, in der ihm alles zerbricht und er erkennt, daß er die gleiche Grundlage wie die bisher verleumdeten Christen braucht.

So kann es zur Ehre Gottes kommen, auch in seinem Leben. Das Leben in guten Taten ist so eine Weise der Mission, der Einladung zu Jesus Christus.

2,13-14: **»Seid untertan aller menschlichen Ordnung um des Herrn willen, es sei dem König als dem Obersten oder den Statthaltern als denen, die von ihm gesandt sind zur Bestrafung der Übeltäter und zum Lob derer, die Gutes tun.«**

Petrus spricht hier nach, was Jesus selber gesagt hat: »Gebt des Kaisers, was des Kaisers ist« (Mk 12,17) und was auch Paulus mehrfach anmahnt (vgl. Röm 13,1-7; 1 Tim 2,1-3; Tit 3,1-2). Christen leben in dieser Welt in der Unterordnung. *»Seid untertan«* meint aber keinen kritiklosen Zwangsgehorsam. Das griechische Wort kann mit »unter einen Schutzschirm treten« umschrieben werden. Es ist keine sklavische Unterordnung, sondern eine freie Einordnung geboten. Das wird in dem Ausdruck *»aller menschlichen Ordnung* näher begründet. *»Ordnung«* ist eine unscharfe Übersetzung. Wir erklären das griechische Wort besser, wenn wir es personal mit »Geschöpf« wiedergeben (wörtlich »Schöpfung«), denn es geht um die Zu- und Einordnung in Ordnungen, die durch Personen repräsentiert sind. Gemeint ist die weltliche Obrigkeit, also der *»König«* und die von ihm beauftragten *»Statthalter«*. Sie sind – das besagt die Benennung »jedes menschliche Geschöpf« – von Gott geschaffen.

Hier liegt unausgesprochen ein radikaler Widerspruch gegen allen Kaiserkult als Vergötzung der Obrigkeit vor. Die Herrscher der Welt sind Geschöpfe wie alle anderen auch. Und sie haben einen geschichtlichen Auftrag von Gott.

Die Einordnung (»untertan sein«) übt der Christ gegenüber jedem Menschen in der Bestimmung, die Gott ihm gegeben hat, also etwa gegenüber dem Polizisten, dem Bürgermeister, dem Vorgesetzten oder dem Richter. Denn sie garantieren in ihren Ämtern, daß Leben überhaupt erst möglich ist; sie repräsentieren die göttliche Not-Ordnung »Staat«, nachdem das Paradies, das ohne solche Ordnung war, verspielt war. Das meint der Ausdruck *»um des Herrn willen«.* Gott hat Lebensordnungen für diese gefallene Welt gegeben, damit sie weiterleben kann. Dazu gehört in erster Linie der Staat; Familie, Beruf, Recht, Polizei und Armee sind davon abgeleitete Ordnungsgrößen. Gott will, daß so irdisches Leben geschützt und erhalten wird. Deshalb ordnet sich hier der Christ ein, gewiß auch um so Zeuge seines Herrn zu sein und die Begegnung mit Jesus Christus zu ermöglichen.

Dieser einordnende Gehorsam gilt zunächst dem *»König als dem Obersten«.* Das ist der Titel des römischen Kaisers. Der Gehorsam gilt aber auch den *»Statthaltern, als von ihm gesandt«.* Der Kaiser hat die oberste weltliche Gewalt, und er *»entsendet«* (in diesem Wort liegt auch die Bevollmächtigung seine »Statthalter«), um Recht und Ordnung zu wahren. Um es noch einmal zu sagen: nicht Kaiser und Statthalter als Personen gilt solcher Gehorsam, sondern ihnen, weil sie Teil von Gottes Erhaltungsordnung sind, in ihrem politisch-geschichtlichen Auftrag.

Petrus beschreibt diesen Auftrag so: *»... zur Bestrafung der Übeltäter und zum Lob derer, die Gutes tun.«* So erhalten sie die Ordnung aufrecht. Die, die Böses tun, werden bestraft, und die, die Gutes tun, werden gelobt. *»Strafe«* und *»Lob«* sind Grundpfeiler gesellschaftlicher, staatlicher Ordnung. Nur so wird Leben ermöglicht. Sonst bräche das Chaos aus, der Kampf jeder gegen jeden. »Strafe« geschieht im Rahmen der Gesetze, bis hin zur Todesstrafe (vgl. 1 Mo 9,6; Röm 13,4); »Lob« meint alle Formen der öffentlichen Anerkennung

(Orden, Ehrungen, Standbilder etc.) für alle die, »die Gutes tun«, die sich also in Ehrbarkeit und bürgerlicher Rechtschaffenheit Verdienste erworben haben.

Hört man das, dann bricht natürlich die Frage auf: Und was ist, wenn die Obrigkeit entartet, korrupt, ungerecht ist? Der Christ wagt hier den öffentlichen Widerspruch, auch wenn er ihn ins Leiden führt, aber er verzichtet auf jede Gewaltanwendung (vgl. Mt 26,52). Und wenn der »Kaiser«, die Obrigkeit, Gehorsam verlangt, der gegen Gottes Gebot und Willen geht? Dann gilt: »Man muß Gott mehr gehorchen als den Menschen« (Apg 5,29), und dann folgt das bewußte Zeugnis des Leidens.

2,15: **»Denn das ist der Wille Gottes, daß ihr mit guten Taten den unwissenden und törichten Menschen das Maul stopft – «**

Diese Unter- und Einordnung des Christen vollzieht den Willen Gottes. Petrus begründet nun direkt missionarisch. Der Wille Gottes ist Rettungswille, denn »Gott will, daß allen Menschen geholfen werde und sie zur Erkenntnis der Wahrheit kommen« (1 Tim 2,4). Dieser Rettungswille Gottes wird von den Christen getan, wenn sie durch *»gute Taten«* in der Gesellschaft Vorbild sind, auf ihren Herrn damit verweisen und so *»den unwissenden und törichten Menschen das Maul stopfen«* (griechisch deutlicher: »die Unwissenheit der unvernünftigen Menschen zum Schweigen bringen«). Es geht um die Aufhebung der *»Unwissenheit«.* »Unwissenheit« ist die biblische Beschreibung für die Nicht-Erkenntnis, Nicht-Anerkennung Gottes, für das Leben des »alten« Menschen (vgl. Hes 45,20; Apg 3,17; 17,30; Eph 4,18). »Unwissenheit« ist also ein vorsichtiger, ein missionarischer Begriff für das Sünderleben. Dieses wird dadurch nicht zum »Schicksal«, sondern bleibt persönliche Schuld. Aber dieser Begriff »Unwissenheit« kommt dem Ungläubigen abholend entgegen (vgl. bes. Apg 17,30).

Solche »Unwissenheit« wird näher als *»unvernünftig«* charakterisiert (wörtlich »ohne klares Denken«, »ohne Einsicht«). Wer Gott nicht ernst- und annimmt, geht an der Wirklichkeit vorbei, lebt im Nebel. Was sich oft so wissenschaftlich und logisch gebärdet wie der Atheismus –, wird hier als ideologische Verblendung entlarvt. Nicht: Wer glaubt, muß aufhören zu denken, sondern: Wer glaubt, denkt weiter, denkt erst klar. In dem Ausdruck *»zum Schweigen bringen«* klingt noch einmal die Verleumdungen von Vers 12 an, doch meint das mehr, nämlich auch das überwältigend staunende Schweigen dessen, der zum erstenmal wirklich klar erkennt und zum Lob Gottes findet (vgl. zu V. 12).

2,16: **»als die Freien, und nicht als hättet ihr die Freiheit zum Deckmantel der Bosheit, sondern als die Knechte Gottes.«**

In aller Ein- und Unterordnung leben wir Christen als *»die Freien«*. *»Frei«* ist nicht politisch zu verstehen, sondern biblisch gibt es Freiheit als *»Knechte Gottes«*, wie Paulus sagt: »Ihr seid von der Sünde frei und Knechte Gottes geworden« (Röm 6,22; vgl. auch 1 Kor 9,19; Gal 5,13; 2 Petr 2,18 f). Es ist die Erlösung (vgl. zu 1,18 f), die uns die Freiheit als engste Bindung an den Christus gebracht hat. So aber wäre diese Freiheit zunichte gemacht, wo sie *»zum Deckmantel der Bosheit«* wird. Das geschieht dort, wo Christen in ihrer Einordnung zum Bösen schweigen oder sich dem anpassen. Das ist aber auch da der Fall, wo unter dem Motto: »Mir ist alles erlaubt« (1 Kor 6,12 ff) die Sünde im Leben des Christen gerechtfertigt wird.

2,17: **»Ehrt jedermann, habt die Brüder lieb, fürchtet Gott, ehrt den König!«**

So also lebt der Christ in der Gesellschaft; diese vier Leitlinien bestimmen sein Verhalten.

»Ehrt jedermann«: Die Ehre gebührt nicht nur den Hohen und Mächtigen, sondern jedem Menschen. In jedem Menschen sehen wir Gottes Geschöpf und achten und ehren ihn deshalb. Das griechische Wort für *»ehren«* heißt wörtlich »jemanden nach seinem Wort einschätzen«. Und hier ist der Letzt-, der Höchstwert des Menschen im Blick: Der Mensch

ist Gottes Geschöpf. *»Habt die Brüder (eigentlich ›die Bruderschaft‹) lieb«*: Damit sind ganz umfassend alle Brüder und Schwestern im Glauben gemeint. Daß wir uns untereinander als Brüder lieben sollen, ist das Gebot unseres Herrn (vgl. Joh 13,34 f). Die Nächstenliebe ist dadurch nicht ausgeschlossen, aber die brüderliche Liebe steht an der Spitze. *»Lieben«* ist dabei keine Gefühlshaltung, sondern die praktische, helfende, heilende Zuwendung und Tat. So lebt der Christ in der Gesellschaft und in der Gemeinde.

Auch die beiden nächsten Mahnungen gehören zusammen, denn Gott ist zu *fürchten*, der König zu *ehren*. *»Fürchtet Gott«* (vgl. zu 1,17) wird eben zu denen gesagt, die zur Gottesliebe erweckt sind. Dabei geht es – wie gesagt – nicht um eine sklavische Furcht vor Strafe und Rache, sondern um die kindliche Bangigkeit, dem Vater Freude zu machen. Dies ist Ehrfurcht derer, die die überwältigende Macht Gottes erkannt haben, und die Sorge der Christen, die um ihre Versuchlichkeit zur Sünde wissen und die Heiligkeit Gottes dagegen stehen sehen. Gott ist also zu fürchten. Gegenüber den irdischen Mächtigen gilt zusammenfassend: *»Ehrt den König.«* Wer Gott fürchtet, hat sonst nichts und niemanden zu fürchten. Die Christen stehen in königlicher Unabhängigkeit und Freiheit vor den Mächtigen der Welt. Doch geben sie ihnen die gebührende Ehre. Sie schätzen sie nüchtern nach ihrem Wert ein. Deshalb (und nur deshalb) kommt dem König – herausgehoben als der oberste Machthaber – Ehre zu, weil und insoweit er einen Auftrag von Gott hat, einen Dienst in Gottes Erhaltungsgeschichte dieser Welt versieht.

Vorschlag zur Bibelarbeit über 1. Petrus 2,11-17

---

1. Einleitung

a) Was meint der Satz: »Die Begierden streiten wider die Seele«? (Kommentar!)

b) Wo geschieht das heute, daß Christen zu Unrecht verleumdet werden? (Information bei verschiedenen Missionswerken einholen, etwa »Licht im Osten«, »Karmel-Mission« etc.)
c) Was heißt »untertan sein«?
d) Wie verhält sich ein Christ, wenn der Staat wider Gottes Gebote Gehorsam fordert?

2. Durchführung

Mögliche Überschrift: *Christliches Leben in der Welt*

Einleitung

Nicht Weltflucht, denn ich selbst bin Teil der Welt. Deshalb: Gegen die Welt in mir, meine Begierden, ist die erste Regel.

a) Ehrt jedermann!

So sehen Christen die anderen Menschen: Von ihrem höchsten Wert her. Sie sind Geschöpfe Gottes. Darin liegt alle Menschenwürde begründet. Wonach schätzen wir andere Menschen ein? Wer nach Können, Leistung, Intellekt, Macht, Einfluß etc. die anderen einschätzt, kommt zu falschen Einschätzungen. Ehren geschieht als Achtung-Erweisen und Sich-Einordnen gegenüber demjenigen, der in einem Amt steht. Deshalb führen Christen ein rechtschaffenes Leben. Die bürgerliche Ehrbarkeit ist für uns selbstverständlich. Wir zeigen unseren Glauben in guten Werken: in schlichten Werken der Barmherzigkeit (vgl. Mt 25,1 ff), aber auch in meiner Steuererklärung, meinem Verhalten im Verkehr usw. So bringen wir auch alle Verdächtigungen zum Schweigen. Unser Leben soll ein aufgeschlagenes Buch sein.

b) Ehrt den König!

Der Kaiser in Rom steht hier für die höchste weltliche Gewalt. Ihm sollten die Christen damals untertan sein. Wohlgemerkt: Er war kein christlicher Herrscher. Aber er hatte ein Amt inne in Gottes Erhaltungsordnung der gefallenen Welt: die Bösen zu strafen (das Gewaltmonopol des Staates), die Guten zu loben (auch ein Christ darf einen Orden annehmen).
Die weltliche Obrigkeit soll Recht und Ordnung im umfassenden Sinn garantieren. Deshalb gebührt ihr alle Ehre und Unterordnung. Untertan sein als »unter einen Schutzschirm treten«, nicht sklavisches Ducken. Wo der Staat seine Macht mißbraucht oder gar gegen Gott setzt, widerspricht der Christ *ohne* Gewalt, auch wenn das in Leiden führt.

c) Fürchtet Gott!

Allein Gott ist zu fürchten. Wer Gott fürchtet, braucht sonst nichts und niemanden zu fürchten. Christliche Gottesfurcht ist

a) Ehrfurcht vor dem Allmächtigen,
b) kindliche Bangigkeit, dem Vater auch wirklich zur Freude zu sein,
c) das sorgende Wissen um meine Versuchlichkeit zur Sünde, gegen die Gottes Heiligkeit steht.
Solche Gottesfurcht macht uns im Tiefsten unabhängig von Menschen, Mächten und Gewalten. Wir sind die »Freien«: befreit aus der Sünde, befreit zum neuen Wandel, befreit zur engsten Bindung an unseren Herrn. Wir sind Knechte Jesu Christi.

Schluß

»Habt die Brüder lieb!« Die tragende, liebende Gemeinschaft der Hilfe in der weltweiten christlichen Gemeinde ist unsere beglückendste Verankerung. Wir sind zwar in der Welt, aber daheim in der Schar der Erlösten.

3. Der Gehorsam des Glaubens (2,18-25)

2,18: **»Ihr Sklaven, ordnet euch in aller Furcht den Herren unter, nicht allein den gütigen und freundlichen, sondern auch den wunderlichen.«**

Sicher nicht ohne Grund verdeutlicht jetzt Petrus mit der Mahnung an christliche *»Sklaven«*, wie dieses Unterordnen im konkreten Fall aussieht. Er redet die an, die auf der gesellschaftlichen Skala an unterster Stelle stehen. Freilich ist der Stand der Sklaven auch rechtlich geschützt und geordnet, und ihr Herr hat auch eine Fürsorgepflicht. Doch der Sklave gilt weiterhin nicht als verantwortliche Person, sondern als Handelsware, als Besitz.

Im NT wird zur Sklavenfrage nicht grundsätzlich Stellung genommen. Die geschichtliche Wirklichkeit wird festgestellt, wie sie ist. Doch steckt schon darin, daß die Sklaven als selbständige Person, ja als Gottes Berufene angesprochen werden, soviel Zündstoff, daß diese Institution im Grund erschüttert wird. Zumal für die christliche Gemeinde gilt, daß hier die »Standesunterschiede« aufgehoben sind: »Hier ist nicht Jude noch Grieche, hier ist nicht Sklave noch Freier, hier ist nicht Mann noch Frau; denn ihr seid allesamt einer in Christus Jesus« (Gal 3,28). Obwohl diese »Ordnungen« noch in Geltung sind, spielen sie doch nicht mehr die entscheidende Rolle. In der Herrschaft Jesu Christi ist jeder vollwertige Person. Deshalb schreibt Paulus über den zurückgeschickten Sklaven Onesimus an dessen Herrn Philemon, daß er ihn als einen zurückschickt »der mehr ist als ein Sklave: ein geliebter Bruder« (Phim 16). Da liegt die Aufhebung des Sklavenstandes auch als soziale Ordnung vor Augen.

Hier geht Petrus von der gegebenen Wirklichkeit aus und zeigt den Sklaven den Weg des gelebten Glaubens in ihrem Stand (vgl. auch 1 Kor 7,20 ff; Kol 3,23-25; Eph 6,6-8). Für *»Sklave«* steht griechisch eigentlich »Haussklave«; das ist also der Unfreie, der täglich im Haushalt mitlebt. *»Ordnet euch in aller Furcht den Herren unter«* ist für sie christliche Grundlinie. Die *»Furcht«* gilt nicht den *»Herren«* sondern gemeint ist die Gottesfurcht (siehe 2,7 sowie 3,2). Gerade weil der christliche Sklave allein Gott fürchtet, ist er gegenüber allen menschlichen Herren unabhängig und kann sich einordnen. Ja, Petrus greift den Konfliktfall auf, wenn er sogar sagt: *»... nicht allein den gütigen und freundlichen, sondern auch den wunderlichen.«* Wenn der *»Herr«* (im Griechischen steht ein verdeutlichendes Wort, das in unserem Fremdwort »Despot« aufgenommen ist im Sinne von unumschränkter Herr, Gebieter, Besitzer) *»gütig und freundlich«* ist (eigentlich »gut und vernünftig denkend, milde«), dann ist diese Unterordnung natürlich leichter als bei einem *»wunderlichen«* Herrn. Das griechische Wort meint deutlicher: »verdreht, launisch, ungerecht, tückisch«. Wie sieht es dann aus?

2,19: **»Denn das ist Gnade, wenn jemand vor Gott um des Gewissens willen das Übel erträgt und leidet das Unrecht.«**

Dann kommt es für den christlichen Sklaven zum Erleiden von *»Übel«* und *»Unrecht«* (eigentlich »Leid, Schmerz«); das ist sicher auch ganz konkret als körperliche Mißhandlung zu verstehen. *»Ertragen und leiden«* gibt der Apostel als Weisung, wenn solche bösen Herren ihre Sklaven ungerecht behandeln. *»Ertragen«* (wörtlich »darunter tragen«) meint das geduldige Aushalten, und *»leiden«* meint das Erleiden, ebenfalls in Geduld. Das ist dem »natürlichen« Menschen nicht möglich. Der geistliche Mensch aber (und nur solche Sklaven redet Paulus hier an) ist zu solchem aushaltenden Leiden befähigt *»wegen* *des Gewissens Gottes«* (so das Griechische kürzer). Das ist wohl ein Genitiv Objektivus und wird deshalb mit *»wegen des Gewissens, das auf Gott gerichtet, an ihn gebunden ist«* wiedergegeben. Das Gewissen ist die »Instanz«, die beurteilt, was gut und was böse ist, abhängig aber von der Grundnorm. Das Gewissen ist wie ein Thermometer. Dieses zeigt aber nur brauchbar an, wenn ein verbindlicher Nullpunkt gesetzt ist. Das Gewissen des Christen ist an Gott und seinem Willen ausgerichtet.

Deshalb kann der Sklave Unrecht erleiden, weil er das als *»Gnade«* erkennt. Das ist eine zutiefst umstürzende Sicht, die dem natürlichen Menschen völlig unmöglich ist. Es ist eine Sicht, die nur der gewinnen kann, der Jesus Christus ansieht, der solches aushaltende Leiden vorgelebt hat. *»Gnade«* kann hier nur christologisch gefüllt verstanden werden, also als »bei Gott Gnade finden« wie Christi Leiden vor Gott Gnade gefunden und gewirkt hat. »Gnade« ist im Sinn von »Wohlgefallen« zu verstehen. Geduldiges Leiden, gerade auch im Unrecht, findet Wohlgefallen bei Gott, denn es hat missionarischen Sinn und kann zum Lobpreis Gottes führen. Das ist christliche Sicht des Leidens. Nicht allen Leidens, denn Petrus schreibt weiter:

2,20: **»Denn was ist das für ein Ruhm, wenn ihr um schlechter Taten willen geschlagen werdet und es geduldig ertragt? Aber wenn ihr um guter Taten willen leidet und es ertragt, das ist Gnade bei Gott.«**

Es gibt auch Leiden, Schläge und Schmerzen, die ich mir deswegen zuziehe, weil ich *»schlechte Taten«* (wörtlich »mich verfehlend«, also Sünde tun) begehe. Dann erleide ich mit Recht die Schläge. Petrus ist hier ganz nüchtern. Wo ein so schuldiger Sklave seine Züchtigung *»geduldig erträgt«*, bringt ihm das keinen *»Ruhm«* ein. *»Ruhm«* meint hier »Anerkennung«, »bewunderndes Lob«. Solche Schläge sind verdient, und wenn jemand sie ohne Aufbegehren erträgt, wird das nicht groß zur Kenntnis genommen.

Leiden, das um guter Taten willen erduldet wird, *»ist Gnade bei Gott«*; das findet Gottes Wohlgefallen. Das macht schon Jesus deutlich, und Petrus hat das hier sicher im Blick, wenn der Herr zu seinen Jüngern sagt: »Selig sind, die um der Gerechtigkeit willen verfolgt werden, denn ihrer ist das Himmelreich« (Mt 5,10; vgl. 5,11 f). Dieses »Selig sind ...«, diese »Gnade bei Gott« gibt dem Leiden der Christen um guter Taten willen einen unüberbietbaren Sinn und große Verheißung. Der tiefste Sinn aber liegt bei solchem Leiden im Leiden Jesu Christi. Das macht Petrus jetzt deutlich:

2,21: **»Denn dazu seid ihr berufen, da auch Christus gelitten hat für euch und euch ein Vorbild hinterlassen, daß ihr sollt nachfolgen seinen Fußstapfen;«**

Christen sind zu solchem erduldenden Leiden durch Unrecht *»berufen«*. Das ist ein wichtiger Gedanke. Deutlicher muß dieses *»Berufen«* als göttlicher Auftrag wohl so wiedergegeben werden: Christen sind berufen, gute Taten zu tun, auch wenn das in ungerechtes Leiden führt. *»Berufen«* steht im Vollsinn von »auserwählt und ausersehen« (vgl. 1,1 f), im Sinne von »berufen zum Heil«.

Nun wird das begründet: *»... da auch Christus gelitten hat für euch.«* In *»für euch«* steckt die entscheidende Begründung: Sein Leiden eröffnet uns erst die Möglichkeit, so zu leben und geduldig zu leiden wie Er. Das »für euch« ist der volle Zuspruch des Heils. Er hat uns erlöst (vgl. zu 1,18) und befähigt zum neuen Leben. Christi Kreuzesleiden ist unsere Rettung, wenn wir das annehmen. Die Rettung aus unserer alten Natur, in der wir bei ungerechtem Leiden mit Empörung, Gewalt oder Verzweiflung reagieren. Der neue Mensch, durch Christi Tod geschaffen, ist befähigt, die Christusart zu leben. Gerade in unserem Leiden wegen der guten Taten sehen wir Jesus als Vorbild.

Er *»hat...euch ein Vorbild hinterlassen«*, sagt Petrus. *»Vorbild«* heißt eigentlich »vor-geschriebene Buchstabenreihe als Muster zum Nach-Schreiben«. Die ntl. Berichte sind solche vor-geschriebenen Zeilen (so ist das Wort *»hinterlassen«* inhaltlich zu füllen). Dort erfahren wir, wie sich Jesus Christus bei ungerechtem Leiden verhalten hat, insbesondere natürlich in den Passionsberichten. Sie sind solche *»Fußstapfen«*, denen wir nachfolgen können. Noch einmal: Christen *können* nur deshalb diese »Leidenszeilen« nachschreiben, diesen Fußspuren folgen, weil sie durch Jesus Christus Neue geworden sind.

2,22: **»er, der keine Sünde getan hat und in dessen Mund sich kein Betrug fand;«**

Nun folgen einzelne vorgeschriebene Zeilen. Diese »Zeile« ist sogar schon im AT umrißhaft gezeichnet worden, aber erst durch Jesus dann auch wirklich geschrieben worden (vgl. Jes 53,9). Jesus hat *»keine Sünde getan«* (vgl. zu 1,19). Es ist ja die große Versuchung für den, der ungerecht leidet, daß er mit Gewalt und Empörung dagegenschlägt und so selbst schuldig wird. Jesus hat auch nicht mit »Arglist« (so *»Betrug«*) auf das ihm angetane Unrecht geantwortet, etwa indem er nach außen heuchlerisch freundlich tat und im Herzen Rachegedanken hegte. Er war und blieb in all seinem Leiden, so ungerecht und bösartig das ihm auch angetan wurde, der Sündlose und Eindeutige. Das führt der nächste Vers konkret aus:

2,23: **»der nicht widerschmähte, als er geschmäht wurde, nicht drohte, als er litt, er stellte es aber dem anheim, der gerecht richtet;«**

Wie souverän hat Jesus den gehässigen Juden geantwortet, als sie ihn als einen Teufelsdiener hinstellten (vgl. Mt 12,22-30)! Jesus schwieg zum Spott der Soldaten, die ihn als angeblichen König verlästerten und quälten (vgl. Mt 27,27-30), und Jesus schwieg zu dem ätzenden Spott der Hohenpriester und Schriftgelehrten unter dem Kreuz (vgl. Mt 27,39-44). Da sind diese »Buchstaben« der Geduld im Leiden eindrücklich vorgeschrieben. Der Herr schwieg zu den Schmähungen. Er vergalt nicht Gleiches mit Gleichem, Böses mit Bösem (vgl. Röm 12,17; auch Mt 5,39.44 ff; 1 Kor 13,5; 2 Tim 2,24; 1 Thes 5,15; 1 Petr 3,9). Als der Gottessohn am Kreuz hing, hat er seinen Peinigern nicht gedroht, sondern für sie zum Vater gebetet (vgl. Lk 23,34). Der ungerecht Leidende hilft sich oft auf die Weise, daß er droht und flucht und so seine Rachegedanken offenbart.

Jesus vertraute in allem Leiden seinem Vater. *»Er stellte es dem anheim«*, bezeugt Petrus (wörtlich »er übergab es«); er verzichtete auf sein Recht und übergab sich ganz dem Vater. Solches »Übergeben«, Abgeben ist Jesusart, ist christliche Art. Das geschieht im Gebet. Was ich betend und fürbittend an Gott übergebe, das darf und kann mich nicht mehr belasten und schuldig werden lassen. Das sieht man an dem betenden Jesus am Kreuz.

Unrecht ist mit solcher Haltung nicht einfach vom Tisch. Ich beuge mich dem nicht. Aber ich verzichte auf Vergeltung. Gott wird Unrecht richten. Er hat das an den Spöttern Jesu getan. Israel geht ins Gericht. Er wird das auch an den wunderlichen »Herren« tun. Gott ist Richter. Er allein kann auch gerecht richten, denn er kennt jeden Menschen durch und durch. Und er wird richten. Ganz gewiß ist damit Gottes letztes Gericht am Weltende gemeint, aber auch das machtvolle Eingreifen jetzt in dieser Zeit – je und dann (vgl. auch zu 1,17).

2,24: **»der unsre Sünde selbst hinaufgetragen hat an seinem Leibe auf das Holz, damit wir, der Sünde abgestorben, der Gerechtigkeit leben. Durch seine Wunden seid ihr heil geworden.«**

Es ist unendlich schwer – täuschen wir uns nicht! –, diese Jesusart auch wirklich zu leben, auf mein Recht zu verzichten und geduldig Leiden zu ertragen. Deshalb spricht Petrus den Sklaven in ihrer Situation, der christlichen Gemeinde in der Verfolgung bis heute noch einmal deutlich das ganze Heil zu. In seinem Leiden hat Christus *»unsre Sünde selbst hinaufgetragen an seinem Leibe auf das Holz«*. Wieder nimmt Petrus skizzenhaft Vorgezeichnetes aus dem AT auf, (vgl. Jes 53,4 und

Jes 53,12), das Jesus nun konkret erlitten hat. Er stirbt wegen *»unsrer Sünde«*. Im Griechischen steht die Mehrzahl (»unsre Sünden«). Dabei ist mehr als die Summe aller Einzelsünden gemeint: nämlich unser ganzes Sündersein, weswegen wir gar nicht anders können als Sünden zu tun. Jesus nimmt unsere gesamte Sündenverfallenheit auf sich.

Im *»Hinauftragen«* wird der Opfercharakter unterstrichen, so wie der Priester im Tempel das Opfer »hinaufträgt« zum Altar. Das war reales Geschehen, wie der Ausdruck *»an seinem Leibe«* ausdrückt. Die Strafe, die Folgen der Sünde sind am Leib des zum Richtplatz Golgatha Geführten deutlichst zu sehen: der gegeißelte Leib, das dornengekrönte Haupt, die körperliche Schwachheit, wegen der Jesus unter dem Kreuzesbalken zusammenbricht, bis hin zu den Nägeln, die ihm durch Beine und Arme getrieben werden. *»An seinem Leibe auf das Holz«*: dort hängt er am Kreuz, dem Fluchzeichen, geschunden und zu Tode erschöpft, vom Durst geplagt, in qualvollem Sterben für uns. So real ist das.

Eben darum aber geschieht unsere Erlösung. Nun können wir *»der Gerechtigkeit leben«*. Dieser Begriff umschreibt das ganze neue Sein des Christen, die Neuschöpfung. *»Gerechtigkeit«* ist Gottes Art, Wesen und Gottes Gabe an uns, wie Paulus sagt: Gott »ist gerecht und macht gerecht den, der da ist aus dem Glauben an Jesus« (Röm 3,26; vgl. Mt 5,6.10; 6,33; Joh 16,8; Röm 1,17; 4,6; 4,16; 5,18; 14,17; 2 Kor 9,10; Eph 4,24; Phil 1,11; 2 Petr 1,1; 3,13; Hebr 11,7; Offb 19,8).

Damit sind wir *»der Sünde abgestorben«*, das alte Leben ist vorbei. Der Wiedergeburt des »neuen« Menschen entspricht der Tod des »alten« Menschen. Wir unterstehen nicht mehr der Macht der Sünde, müssen nicht mehr sündigen, sondern können Gutes tun, in Gerechtigkeit leben. Wir sind *»heil geworden«*. Mit diesem Wort beschreibt Petrus noch einmal die neue Existenz des Erlösten als geheilt von der tödlichen, den Tod bringenden Krankheit der Sünde. Dies geschah – und nun steht ein Teil für das Ganze – durch Jesu *»Wunden«* (wörtlich »Striemen«), durch die Striemen, die er sich hat schlagen lassen. Die Strafe, die wir Sünder verdient hätten, nahm er auf sich. »Fürwahr er trug unsre Krankheit und lud auf sich unsre

Schmerzen ... Die Strafe liegt auf ihm, auf daß wir Frieden hätten, und durch seine Wunden sind wir geheilt« (Jes 53,4 f). Unser Heil, im AT im Umriß dargelegt, ist von Jesus deutlich ausgeschrieben; wir dürfen nachschreiben.

2,25: **»Denn ihr wart wie die irrenden Schafe; aber ihr seid nun bekehrt zu dem Hirten und Bischof eurer Seelen.«**

In einem zweiten Bild in Anlehnung an Hesekiel 34,11.23 und Jesaja 53,6 beschreibt Petrus noch einmal diesen radikalen Wandel vom Sünder zum Gerechtfertigten. Sünder sein heißt, *»wie die irrenden Schafe«* zu leben, umherzuirren wie ein Schaf, das sich verlaufen hat und das deshalb völlig hilflos dem Verderben ausgesetzt ist. So sieht Jesus schon damals Israel (vgl. Mt 9,36). Wenn man ein Schaf 500 Meter von der Herde entfernt, so findet es nicht mehr zurück. »Umherirrende« Schafe: Wie nüchtern beschreibt doch die Bibel den Zustand des »alten« Menschen, der sich doch so klug und überlegen vorkommt! *»Nun«* – das ist die Wende. Gott sei Dank, Jesus sei Dank; durch ihn kommt es zu diesem »Nun«. *»Ihr seid bekehrt«* (wörtlich »ihr habt euch umgewendet«) meint: Wir konnten in der Jesusbegegnung unseren eigenen, verderblichen Weg verlassen, die radikale Kehrtwendung vollziehen und sind nun bei dem *»Hirten und Bischof«* (wörtlich »dem Aufseher«), der unsere *»Seelen«*, unsere ganze Person zum und ins Heil führt.

Weil sie nun zu diesem Hirten gehören (vgl. 1 Mo 48,15; Ps 23,1; 80,2; Jes 40,11; Hes 34,23; Sach 11,16; Joh 10,2.11.14.16; Hebr 13,20), der sie leitet und bewahrt (»Aufseher« betont diese Seite), darum können Christen in allen Leiden, auch den ungerechten, geduldig ertragen.

Vorschlag zur Bibelarbeit über 1. Petrus 2,18-25

1. Einleitung

a) Was sagt das NT zur Sklavenfrage?
b) Welchen Sinn hat das Leiden nach unseren Versen hier?
c) Wie geschieht das bei mir ganz praktisch, daß ich solches Leiden ertrage?
d) Wir lesen Jesaja 53,1-12 und vergleichen dies mit den Passionsberichten.

2. Durchführung

Mögliche Überschrift: *In den Fußspuren Jesu*

Einleitung

Leben wie Jesus, gerade auch im Beschwerenden, dazu hilft uns unser Herr.

a) Jesus schreibt vor

Exemplarisch werden die christlichen Sklaven angeredet, völlig Rechtlose. Aber bei Gott haben sie alle Rechte. Sie sind gerufen zur Unterordnung. Wo die kindliche Gottesfurcht einen Menschen bestimmt, da fällt alle Furcht vor menschlichen Herren. Da kann man selbst in ungerechten Verhältnissen geduldig bleiben. Heutige Beispiele? Etwa: Im Betrieb benachteiligt, weil bekennender Christ. Die weltweite Bedrükkung der Jesusgemeinde (z.B. in China, Indien, Islamstaaten). Jesus hat ungerechtes Leiden geduldig ertragen. Er hat die »Buchstaben« der Geduld »vorgeschrieben«, besonders in der Passionsgeschichte. Ihn zum Vorbild nehmen! Er betet für seine Peiniger, bleibt gelassen bei den Angriffen der Gegner (vgl. Mt 21,12 ff). Er preist selig, wo wir wegen guter Taten – weil wir Christen sind – ins Leiden kommen. Seinen Fußspuren folgen. Wie hat – wie hätte – Jesus in meiner Situation gehandelt?

b) Jesus schreibt sich ein

Es ist wider die menschliche Natur, Unrecht geduldig zu ertragen. Wir wollen mit gleicher Münze zurückzahlen. Neuschöpfung aber heißt: Jesus gibt uns das neue »Geld«, das »Geld« der Liebe. Nicht heimzahlen, sondern auszahlen, dürfen wir deshalb. Weder widerschmähen, noch drohen, vielmehr schweigen und in geduldiger Liebe werben.
Dazu werden wir von Jesus verändert: Er hat uns zu einem Leben in der Gerechtigkeit erlöst. »Gerechtigkeit« heißt: Wir sind gerechtgemacht vor Gott und können so gerecht handeln. Wo ich Situationen des ungerechten Leidens mit eigenen Mitteln selbst bewältigen will, da wird alles Krampf. Ich darf Jesu Mittel gebrauchen. Er – durch seinen Geist in mir. Erstes Mittel: Beten, Abgeben an Gott. »Anheimstellen« heißt »alles an Gott abgeben«. Er wird Recht schaffen. So bin ich entlastet. Die bittere Wurzel kann in mir nicht wachsen. Jesus in mir: das ist die Möglichkeit, in ungerechtem Leiden geduldig zu bleiben.

c) Jesus schreibt neu

Das gibt dem Leiden durch Ungerechtigkeit eine völlig neue Dimension. An Jesus ist zu sehen: Sein Leiden wirkt unsere Erlösung. »Für euch«. Dieses stellvertretende Leiden können wir nicht nachvollziehen. Aber wir können leiden wie Jesus: in Ungerechtigkeit geduldig aushalten. Das ist missionarisches Leiden, ist Zeugnisleiden. Als Bekehrte – vom irrenden Schaf zum Schaf in der Obhut des Hirten geworden – können wir auch solch schwere Wege gehen. Jesus litt allein. Bei uns geht Jesus mit. Auch und gerade im finsteren Tal. So gibt Jesus unserem Leiden – dem, das uns ungerecht trifft – einen neuen Sinn. Das ist Gnade bei Gott, findet sein Wohlgefallen; er segnet. Leiden ist unser »Beruf«, vermehrt in der letzten Zeit vor Jesu Wiederkunft. Dann bleibt der Gemeinde weithin zur Mission nur das »Zeugnisleiden«.

Schluß

Jetzt können wir Leiden einüben, in unseren »leichten« Situationen, um es dann wirklich auszuhalten.

4. Das Zeugnis des Glaubens (3,1-7)

3,1: **»Desgleichen sollt ihr Frauen euch euren Männern unterordnen, damit auch die, die nicht an das Wort glauben, durch das Leben ihrer Frauen ohne Worte gewonnen werden,«**

Als zweite Gruppe redet Petrus nun die christlichen Frauen an. Auch die Frauen galten in der Wertskala der Gesellschaft als eine der untersten Gruppen. So wurde z. B. im Judentum immer wieder ernsthaft die Frage erörtert, »ob die Frau eine Seele habe«. Doch das entscheidend Neue, das im Glauben hervorbricht im Blick auf die Stellung der Frau, wird schon daran deutlich, daß der Apostel ausdrücklich die *»Frauen«* anredet, ja ihnen das Tatzeugnis des Evangeliums aufträgt! Gemeint sind hier sogar Frauen, Ehefrauen, die in einer Konfliktsituation leben, nämlich in einer Ehe mit einem ungläubigen Mann, wie das an dem Ausdruck *»die nicht an das Wort glau-*

ben« (griechisch »die nicht gehorchen dem Wort«) deutlich wird.

»Desgleichen« verbindet unseren Abschnitt mit dem vorigen, der an die Sklaven gerichtet war, die Frage: »Wie lebt ein Christ in der Welt?« wird an dieser zweiten Gruppe – den Ehefrauen – exemplarisch in zugespitzten Situationen weiterentfaltet. Diesen Frauen gilt die Weisung: *»Ihr sollt euch euren Männern unterordnen.«* Petrus sagt hier nichts Eigenes, sondern er steht in der biblischen Linie, die Gott in 1. Mose 3,16 setzt: »Dein Verlangen soll nach deinem Manne sein, aber er soll dein Herr sein.« Was Petrus hier sagt, ist also nicht seine Privatmeinung und auch keine nur zeitgeschichtlich bedingte Ordnung, sondern biblische Grundlinie (vgl. 1 Kor 14,34; Eph 5,21-24; Kol 3,18; Tit 2,5). *»Unterordnen«* ist gerade in der Ehe sehr positiv zu verstehen. Mit »unter einen Schutzschirm treten« können wir das ganz wörtlich übersetzen.

Damit ist auch klar, daß es hier gewiß nicht um eine Abwertung der Frau geht: Sie wird eingeladen, sich dem Mann anzuvertrauen. In dem Segensraum Ehe sind Mann und Frau so einander zugeordnet, daß die Frau nach Gottes Willen »Gehilfin« des Mannes ist (wörtlich: »Gegenüber zum Ganzsein«; 1 Mo 2,18). Zu solcher Unterordnung gehört für die Frau großer Mut: Sie gibt sich ganz dem Mann hin und vertraut sich seiner Fürsorge an. Deshalb hat der Mann eine besondere Verantwortung für seine Frau, die bis zu der Liebe geht, die sich selbst auf- und hingibt (vgl. Eph 5,25).

Diese Unter- und Einordnung ist auch Leitlinie für die »schwierige« Ehe (hier: die Ehe mit einem Ungläubigen) und hat ein missionarisches Ziel: *»... damit (sie) durch das Leben ihrer Frauen ohne Worte gewonnen werden.« »Durch das Leben«*, das ist betont (wörtlich »sich hin – und zuwenden«). Gemeint ist das gesamte Verhalten solcher Frauen; wie sie sich trotz der Schwierigkeiten ihren Ehemännern etwa bewußt zuwenden und sich nicht verschließen. *»Ohne Worte«* – das schließt das Zeugnis des Wortes nicht endgültig aus, setzt es aber in dieser besonderen Situation an die zweite Stelle. *»Gewinnen«* sollen sie ihre Männer so, daß diese an Jesus glauben und in seine Nachfolge eintreten.

3,2: »wenn sie sehen, wie ihr in Reinheit und Gottesfurcht lebt.«

Jetzt wird näher ausgeführt, wie das »Gewinnen« gehen soll: *»Wenn sie sehen ...«* (das griechische Wort meint »genau beobachten, überwachen«). Die Frau steht also gleichsam auf dem Prüfstand. Die Ehemänner können tatsächlich für den Glauben gewonnen werden, wenn sie »euren in Furcht reinen Wandel« sehen. Das macht den Mann nachdenklich, wenn er beobachtet, wie seine Frau in *»Gottesfurcht«* lebt. Dies ist zu sehen etwa an ihrer Gelassenheit, auch bei Sticheleien, Zornausbrüchen, ja vielleicht sogar Mißhandlungen ihres Mannes, wegen ihres Glaubens (weil sie zur Gemeinde geht, mit den Kindern betet etc.). Auch die *»Reinheit«* wird ihn zum aufschließenden Nachdenken bringen. »Reinheit« meint hier das ganze Verhalten, das vom Wort Gottes her seine Leitlinien gewinnt, das Böse scheut und »klar« und unverstellt dem Mann begegnet.

3,3-4: »Euer Schmuck soll nicht äußerlich sein wie Haarflechten, goldene Ketten oder prächtige Kleider, sondern der verborgene Mensch des Herzens im unvergänglichen Schmuck des sanften und stillen Geistes: das ist köstlich vor Gott.«

Dieses »Gewinnen« ist entscheidend davon abhängig, wie die Frau ihrem ungläubigen Ehemann begegnet und gegenübertritt. Äußerliche Formen helfen da nichts. Petrus »malt« eine Frau, wie sie sich zurechtgemacht hat, um sich ihrem Mann anziehend zu machen: mit *»äußerlichem« »Schmuck«.* Im Griechischen folgen jetzt drei Tätigkeitswörter, um zu verdeutlichen, wie aufwendig solches äußerliche Schmücken ist: *»die Haare flechten«* (das griechische Wort füllt inhaltlich, etwa wiederzugeben mit »raffinierte Frisuren machen«), *»Goldschmuckstücke umhängen«* und *»prächtige Kleider anziehen«.* Da wird schon große Toilette gemacht. Das braucht viel Zeit und Aufwand. Aber solches »Gewinnen« meint der Apostel nicht. Vielmehr geht es um ein »Gewinnen« des Mannes, das von Herzen zu Herzen geht, das die ganze Person erfaßt und nicht nur die äußeren Sinne weckt.

Das geschieht durch den *»verborgenen Menschen des Herzens«*. Der *»Mensch des Herzens«* meint das, was ein Mensch wirklich im Kern ist, seine ganze Person. Hier, bei den christlichen Frauen, steht das für den »neuen« Menschen, denn das sind sie ja: neugemacht durch Jesus Christus, der durch seinen Geist in ihren Herzen wohnt. *»Verborgen«* heißt »zunächst nicht äußerlich sichtbar« (vgl. Mt 6,4; Röm 2,16). Es geht also um viel mehr als sich äußerlich für den Mann zurechtzumachen; es geht darum, die ganze Person »wirken« zu lassen. Dieser »Mensch des Herzens« ist *»unvergänglich«*. Hier leuchtet das Ewige auf, im bewußten Gegensatz zu der schnellzerzausten Frisur, dem vergänglichen Goldschmuck und den vergilbenden Kleidern.

Dieser »Mensch des Herzens« tritt dem ungläubigen Mann als Person, ganz von Gottes Geist geprägt, gegenüber, nämlich im *»sanften und stillen Geist«*. *»Sanft«* meint »demütig«: Ich will nichts für mich, will mich nicht mit Gewalt und auf Kosten des anderen durchsetzen. Das ist keine weichliche Nachgiebigkeit, sondern eine gewinnende Freundlichkeit, die auf ihr Recht verzichten kann. Es ist die Jesusart, der von sich selber sagt: »Ich bin sanftmütig« (Mt 11,29; vgl. auch Mt 5,5; 21,5; 1 Kor 4,21; 2 Kor 10,1; Gal 6,1; Tit 3,2). Dazu tritt das *»stille sein«* (etwa mit »gelassen, friedliebend, mild« – so das griechische Wort – wiederzugeben). So gewinnt die Frau ihren Mann, daß sie ihm in gewinnender Freundlichkeit und friedliebender Gelassenheit gegenübertritt, auch und gerade da, wo er ausfallend und verletzend wird.

»Das ist köstlich vor Gott«, setzt Petrus hinzu, und gibt damit die gewisse Zusage, daß Gott selbst solches Leben aus dem innersten Herzen sieht (vgl. 1 Sam 16,7; Mt 6,4.18), es als »sehr aufwendig, edel, wertvoll« (so das Griechische) wertet und auch segnen und bestätigen wird.

3,5-6: **»Denn so haben sich vorzeiten auch die heiligen Frauen geschmückt, die ihre Hoffnung auf Gott setzten und sich ihren Männern unterordneten, wie Sara Abraham gehorsam war und ihn Herr nannte; deren Töchter seid ihr geworden, wenn ihr recht tut und euch durch nichts beirren laßt.«**

Die Ehefrauen werden von Petrus bei dieser »schweren« Anweisung zu Sanftmut und Stillesein auf atl. Vorbilder verwiesen. Sie haben in der Segensordnung Ehe, die Gott geordnet hat, auch in solcher Einordnung gelebt. *»Vorzeiten«* – das weist in die Väterzeit Israels, wie das Beispiel Sara verdeutlicht. Auch damals lebende *»heilige Frauen« »schmückten«* sich nicht äußerlich, sondern ihr »Schmuck«, ihre Schönheit war dieselbe wie die, die Petrus jetzt den Frauen empfiehlt: Sie *»ordneten sich ihren Männern unter«*. Sie lebten in gleicher Ein- und Unterordnung. So waren sie *»heilige« Frauen: »Heilig«* im Sinne von »dem Herrn geheiligt« und »sich heiligend«, indem sie Gottes Willen lebten und taten.

Das wird näher gefüllt mit der Ergänzung, *»die ihre Hoffnung auf Gott setzten«* (griechisch kürzer: »die auf Gott Hoffenden«). Das meint: Sie erwarteten ihre Zukunft ganz von Gott und vertrauten ihm, daß er sie recht führt und durchbringt. Das war gewiß für Sara ganz wichtig, die ja mit Abraham zeitlebens die völlig ungewisse Fremdlingsexistenz teilte. Für eine Frau, die doch ein Heim, Bleibendes und Behagliches gestalten will, gewiß eine dauernde Zumutung. Sara konnte dies, eben weil sie alles von Gott erwartete und sich so dem »Fremdlingsweg« ihres Mannes einordnen lernte. Neben Sara ist auch an die anderen Frauen zu denken, wie etwa Rebekka, die in derselben Situation durchhielt, bis hin zu Rut, die sich Boas anvertraute, und schließlich Hanna, die Mutter Samuels, die alles vom Herrn erwartete. Diese Frauen können mutmachende, antreibende Vorbilder sein für Frauen damals wie heute, in schwierigen Verhältnissen auszuharren und sich wirklich ganz Jesus Christus anzuvertrauen.

Besonders wird Sara genannt. Sie *»war Abraham gehorsam«*. *»Gehorsam«* steht hier im selben Sinn wie »unterordnen«, wobei aber wohl der wörtliche Sinn »auf jemanden hören« inhaltlich genau beschreibt, wie Sara gehorchte. Sie befolgte die Worte Abrahams und ging so seinen Glaubensweg mit. Sie *»nannte ihn Herr«*. Das verweist auf 1 Mose 18,12, wo Sara von Abraham als ihrem »Herrn« redet. Obwohl das, was der göttliche Besuch ankündigte, daß die beiden alten Leute Abraham und Sara noch einen Sohn zeugen sollten, menschenunmöglich schien, verweigerte sich Sara ihrem Mann nicht, auch wenn sie ihre – berechtigten – Zweifel hatte.

Sara ist ein Vorbild für eine Ehefrau nach Gottes Wohlgefallen. Darum nennt Petrus die christlichen Ehefrauen *»Töchter«* der Sara, wohl in Anlehnung daran, daß sich die Juden Abrahams Kinder nannten (vgl. Mt 3,9; Lk 19,9; Joh 8,39; Apg 13,26; 2 Kor 11,22; Hebr 2,16). Allerdings sind sie »Töchter« nicht der blutsmäßigen Abstammung nach, sondern *»wenn ihr recht tut und euch durch nichts beirren laßt«*. Es geht um die Abstammung dem Glauben nach, um das Hineingehören in die Heilslinie. So sagt schon Jesus den Juden: »Wenn ihr Abrahams Kinder wärt, so tätet ihr Abrahams Werke« (Joh 8,39); und Paulus schreibt: »Nicht alle, die Abrahams Nachkommen sind, sind darum seine Kinder« (Röm 9,7).

Wo die geistliche Neugeburt geschehen ist, da stehen wir in der Glaubens- und Heilslinie eines Abraham und einer Sara. Das zeigt sich am *»Recht-Tun«* (im Sinne von »das Gute tun«), nämlich den Willen Gottes, getrieben durch den Heiligen Geist. Dann wird auch das geschehen, daß ihr *»euch durch nichts beirren laßt«* (das Griechische sagt »keine Einschüchterung fürchtet«). Weil die Gottesfurcht alle Menschenfurcht nimmt, läßt sich der Glaubende auch nicht mehr einschüchtern, auch nicht – und jetzt sind wieder die Ehefrauen ungläubiger Männer im Blick –, wenn sie durch Drohung oder Mißhandlung zum Ungehorsam gegen Gott oder zum Austritt aus der Gemeinde gezwungen werden sollten. Als »geistliche Töchter« Saras können sie auch dann sanftmütig, still, aber fest bleiben.

3,7: **»Desgleichen, ihr Männer, wohnt vernünftig mit ihnen zusammen und gebt dem weiblichen Geschlecht als dem schwächeren seine Ehre. Denn auch die Frauen sind Miterben der Gnade des Lebens, und euer gemeinsames Gebet soll nicht behindert werden.«**

Wie alle Christen und exemplarisch zuvor die Sklaven und Ehefrauen werden jetzt auch die *»Männer«*, die Ehemänner, in das Leben als Christ in ihrem Stand eben als Ehemann eingewiesen, wie das *»desgleichen«* betont. Auch christliche Ehemänner haben solche helfende Weisung nötig, denn allzu schnell wird das »Untertan-Sein« der Frau ausgenützt und sie zur Dienerin degradiert, über die der Mann Herrschaft ausübt.

Die Frau ist ja auch das *»schwächere« »Geschlecht«*. Damit ist zunächst eine natürlich, biologische Tatsache gemeint. *»Schwächer«* bezeichnet zunächst die körperliche Konstitution, und vom Körperbau her ist die Frau in der Regel weniger stark als der Mann. Damit können aber auch die psychischen Kräfte gemeint sein, und dann könnten wir mit »sensibler« übersetzen: Die Frau ist emotionaler als der Mann. Daß das keinerlei Abwertung bedeutet, wird schon an dem sichtbar, daß diese »Sensibilität« oft die große Stärke der Frau ist, mit der sie in Ehe und Familie und darüber hinaus wichtige Hilfe geben kann. Das griechische Wort *»Geschlecht«* meint eigentlich »Gefäß, Werkzeug«. Wenn die Frau als das »schwächere Werkzeug« bezeichnet wird, dann trifft der Begriff »Werkzeug« auch auf den Mann zu. Ist hier versucht, das, was im Schöpfungsbericht im Hebräischen mit »Ebenbild« ausgedrückt ist, wiederzugeben? »Ebenbild« meint ja auch eine Dienstbeauftragung von Gott her im Sinne von »Beauftragter für die Schöpfung«. Die Frau wird im Schöpfungsbericht als »Gehilfin« bezeichnet, nicht im Sinne von »Dienerin«, sondern eben so, daß Mann und Frau erst im Miteinander wirklich brauchbares Werkzeug Gottes sind.

»Wohnt vernünftig mit ihnen zusammen«, das ist die erste Weisung des Petrus (»seid zusammenwohnend nach Erkenntnis« griechisch kürzer). *»Zusammenwohnen«* meint viel mehr als Wohngemeinschaft; es meint die Lebensgemeinschaft, die Ganzheitsgemeinschaft nach Leib, Seele und Geist. Wirklich beim andern zu sein, das ist das Wesen der Liebe. Die Gleichung der Liebe in der Ehe heißt deshalb: 1+1=1. »So werden die zwei ein Fleisch sein« (1 Mo 2,24). Das ist gemeint. Das Adjektiv *»vernünftig«* unterstreicht das nachdrücklich: »Erkenntnis« ist mehr als ein Verstandesvorgang. Will ich jemanden wirklich erkennen, kennen, dann muß ich mich ihm ganz

hingeben, mich öffnen und bereit sein, ihn ganz zu verstehen. In diesen kurzen Sätzen steckt eine umfassende Ehe-Lehre.

Der Ehefrau soll *»Ehre gegeben«* werden. Das ist ganz gewiß die äußere Hochachtung, aber auch die volle Wertschätzung, die sich in umsorgender Liebe ausdrückt. Noch umfassender ist aber gerade bei Christen diese *»Ehre«*, die Wert-Schätzung der Frau gemeint, *»denn auch die Frauen sind Miterben der Gnade des Lebens«*. *»Miterbinnen«* – das ist die völlige Gleichwertigkeit der Frau vor Gott. Das war revolutionär für die damalige Zeit (vgl. zu 3,1). Die Frau hat gleichen Anteil an der *»Gnade des Lebens«*. Dieser Ausdruck ist Kurzform für das ganze Heil, das in Jesus Christus geschehen und uns Glaubenden zugeeignet ist. Hier wird jeder Diskriminierung der Frau gewehrt, und das hat Auswirkungen gerade in der Ehe, aber auch weit in die Gesellschaft hinein.

Ist dieser engste Lebensbereich der Ehe gerade bei Christen nicht in Ordnung, dann lähmt das die Gemeinschaft mit dem Herrn, gefährdet so das neue Leben. *»... damit eure Gebete nicht behindert werden«*: Gemeint ist wohl zuerst das gemeinsame Gebet. Das ist aber unmöglich, wenn die Eheleute in gegenseitiger Mißachtung oder in Streit leben. *»Behindert«* heißt wörtlich »in etwas einschneiden«. Die Lebensverbindung zum Christus wird also dann abgeschnitten, wenn Männer ihren Ehefrauen nicht die Ehre geben und sie nicht als gleichwertig in allem behandeln.

Vorschlag zur Bibelarbeit über 1. Petrus 3,1-7

---

1. Einleitung

a) Wie kann das praktisch geschehen, »den ungläubigen Mann ohne Worte zu gewinnen«?
b) Was steckt in unserem Abschnitt als Ehe-Lehre? (Kommentar!)

c) Wir versuchen in eigenen Worten und Beispielen zu erklären, was »sanfter und stiller Geist« in der Ehe heißt.
d) Was ist in einer christlichen Ehe den Männern aufgetragen?

2. Durchführung

Mögliche Überschrift: *Die christliche Ehe*

Einleitung

Jemand sagte: »Willst du glücklich werden, heirate nie; willst du glücklich machen, heirate so bald als möglich.«

a) Leben in Sanftmut

Die fünffache christliche Weisung für Ehefrauen, gerade auch in schwierigen Verhältnissen, etwa wenn der Mann ungläubig ist, lautet:

- Dem Manne unterordnen. Das meint »einordnen«. Unter seinen Schutzschirm treten. Die Frau gibt sich vertrauend unter den Schutz des Mannes.
- Auch in schwierigen Verhältnissen (ungläubiger Mann) dieses Einordnen leben. Als Sanftmut. Das ist gewinnende Freundlichkeit, die auf ihr Recht verzichten kann. Ich will mich nicht gegen den andern durchsetzen! Die Jesusart (vgl. Mt 11,28).
- »Stille sein«. Gelassen, friedliebend, mild. Auch bei Ausfälligkeit, ja Bedrohung durch den andern.
- Die Hoffnung auf Gott setzen: Alles von ihm erwarten. Leben in Gottesfurcht, dann ist die Menschenfurcht weg. Auf Gott ausgerichtet: Ohne Worte, durch das geheiligte Leben den ungläubigen Mann gewinnen (aber 1 Kor 7,12 ff).
- Nicht beirren lassen, heißt, sich nicht einschüchtern lassen. Freundliche Festigkeit in der Nachfolge Jesu, auch wenn es in »Ehe-Leiden« führt.

b) Weg mit dem Hochmut!

Die vierfache christliche Weisung für Ehemänner:
– Bei ihr wohnen! Mehr als räumliche Gemeinschaft. Ganze Gemeinschaft nach Leib, Seele und Geist. Weißt du, was deine Frau fühlt und denkt? Die Liebe öffnet sich ganz und ist ganz am andern interessiert.
– »Vernünftig« meint »umfassend«. In die Frau einfühlen, verstehen *wollen*. Zeit geben. Das ist heute oft Ehenot: Keine Zeit für einander. Wen ich liebe, für den habe ich Zeit. Wann hast du das letztemal länger als eine Stunde mit deiner Frau geredet?
– Der Frau die Ehre geben! Äußere Ehrerbietung, aber die umsorgende Fürsorge. Was nimmst du deiner Frau ab?
– Miterbinnen der Gnade. Diesen Hochwert sehen: Die Frau ist vor Gott im Heil gleichwertig.

c) Ehe in Demut

Eine christliche Ehelehre. Drei biblische Weisungen für eine »glückliche« Ehe:
– Beide lebt ihr aus der Gnade Gottes und bleibt auf sie angewiesen. Das macht uns demütig und vergebungsbereit.
– Beide sind wir zueinander gewiesen. Das Glück wirklicher Gemeinschaft. Wir sind Werkzeuge, brauchbar erst richtig in der Ergänzung. Was ist eine Säge ohne das Blatt?
– Beide sind wir auf Gott ausgerichtet. Wo wir gemeinsam beten, kann Zorn, Bitterkeit und Schuld nicht bleiben.

Schluß

Die Gleichung der Ehe, die Aufgabe der Ehe: 1+1=1!

5. Das Segnen des Glaubens (3,8-12)

3,8: **»Endlich aber seid allesamt gleichgesinnt, mitleidig, brüderlich, barmherzig, demütig.«**

Mit *»endlich«* will Petrus diesen ermahnenden Abschnitt zum Abschluß bringen. Er redet jetzt alle an und zieht kurze, prägnante Leitlinien für das Leben aller Christen in der Welt, zunächst in der christlichen Gemeinde. Da wird eingeübt, was wir »nach außen« leben können. Was wir in der Gemeinde nicht tun, können wir in der Welt gewiß nicht. Die fünf Weisungen beschreiben also das rechte Leben in der christlichen Gemeinde.

»Seid gleichgesinnt« ist die erste Weisung. Dies meint keine Uniformität im Denken, sondern *»sinnen«* wird als Denken und Trachten, also ein auf etwas gerichtetes Wollen gefaßt. Daß seine Jünger *»gleichgesinnt«* sein sollen, das sagt zuerst Jesus (vgl. Joh 17,21; auch Röm 12,16; 15,5; 2 Kor 13,11; Phil 2,2; 4,2). Das ist keine verordnete Einigkeit, sondern die Einigkeit im Geist, die das gleiche Ziel – das ewige Leben – hat, auf der gleichen Grundlage glaubt – die Rechtfertigung allein aus Gnaden – und das gleiche tut – das Gute tun, Gottes Willen leben. Dabei hat jedes Glied der Gemeinde seine Originalität; aber in der Grundlage, der Verwirklichung und dem Ziel des Glaubens sind alle eins. Das schafft wirkliche geistliche Einheit.

»Seid … mitleidig« ist die zweite Leitlinie. Dabei heißt das nicht nur mitzuleiden im wörtlichen Sinn, also am Schweren und Leidvollen des andern teilzunehmen; vielmehr ist *die* Haltung gemeint, die in allem am andern Anteil nimmt, wie Paulus ausführlicher faßt: »Freut euch mit den Fröhlichen und weint mit den Weinenden« (Röm 12,15). Das Wort »Sympathie«, bei uns so oberflächlich verstanden, beschreibt hier innigste Anteilnahme am Leben des andern. Das ist die Art der Liebe.

»Seid … brüderlich«, fügt deshalb Petrus an (eigentlich »die Brüder liebend«). Dabei ist viel mehr als Gefühl gemeint, nämlich die helfende, heilende Begleitung des andern, gerade

auch, wenn er zu tragen gibt, mir Not macht in seinem Versagen oder seiner Eigenart.

Das wird mit *»seid ... barmherzig«* ernstgenommen. Das wird von Jesus gesagt mit eben diesem Wort: »Als er das Volk sah, jammerte ihn« (ganz wörtlich: »drehten sich ihm die Eingeweide um«, (Mt 9,36). Das ist tiefgehende Barmherzigkeit über die Not des andern. Und Jesus sieht hier nicht zuerst auf die äußere Not. Er sieht die Menschen als »Schafe ohne Hirten«, als Menschen, die Gott vergessen haben. Dort ist in der Gemeinde »Barmherzigkeit« gefragt, wo der andere durch seine Schuld dabei ist, sein Heil zu verscherzen. Barmherzigkeit läßt den anderen gerade dann nicht los, sondern ringt um ihn mit allem Einsatz (vgl. Gal 6,1 f). Das aber ist nur möglich, wo ich mich nicht über den Bruder stelle, ihn von oben herab behandle oder hart verurteile.

Davor bewahrt mich das *»demütig sein«* (wörtlich »von sich selbst herunter denken«). Das ist die Haltung, die vom andern hochdenkt, seinen ewigen, göttlichen Wert ernst nimmt und ihn deshalb nicht laufen läßt. Demut ist nicht Kriecherei, sondern die Bereitschaft, mich dem andern zu geben. *So* sagt Jesus: »Ich bin von Herzen demütig« (Mt 11,29; vgl. auch 4 Mo 12,3; Jes 57,15; Eph 4,2; Phil 2,3; 1 Petr 5,5), denn er gibt sich ganz für uns.

3,9: **»Vergeltet nicht Böses mit Bösem oder Scheltwort mit Scheltwort, sondern segnet vielmehr, weil ihr dazu berufen seid, daß ihr den Segen ererbt.«**

Nun geht diese neue Liebesart, eingeübt in der Gemeinde zuerst, hinaus in die Welt. Wie leben Christen in der Welt? Petrus spricht Jesus nach (vgl. Mt 5,38-48). Das ist das Gesetz der Welt, mit der gleichen Münze heimzuzahlen, *»Böses mit Bösem«* zu *»vergelten«*. Das setzt Jesus für seine Jünger außer Kraft. Nicht heimzahlen! Sonst wird der Kreislauf des Bösen nicht gestoppt. Er schaukelt sich nur immer mehr auf. Böses gebiert immer mehr Böses. Christen dürfen auszahlen, nämlich den Segen, den sie als Kinder Gottes empfangen haben und von dem sie selber leben. Jesus hat alles auf unser Konto eingezahlt, das volle Heil; wir sollen auszahlen. Unsere Aufgabe ist es, das »Geld der Liebe« unter die Leute zu bringen, nicht *»Scheltwort mit Scheltwort«* (eigentlich »Schmähung mit Schmähung«) zu beantworten. »Bittet für die, die euch beleidigen«, sagt der Herr (Lk 6,28), und so hat er ja auch selber gehandelt (vgl. zu 2,23). *»Schmähworte«* sind die Angriffe und Beleidigungen, die uns deshalb treffen, weil wir Christen sind (vgl. zu 2,12).

Die neue Art des Jüngers antwortet auf das alles mit *»segnen«* (wörtlich, »alles Gute zusprechen«). »Segen« meint wieder die volle Heilsgabe, das »Erbe« (vgl. zu 1,4), das wir jetzt schon in der Erlösung haben und in Gottes Ewigkeit auf ewig besitzen und leben werden. »Segnen« ist nicht nur Wunschgeschehen, sondern wirkendes Zusprechen des Heils. Ich bezeuge dem andern, der noch in seinem Bösen ist, daß auch für ihn der Christus gestorben ist, und ermuntere ihn, sein Heil nun auch zu ergreifen.

3,10-12: **»Denn ›wer das Leben lieben und gute Tage sehen will, der hüte seine Zunge, daß sie nichts Böses rede, und seine Lippen, daß sie nicht betrügen. Er wende sich ab vom Bösen und tue Gutes; er suche Frieden und jage ihm nach. Denn die Augen des Herrn sehen auf die Gerechten, und seine Ohren hören auf ihr Gebet; das Angesicht des Herrn aber steht wider die, die Böses tun‹ (Ps 34,13-17).«**

Mit einem ausführlichen Zitat aus Psalm 34 (13-17) wird das unterstrichen, was Petrus als die christliche Antwort auf das Böse, die Angriffe und Schmähungen der Christen von der Welt, in Vers 9 entfaltet hat. Genauso gibt auch David im alten Bund »Unterricht«, wie Leben gelingt und zur Vollendung und Fülle findet. Deshalb leitet er diese Sätze ein: »Ich will euch die Furcht des Herrn lehren« (Ps 34,12). Das entspricht dem Leben in Gottesfurcht, wie es Petrus in seinen Weisungen entfaltet hat.

Die Worte des Alten Bundes sind jetzt aber gefüllt vom Heil in Christus her zu verstehen. Das *»Leben lieben«*, Freude am

Leben haben, jetzt und in der Ewigkeit, das kann im Grunde nur der, der den kennt, der sagt: »Ich bin gekommen, daß sie das Leben und volle Genüge haben« (Joh 10,10). Er wird *»gute Tage sehen«*. Er wird die Jesusfrage an die Jünger: »Habt ihr je Mangel gehabt?« mit dem gleichen überzeugten »Nein, niemals« beantworten können wie die Jünger (Lk 22,35). Dabei ist »Mangel« nicht auf Äußeres verengt. Ein Leben der Fülle ist unabhängig von den äußeren Gegebenheiten, wie Paulus bezeugt: »Ich kann beides ..., Überfluß haben und Mangel leiden« (Phil 4,12), denn er »freut sich in dem Herrn« (vgl. Phil 4,4), und das gibt seinem Leben Fülle. *»Das Leben lieben und gute Tage haben«*, das erlebt der, der Jesus Christus hat. Und er hat dieses Heil bleibend, wenn er in diesem Heil lebt, die Jesusart lebt. *»... der hüte seine Zunge, daß sie nichts Böses rede«*: Damit ist genau das gemeint, was von Jesus bezeugt wird: »... der nicht widerschmähte, da er geschmäht war«, und »in dessen Mund sich kein Betrug fand« (2,22f). Die Arglist, die nach außen mit den *»Lippen«* freundlich tut und im Herzen Rachegedanken hegt, war Jesus fremd und darf den Seinen fremd sein und bleiben.

Der Christ *»wende sich ab vom Bösen«*. Das ist die Umkehr (»bekehrt zu dem Hirten«, 2,25), und wir *»tun«* bewußt das *»Gute«*, Gottes Willen und Weisung. Auch in den schwierigen Situationen – etwa christliche Frauen mit ungläubigen Männern – *»suchen«* wir *»Frieden und jagen ihm nach«*. Die beiden Worte *»suchen«* und *»nachjagen«* betonen die Mühe, die es tatsächlich kostet, wirklich Frieden zu halten. Dabei ist Friede viel mehr als nur Nichtkriegszustand. Friede ist christologisch gefüllt, denn Jesus Christus »ist unser Friede« (Eph 2,14). Erst dort ist wirklich Friede, wo die Friedensherrschaft des Christus prägt.

So leben wir Christen in der Christusart als *»Gerechte«*, in der vollen Heilsgabe der Gerechtigkeit Gottes, in seiner Gegenwart, unter seinen *»Augen«*, in der bleibenden Redeverbindung zu Gott, den wir mit allem als Vater bitten dürfen durch Jesus Christus. *»Die Augen des Herrn sehen«* und *»die Ohren des Herrn merken«*: das beschreibt umfassend die Liebe des Herrn zu den Seinen. Gott ist und bleibt *für* uns. Allerdings ist er *»wider«* die, die in ihrer Bosheit beharren, den Glauben verweigern und so die Gnade versäumen.

Vorschlag zur Bibelarbeit über 1. Petrus 3,8-12

1. Einleitung

a) Wie praktizieren wir in unserem Hauskreis (Jugendkreis etc.) das Mitleiden und Barmherzig-Sein? Wir prüfen uns selbst.
b) Was heißt biblisch »Demut«? (Kommentar, Konkordanz)
c) Worin besteht der Segen im Neuen Bund?
d) Wir lesen Jakobus 3,1-12 und machen uns die »Macht« der Zunge klar.

2. Durchführung

Mögliche Überschrift: *Leben, das sich lohnt*

Einleitung

Einer sprüht an die Wand: »Gibt es ein Leben nach dem Tod?« Ein anderer fragt noch direkter: »Gibt es ein Leben vor dem Tod?« Ein Leben, das sich lohnt?

a) Einander lieben

In der Gemeinschaft der Brüder und Schwestern finden wir wirkliches Leben. Das wird fünffach beschrieben:
– Wir sind uns einig, stehen auf dem gleichen Fundament: Erlöst durch Jesus. Wir handeln in dem selben Antrieb: Gottes Willen tun. Und wir gehen –

dem gleichen Ziel entgegen: der Vollendung in Ewigkeit. Das wirkt die Freude der Einheit.
- Mitleidig: Wir teilen wirklich Freude und Not miteinander.
- Brüderlich: Wir lieben einander, praktiziert im helfenden Tun.
- Barmherzig: Wir lassen einander nicht los, auch wo Fehler vorkommen.
- Demütig: Wir suchen ganz das, was dem andern nützt.

Leben das sich lohnt, findet sich in der christlichen Gemeinde.

b) Den Feind segnen

Das strahlt nach außen. Wir durchbrechen den Kreislauf des Bösen. Wir segnen: Wir teilen von dem aus, was uns Jesus gegeben hat. Die Freude am Leben mit ihm geben wir weiter. Wir wünschen auch dem Übelwollenden alles Gute, bezeugen ihm das Heil in Christus. Wir können Schmähungen gelassen freundlich ertragen. Wir geben gute Worte zurück. Wir halten Frieden, suchen Frieden, verbreiten Frieden. Wir setzen allen Ernst daran, daß Friede wird und bleibt. Wirklicher Friede, Jesusfriede. »Er ist unser Friede.«

c) Das Leben gewinnen

In Jesus haben wir alles gewonnen, was es zu gewinnen gibt. Wir lieben das Leben. Kennst du die drei Strophen des »neuen Liedes«? Sie heißen:
- Danke für den Herrn!
- Ich lebe heute gern, und
- Hoffnung ist nicht fern. So viele singen ständig das »alte Lied«, das auch drei Strophen hat:
- Wie bin ich so recht!

– Wie geht's mir so schlecht!, und
– Wie ist das alles so ungerecht!
So gehen sie am Leben vorbei.

Schluß

Wirklich zu leben heißt, in der Liebe Gottes zu leben: unter seinen Augen, vor seinen Ohren.

6. Das gute Gewissen des Glaubens (3,13-17)

3,13: **»Und wer ist's, der euch schaden könnte, wenn ihr dem Guten nacheifert?«**

Das Wort *»und«* schließt zwar lose an das Vorhergehende an, aber jetzt führt Petrus ein neues Thema ein: das Leiden des Christen in der Welt, ja durch die Welt. Er stellt zunächst eine Frage: *»Wer ist's, der euch schaden könnte?«* Eine Frage, die für die, die wirklich im tiefsten Leiden stehen, zunächst provozierend klingt. Aber schon Paulus fragt in ähnlichem Zusammenhang, wenn er die geballten Angriffsmächte gegen die Jesusleute aufzählt: »Ist Gott für uns, wer mag wider uns sein?« (Röm 8,31). Etwas von diesem triumphalen Ton liegt auch in dieser Frage des Petrus: Wer kann euch denn wirklich ernsthaft noch bedrohen, etwas Böses antun? Wer könnte euch eigentlich noch schaden?

Hier wird der verfolgten und angefochtenen Gemeinde der Blick dafür geöffnet, daß sie einen sieghaften Herrn hat, der für die Seinen eintritt, wie es ja die Verse vorher gerade eindrücklich zugesprochen haben. Der Böse kann uns viel schaden, auch uns Christen, wenn wir ihm wieder Raum und Entfaltung gewähren, etwa indem wir Sünde tun und sie nicht von Jesus vergeben und heilen lassen. Er und niemand sonst aber kann uns wirklich Schaden antun, wenn die Bedrückung deswegen kommt, wie Petrus von den Gemeinden damals sagt: *»... wenn ihr dem Guten nacheifert.«* Das ist doch die Wirklichkeit der Christen: Sie sind »Eiferer (Zeloten!) für das Gute geworden« (so das Griechische wörtlich). Das meint: Ihr ganzer Einsatz gilt ihrem Herrn, daß sein Wille geschieht und sein Name geehrt wird, und das leben sie im täglichen Leben mitten in der Welt.

3,14: **»Und wenn ihr auch leidet um der Gerechtigkeit willen, so seid ihr doch selig. Fürchtet euch nicht vor ihrem Drohen und erschreckt nicht;«**

Gerade bei solchem Eifer für das Gute bleiben Angriffe nicht aus. Gut und Böse vertragen sich nicht. Die »Welt« kann es nicht ertragen, daß alles, was sie ist und tut, durch dieses »fremde« Tun der Christen radikal in Frage gestellt wird. Deshalb greift sie an. »Hinweg mit diesem!« schrien die Leute damals bei Jesus (Lk 23,18). Und der Herr sagt ganz nüchtern zu seinen Jüngern: »Ihr werdet gehaßt werden von jedermann um meines Namens willen« (Mt 10,22). So kommt der Christ ins Leiden, in Bedrückung und Verfolgung. Wieder finden wir Petrus nahtlos bei Jesus, wenn er vom *»Leiden um der Gerechtigkeit willen«* spricht, weil die Christen das Gute, Gottes Willen, leben: *»Selig seid ihr doch.«* So sagt ja Jesus: »Selig sind, die um der Gerechtigkeit willen verfolgt werden« (Mt 5,10). Die Seligkeit wird in der Verheißung genannt: »... denn ihrer ist das Himmelreich.«

Deshalb braucht sich der Christ eben im Verfolgungsleiden nicht zu fürchten: *»Fürchtet euch nicht vor ihrem Drohen«* (griechisch kürzer: »Vor ihrem Furchteinjagen fürchtet euch nicht«). Auch wenn die Menschen mit – sicher ernstgemeinten – Drohungen die Christen von ihrem Glauben abbringen wollen, brauchen wir nicht zu erschrecken. Oft ist ja die Versuchung, dem Leiden auszuweichen, größer als die Gefahr, im Leiden dem Herrn abzusagen. Das Angsteinjagen durch Drohungen ist gemeines Mittel des Bösen. *»Erschreckt nicht«* heißt eigentlich genauer: »Laßt euch nicht verwirren, aufwühlen« (übertragen: »werdet nicht kopflos«). Das tut ja die Angst: Sie raubt die klare Besinnung und verleitet so zu kopflosem Tun, zur Feigheit, zum Nachgeben und Kompromiß, den ich später bitter bereue.

3,15: **»heiligt aber den Herrn Christus in euren Herzen. Seid allezeit bereit zur Verantwortung vor jedermann, der von euch Rechenschaft fordert über die Hoffnung, die in euch ist,«**

Solcher kopflosen Furcht wehre ich, wo ich Christus *»heilige«*, und das meint hier: wenn ich ihn vorbehaltlos als meinen Herrn anerkenne. Das ist die Gottesfurcht, die alle Menschenfurcht vertreibt. *»In meinem Herzen«*, im Zentrum meiner Person regiert die vertrauende Gottesfurcht. Wie sollen mir Menschen dann noch Angst einjagen können? Ich höre das Wort meines Herrn: »Fürchtet euch nicht«, mit dem er so oft seinen Jüngern gegenübergetreten ist, zuletzt nach seiner Auferstehung (vgl. Mt 28,10). Wer *»heilig«* dem Herrn ist, ausgesondert für ihn, und wer von ihm her lebt, der hat die Furcht überwunden. Er behält einen klaren Kopf. So kann er *»allezeit«* und *»jedermann... Rechenschaft geben«*. Das führt hinein in die tägliche Lebenssituation des Christen, der durch seine »Fremdheit« auffällt und gefragt wird. Das ist natürlich die beste Gelegenheit zum Zeugnis für Jesus. Die griechischen Worte lassen auch die Möglichkeit offen, daß es um ein Verhör vor den Behörden geht, in dem die Christen Rede und Antwort zu stehen haben. Ebenso fassen die Worte *»allezeit«* und *»vor jedermann«* alle Möglichkeiten ins Auge, in denen Christen sich wegen ihres Glaubens zu verteidigen haben. Das aber gerade ist das beste Zeugnis für einen Christen, wenn er tatsächlich auffällt und die Menschen zu fragen beginnen.

Erstaunlich: Christen fallen nicht zuerst an ihrem Glauben auf – so setzt Petrus hier voraus –, sondern an ihrer *»Hoffnung«*. *»... die in euch ist«* kann also nicht den Sinn haben »die in euch verborgen ist«, sondern muß so wiedergegeben werden: »... die euch kennzeichnet.« Christen sind Menschen, die eine lebendige Hoffnung haben. Diese Hoffnung liegt nicht erst in ferner Zukunft, obwohl die Vollendung in der Ewigkeit, die ewige Gemeinschaft beim Herrn unser ersehntes Ziel ist. »Hoffnung« ist zusammenfassender Begriff für unser ganzes Handeln im und aus dem Glauben (vgl. zu 1,3), ja kennzeichnet den Glauben in seiner Ziel- und Blickrichtung auf die Ewigkeit. Und dadurch fallen Christen tatsächlich auf, daß ihnen die Dinge und Werte dieser Welt – Hab und Gut, Ehre, Macht, Einfluß – nicht mehr entscheidend wichtig sind, sondern daß sie andere Höchstwerte haben: Liebe, Hingabe, Dienst, Zeugnis, Helfen. Dadurch entsteht ganz gewiß immer wieder die Frage nach dem Grund solch »fremden« Handelns. Diese Hoffnung wird aber auch gewiß an dem sichtbar, wie Christen dem Tod und dem Sterben begegnen. Eine wirklich christliche Beerdigung ist eine Hoffnungsfeier und eben darin beste Möglichkeit zur Mission.

3,16: **»und das mit Sanftmut und Gottesfurcht, und habt ein gutes Gewissen, damit die, die euch verleumden, zuschanden werden, wenn sie euren guten Wandel in Christus schmähen.«**

Solches Zeugnis vor anderen soll und darf in *»Sanftmut«* geschehen. Das ist wieder die gewinnende Freundlichkeit (vgl. zu V.4), die sich nicht durchsetzen will, also nicht etwa mit Worten den andern besiegen, sondern ihn gewinnen will. Diese Sanftmut ist das Gegenteil von Fanatismus. Nichts ist abstoßender als christlicher Fanatismus. Fanatiker bauen nie auf, sondern sie zerstören. Sie gewinnen keine Menschen für Jesus; oft verletzten sie mit ihrer harten Art Suchende so, daß diese auf lange Zeit für den Glauben verschlossen sind.

Christen geben ihr Zeugnis in *»Gottesfurcht«*, in der Verantwortung vor ihrem Herrn also und im Blick auf sein Urteil. Das nimmt aber alle Menschenfurcht, und so kann ich das Evangelium unverkürzt – auch mit der Wirklichkeit des Gerichts über den Ungläubigen – bezeugen. Wir stehen ja gerade im Gespräch mit dem, der uns angreift, in der Gefahr, dem Evangelium die Spitze, etwa seinen Entscheidungsruf und Absolutheitsanspruch, abzubrechen, um den andern nicht noch mehr zu reizen. Dieses Zeugnis in Menschenfurcht hat aber keine Vollmacht.

Und wir sollen unser Zeugnis mit *»gutem Gewissen«* geben, in der getrosten Gewißheit also, daß mein Leben und meine Worte übereinstimmen. Sich selber gegenüber ein gutes Gewissen zu haben heißt, daß wir wissen, daß wir nach dem Willen unseres Herrn leben, keine versteckte oder verdrängte Sünde im Verborgenen da ist und daß ich, wo ich schuldig geworden bin, Buße getan habe und Vergebung empfange. Man kann mein Leben bis auf den Kern prüfen. Denn Christen sind der Verdächtigung immer wieder ausgesetzt, gerade wegen ihrer Andersartigkeit (vgl. zu 2,12). Mit unserem *»guten Wandel«*, einem Leben *»in Christus«*, ganz abhängig und bestimmt von Ihm also, »beschämen« (so *»zuschanden werden«*) wir so die, die uns *»verleumden«*. *»Verleumden«* und *»schmähen«* (wörtlich »hinunterreden« und »böswillig angreifen«), das ist die Art, wie die Welt dem »Fremden«, den Christen, die sie so in Frage stellen, begegnet. Dem mit dem Tatzeugnis, einem ganz gewiß auch nach »weltlichen«, bürgerlichen Maßstäben rechten Leben zu begegnen, das führt zur »Beschämung« (wörtlich »in Schande kommen«) der Verleumder, das heißt, ihre eigene, schändliche Tat wird dadurch aufgedeckt.

3,17: **»Denn es ist besser, wenn es Gottes Wille ist, daß ihr um guter Taten willen leidet als um böser Taten willen.«**

Nicht immer werden die Verleumder zuschanden und widerlegt. Da ist Petrus ganz nüchtern. Es kann durchaus sein, daß die Christen in Leiden kommen. Das ist ja auch bei den Gemeinden in Kleinasien oft schon die Wirklichkeit (vgl. 4,12 ff). Wer um böser Taten willen in Bedrückung ist, dem widerfährt das zu Recht (vgl. Lk 23,41): Er empfängt, was er verdient. Doch wenn Christen wegen ihrer guten Taten, wegen ihres Lebens als Glaubende in Verfolgung kommen, so ist es *»besser«* für sie, wie Petrus schon in 2,12 sagte (»das ist Gnade bei Gott«). Da stehen sie unter dem »Selig seid ihr«, das ihnen Jesus selber zuspricht (vgl. Mt 5,9). Trost steckt auch in dem Nebensatz *»wenn es Gottes Wille ist«*, denn er mißt uns das Leiden nur zu, wenn er uns dafür fähig hält.

Vorschlag zur Bibelarbeit über 1. Petrus 3,13-17

1. Einleitung

a) Wir lesen Römer 8,31-39, vergleichen mit unserem Vers 13 und zählen auf, wen und was Christus besiegt hat.
b) Wir formulieren Vers 15 in eigenen Worten und sammeln in einem Rundgespräch Beispiele, wie wir Rechenschaft gegeben haben über unsere Hoffnung als Christen.
c) Wir fragen uns ganz persönlich: Stimmen bei mir Leben und Bekenntnis zusammen?

2. Durchführung

Mögliche Überschrift: *Mit gutem Gewissen leiden*

Einleitung

Christen sind Angegriffene, denn sie sind der Welt »fremd«. Das befremdet.

a) Selig im Leiden

Christen eifern dem Guten nach, leben ganz nach dem Willen Gottes. Das findet oft nicht den Beifall der Welt. Gut und Böse vertragen sich nicht. Die Bosheit der Menschen wird durch das Gutestun der Christen erst richtig aufgedeckt. Dagegen machen die Menschen Front. Gemeines Mittel: Angst einflößen und drohen. Angst macht kopflos. Ich tue Dinge, gehe Kompromisse ein, die ich später bitter bereue. Unser Herr befreit uns von solchen Ängsten mit seinem Wort: »Fürchtet euch nicht.« Damals die »kopflosen« Jünger nach dem

Kreuz, heute die Christen in den Verhören (Zeugnis dazu bei »Licht im Osten«, Korntal, erfragen). Solches Leiden um der Gerechtigkeit willen steht unter der Verheißung: »Selig seid ihr ...« Selig einmal in der Ewigkeit, gewiß, aber schon hier erleben wir in solchem Leiden Jesu besondere Nähe.

b) Sanftmütig im Zeugnis

Unser christliches Leben muß nicht immer ins Leiden führen; es ist auch missionarisches Zeugnis. Menschen fragen: Warum tust du das? Warum ist dir Ehre, Besitz, Macht so unwichtig? Warum trägst du so den Tod deines Mannes? Gibt unser Leben Anlaß zu solchen Fragen? Eine ernste Frage an uns. Das ist *die* missionarische Gelegenheit. Jetzt rede von deiner Hoffnung in Jesus. Das ewige Ziel bestimmt alles schon in meinem Leben jetzt. Ohne Fanatismus soll mein Zeugnis sein. Fanatiker zerstören. In gewinnender Freundlichkeit mit dem andern reden. Ohne Furcht das ganze Evangelium sagen. Dabei brauche ich ein gutes Gewissen, daß nämlich bei mir Wort und Leben zueinander stimmen. Gibt es bei dir heimliche Sünde?

c) Geehrt bei Gott

So leben wir unserem Herrn zu Gefallen. Nichts und niemand kann uns schaden. Jesus schenkt uns Geborgenheit und Zeugnismut. Selig sind wir! Wir erleben das Glück der engsten Gemeinschaft mit ihm. »Selig sein« heißt, mein ganzes Glück bei Jesus Christus zu haben. Jetzt schon, gerade im Schweren, im Leiden ist er da. Wir haben eine überwältigende Hoffnung und die Gewißheit, daß Gott uns nicht mehr zumutet als wir tragen können.

Schluß

Petrus ist fröhlich, weil er für Jesus leiden durfte (vgl. Apg 5,41).

7. Die Rettung des Glaubens (3,18-22)

3,18: **»Denn auch Christus hat** einmal **für die Sünden gelitten, der Gerechte für die Ungerechten, damit er euch zu Gott führte, und ist getötet nach dem Fleisch, aber lebendig gemacht nach dem Geist.«**

Was »Leiden um der Gerechtigkeit willen« im Tiefsten ist, das hat Christus *»einmal«* (im Sinne von »ein für allemal«, »unüberbietbar«) *vor*-gelitten. Das entfaltet Petrus jetzt. Christus hat *»für die Sünden«* gelitten – das ist das Grundbekenntnis des Glaubens. Das ist personal entfaltet »für uns«. Dabei unterstreicht das »ein für allemal« die endgültige Wirkung dieses Leidens Jesu, dieses Opfers. Es muß und kann nicht wiederholt werden. Die Opfer des Alten Bundes mußten immer wieder gebracht werden, denn Israel sündigte mit seinem harten Herzen immer wieder. Im Neuen Bund ist das Leiden, das Opfer Jesu, endgültig, denn es wirkt nicht nur Vergebung und Erlösung, sondern wer Christus glaubt, erhält auch das neue Herz, wird zur neuen Kreatur. Die Opfer des Alten Bundes waren »Hilfen auf Zeit«, Jesu Opfer ist »Hilfe für die Ewigkeit«.

Da hat *»der Gerechte für die Ungerechten«* gelitten. Das gilt umfassend: Christus ist der *»Gerechte«*, der einzige Gerechte. (vgl. Jes 53,9.11; Sach 9,9; Apg 3,14; 7,52). Er ist der völlig Sündlose (vgl. zu 2,22). Wir Menschen sind allesamt *»Ungerechte«*, vor Gott nicht recht, in unseren Sünden getrennt von Gott und unter der Herrschaft des Bösen. Das ist und bleibt das Wunder der Liebe Gottes: »Christus ist für uns gestorben, als wir noch Sünder waren« (Röm 5,8).

Der Grund, das Ziel des Leidens Christi war, daß *»er euch zu Gott führte«* (wörtlich »Gott zuführen«). Christus bringt uns heim zu Gott. Das ist die erste Auswirkung des Sühnetodes Christi: Er führt uns seinem Vater zu. Petrus sagt hier noch mehr als Paulus, der den Tod Christi als Möglichkeit des Zugangs zu Gott bekennt (vgl. Röm 5,2; Eph 2,18; 3,12 vgl. auch Mt 27,51; Hebr 6,19; 10,20), daß Christus uns zum Vater führt. Wer ihm nachfolgt, kommt hinter ihm her heim zu Gott.

So ist das geschehen: Christus *»ist getötet nach dem Fleisch«*. Das meint das qualvolle Sterben des Menschen Jesus von Nazareth am Kreuz. Der Böse konnte den Leib töten. Das aber auch wirklich. Jesus war tot. Aber er ist *»lebendig gemacht nach dem Geist«*. Soweit Christus sterblicher Mensch war, wurde er »getötet«. Aber er wurde auferweckt sofern, ja weil er Geist war. *»Geist«* meint hier die Wirklichkeit Gottes. Jesus Christus wurde nicht nur wiederbelebt – im alten Leib und auf Zeit –, sondern seine Auferstehung ist die Erscheinung der Neuschöpfung. Da steht der geistliche Leib (vgl. 1 Kor 15,44.47), ja der göttliche Leib, der Sohn Gottes in Ewigkeit.

3,19-20: **»In ihm ist er auch hingegangen und hat gepredigt den Geistern im Gefängnis, die einst ungehorsam waren, als Gott harrte und Geduld hatte zur Zeit Noahs, als man die Arche baute, in der wenige, nämlich acht Seelen, gerettet wurden durchs Wasser hindurch.«**

Als der Auferstandene, der Sohn Gottes in Vollmacht (vgl. Mt 28,18), ist er – und das ist die zweite herrliche Auswirkung – *»hingegangen«* zu *»den Geistern im Gefängnis«*. Das Wort *»hingegangen«* enthält von seiner Wortwurzel her im Griechischen die Bedeutung »hindurchdringen«, was durch den Begriff *»Gefängnis«* gefüllt wird. Christus hat das »Gefängnis des Todes«, des Bösen erobert. So steht er da als der Sieghafte: »Siehe, ich habe die Schlüssel der Hölle und des Todes« (Offb 1,18). Das »Gefängnis« ist der Ort, an dem die Toten sind, die auf das Gericht warten (vgl. Lk 16,23). *»Geister«* meint diesen Zustand nach dem Tod, vor dem Endgericht, vor der Auferstehung der Toten. Es ist die »Person«, das Ich eines Menschen, aber ohne den Leib, den irdischen oder den ewigen. Mit dem

Tod vergeht der fleischliche Leib, aber der Mensch als Person lebt weiter (vgl. Mt 10,28; Lk 16,22 ff; Apg 7,59; Hebr 12,23; Offb 6,9). Wer im Unglauben stirbt, kommt in das »Gefängnis«, an den »Ort der Qual« (Lk 16,23). Wer im Glauben stirbt, ist »beim Herrn« (vgl. Phil 1,23; auch Lk 23,43; 2 Kor 5,1.8).

Diesen im Unglauben Gestorbenen hat Christus *»gepredigt«*. Das griechische Wort *evangelizestai* – unser Wort »evangelisieren« – macht deutlich, daß es um die Verkündigung des Evangeliums, der Nachricht von der ewigen Rettung geht.

Beispielhaft für solche Ungläubigen, die auf das Gericht warten, wird die »ungehorsame« Noah-Generation genannt. (Daß nicht nur ihnen, sondern allen ungläubigen Toten Christi Predigt im Totenreich galt, bekräftigt ja Petrus in 4,6 ausdrücklich.) Schon Jesus nennt die Noah-Generation als Beispiel für Menschen, die an Gott achtlos vorbeileben und in ihren Sünden sterben (vgl. Mt 24,37-39). Sie haben *»nicht gehorcht«* damals, *»als die Langmut Gottes geduldig abwartete«* (so im Griechischen, genauer). Gott hatte sein Gericht lange angekündigt. Die Menschen sahen Noah, wie er die Arche baute, und taten nicht Buße (vgl. 1 Mo 6). *»Als man die Arche baute«*, das war diese Zeit der Langmut Gottes, und der Ungehorsam der Noah-Generation war Ungehorsam gegen das Wort Gottes – gewiß von Noah weitergesagt –, das vor dem Untergangsgericht warnte.

So wurden *»wenige, nämlich acht Seelen, gerettet«*. *»Seele«* steht hier für Menschen. Diese *»acht«* Menschen sind Noah, seine Frau und seine drei Söhne mit ihren Frauen. Hinter diesen »Wenigen« klingt aber auch das Staunen hindurch, wie viele jetzt durch das Leiden Jesu Christi gerettet werden. Selbst die Sintflut-Generation hört ja noch die Botschaft von der Rettung. Diese acht Menschen wurden *»durch das Wasser hindurch gerettet«*. Das Wasser ist hier Gerichtsmittel. Durch das Wasser wurden alle anderen Menschen vernichtet. So wurde auch Israel durch das Wasser hindurch gerettet, das für Pharao und sein Heer das Verderben brachte (vgl. 2 Mo 14,27-31; auch 1 Kor 10,18).

3,21: »Das ist ein Vorbild der Taufe, die jetzt auch euch rettet. Denn in ihr wird nicht der Schmutz vom Leib abgewaschen, sondern wir bitten Gott um ein gutes Gewissen, durch die Auferstehung Jesu Christi,«

Die dritte Wirkung des Leidens Jesu Christi wird nun in der *»Taufe«* sichtbar, *»die ... euch rettet«*. Das Erlösungs-Rettungsgeschehen wird konkret in der Taufe bekannt und vollzogen. Dabei ist die Taufe »Antitypus« (so das griechische Wort *»Vorbild«*), »Gegenbild« zu dem Sintflutgeschehen. In der Sintflut rettet Gott die Acht durch das Wasser hindurch; in der Taufe handelt eben derselbe Gott, indem er Menschen durch das Wasser hindurchführt. Durch das Wasser der Sintflut hat Gott die Sünde gerichtet und Noah gerettet; durch das Wasser der Taufe wird angezeigt, daß der »alte« Mensch stirbt, gestorben ist, und der Gerettete dasteht (vgl. Röm 6,2-3).

Die Taufe ist ja kein äußerlicher Reinigungsritus, wie er in vielen Religionen, auch im Judentum, geübt wird. Bei der Taufe *»wird nicht der Schmutz vom Leib abgewaschen«*, sondern der Sünder ertränkt und der »neue« Mensch geboren. Petrus faßt das so: *»Wir bitten Gott um ein gutes Gewissen.«* Das griechische Wort für *»bitten«* steht nur an dieser Stelle des NT und ist wohl mit »eine mich selbst verpflichtende Bitte« zu umschreiben. Ich bitte Gott um ein gutes Gewissen. *»Gutes Gewissen«* (vgl. zu 3,16) – das ist die getroste Gewißheit, daß ich bei Gott in Gnaden bin, daß meine Schuld getilgt ist und ich gerettet bin.

Das beschreibt die Beifügung *»durch die Auferstehung Jesu Christi«*. Jesus Christus schenkt mir durch seine Versöhnung das gute Gewissen. Er, der Auferstandene, der damit von Gott bestätigt wurde, ist ja der Garant dafür, daß ich jetzt vor Gott recht bin. Diese Verpflichtung der »mich selbst verpflichtenden Bitte« liegt darin, daß wir die Gabe Gottes der Erlösung auch annehmen, uns ein gutes Gewissen geben lassen. Und auch, daß wir dem Bösen entschlossen absagen, wie es in vielen Taufriten noch als bewußte Absage geübt wird. Das ist eine wichtige Sicht der Taufe:

a) Die Taufe rettet nicht automatisch, schon gar nicht die bei uns übliche Säuglingstaufe. Wer Säuglinge tauft und keine Bekehrung predigt, betrügt. Taufe und Ergreifen der Gnade gehören zusammen, Taufe und Bekehrung.

b) Gott handelt in der Taufe. Sie ist nicht *mein* Tun, etwa in dem Sinne: »Ich übergebe mich Gott, jetzt, da ich ›richtig‹ glaube. Gott nimmt mich an.« Deshalb ist eine Wiedertaufe unnötig.

c) Taufe und bewußtes Leben in der Nachfolge gehören zusammen, Taufe und Gehorsam. Das sollten wir bei der oft so oberflächlich gewordenen volkskirchlichen Taufpraxis wieder ganz neu betonen.

3,22: **»welcher ist zur Rechten Gottes, aufgefahren gen Himmel, und es sind ihm untertan die Engel und die Gewaltigen und die Mächte.«**

Das ist die vierte Auswirkung des Leidens Christi: Er wird zum Herrscher über alles (vgl. 1 Kor 15,25-28; Kol 2,10). Er sitzt *»zur Rechten Gottes«*. Das sagt Jesus von sich selbst (vgl. Mt 26,64; auch Mk 16,19; Apg 7,55; Röm 8,34; Kol 3,1; Hebr 1,3; 8,1; 10,12; 12,2), und das beschreibt die Regierungsmacht des auferstandenen und erhöhten Christus, der *»aufgefahren«* ist *»gen Himmel«*. Christus ist bei Gott, ist mit Gott, ist Gott. Petrus war ja Zeuge der Himmelfahrt Jesu Christi (vgl. Apg 1,2-11). Er hat gesehen, wie Christus in die Wirklichkeit des Vaters ging.

Und Petrus hat auch gehört, wie der Auferstandene seine unumschränkte Regierungsmacht verkündete (vgl. Mt 28,18). Dem Christus sind *»untertan«* (im deutlichen Sinn von »unterworfen«; er herrscht über sie, hat sie besiegt) *»die Engel«*. Der Christus ist über allen Engeln, mit ihnen nicht zu vergleichen; sie sind seine Diener (vgl. Mt 4,11; 26,53; Lk 22,43; Hebr 1,4). Er hat alle Macht über *»die Gewaltigen und die Mächte«* (gemeint sind sich absolut setzende irdische, dämonische und alle widergöttlichen Machthaber auf Erden und in den Lüften, vgl. Eph 6,12). Das war Christi Weg durch Leiden zum Segen und Sieg. Eben im Blick auf diesem Christusweg – so einmalig und unwiederholbar er auch ist – liegt ein starker Trost und Antrieb für die Christen, die den Weg der Leiden um der Gerechtigkeit willen geführt werden.

Vorschlag zur Bibelarbeit über 1. Petrus 3,18-22

1. Einleitung

a) Was meint der Ausdruck »hinabgestiegen in das Reich des Todes« im Glaubensbekenntnis?
b) Was geschieht bei Gott mit den Menschen, die vor Jesus gelebt haben?
c) Wie gehören Taufe und Glaube zusammen?
d) Darf man Säuglinge taufen? Bedarf es einer Wiedertaufe?

2. Durchführung

Mögliche Überschrift: *Der Segen des Leidens Christi*

Einleitung

An Christi Leidensweg wird deutlich, wie Leiden zum Sieg wird.

a) Christus bringt heim

Das Leiden Christi, sein Opfer gilt für uns. So öffnet er uns nicht nur den Heimweg zu Gott, sondern er selber bringt uns zu Gott: Gott zuführen. Das Gleichnis vom »verlorenen Sohn« weitererzählt: Da kommt einer, sucht und findet den Sohn bei den Schweinen und geleitet ihn heim zum Vater. Das ist Auswirkung, Folge des gehorsamen Leidens Jesu. Doch: Sein Leiden ist gewiß *anders* als alles sonstige christliche Leiden:

- Es geschah ein für allemal, kann nicht wiederholt werden, ja braucht nicht wiederholt zu werden. Dieses Opfer genügt.
- Hier leidet der Gerechte, der, der ohne jede Sünde war.
- Sein Leiden ist Stellvertretung. Deshalb nicht »leiden *wie* Jesus«, sondern »leiden *für* Jesus«, nach dem Vorbild, wie er gelitten hat.

b) Christus bringt zurück

Hier wird klar bezeugt, daß Christus auch den Toten das Evangelium gepredigt hat. Dieses Bekenntnis ist im Glaubensbekenntnis nicht zu streichen, wie heute gern manche wollen. Allerdings ist das Wort »Höllenfahrt« falsch, denn die unselig Verstorbenen sind noch nicht in der »Hölle« als Verdammungsort, sondern im »Gefängnis«, dem Totenreich, dem Warteort auf das Gericht. Schon das ist Qual genug. Die Gläubigen sind nach ihrem Tod beim Herrn, auch noch in jubelndem Warten auf den Herrlichkeitsleib. »Hinabgestiegen in das Reich des Todes« – das beantwortet die Frage: Was geschieht mit den Menschen, die vor Jesus lebten und nie das Evangelium hörten, auch wenn sie nicht »unschuldig« sterben, wie ja an der Noahgeneration und ihrem Ungehorsam eindrücklich deutlich wird? Christus kann selbst vom Totenreich noch zurückbringen; auch dort ist Rettungsbotschaft.

c) Christus bringt durch

In der Sintflut wurden die Ungehorsamen vernichtet. Jetzt ruft Gott aus dem Ungehorsam. Die Rettung geschieht in der Taufe – ganz Gottes Werk – für jeden, der sie annimmt. Die Taufe als verpflichtende Bitte um ein gutes Gewissen, als Vergewisserung, daß ich bei

Gott in Gnaden bin, und bewußte Absage an das Böse, an alle Mächte und Gewalten. Diese sind alle dem Christus unterworfen. Er hat sie besiegt. So rettet die Taufe.
Doch Taufe und Glaube gehören zusammen. Ebenso Taufe und Gehorsam. Wer Säuglinge tauft und nicht Bekehrung predigt, betrügt.

Schluß

Durch Leiden zum Sieg – das ist der Christusweg, auch für die leidende Gemeinde heute.

C. Tragfähig durch Glauben (4,1-19)

1. Die Umkehr des Glaubens (4,1-6)

4,1: **»Weil nun Christus im Fleisch gelitten hat, so wappnet euch auch mit demselben Sinn; denn wer im Fleisch gelitten hat, der hat aufgehört mit der Sünde,«**

Zu der einen Linie, die Petrus bis jetzt gezogen hat (christliches Leben, Gutes tun führt immer wieder ins Leiden) tritt jetzt die zweite: Das Leiden führt auch zum Recht-Tun, weil es das *»Fleisch«*, die »sündige Natur« abbaut und richtet. Selbst von Christus wird bezeugt: »Er hat an dem, was er litt, Gehorsam gelernt« (Hebr 5,8). Das ist nicht in dem Sinn zu verstehen, daß auch bei ihm die sündige Art abgetötet werden mußte (er war ja der Sündlose), sondern so, daß Jesus auf seinem Leidensweg auch äußerlich sichtbar immer enger in der völlig vertrauenden Gemeinschaft mit dem Vater aufging. Denken wir an seinen Gebetskampf in Gethsemane: »Dein Wille geschehe« (vgl. Mt 26,39), bis hin zu dem Ruf am Kreuz: »Vater, in deine Hände befehle ich meinen Geist« (Lk 23,46).

»Wappnet euch auch mit demselben Sinn!« werden deshalb die Glaubenden aufgerufen. Die griechische Zeitform macht deutlich, daß das schon geschehen ist – eben bei der Bekehrung –, aber immer wieder geschehen soll. Das griechische Wort *»wappnen«* steht im NT nur hier und meint »die Waffen anlegen« (vgl. Eph 6,11). Es geht also um einen Kampf, nämlich wie aus dem Folgenden deutlich wird – um einen Kampf gegen das eigene *»Fleisch«*, also gegen die immer wieder aufkeimenden Begierden des »alten« Wesens. Dies geschieht freilich nicht aus eigener Kraft: *»Weil nun Christus im Fleisch gelitten hat«*, hat er uns dadurch ja erlöst, zur neuen Kreatur gemacht.

Es ist ein geistlicher Kampf, weil der Geist Gottes mir die Waffen zur Verfügung stellt, weil ich nur aus seiner Kraft heraus gegen meine eigenen Begierden, gegen mein »Fleisch« kämpfen kann. Wir brauchen *»denselben Sinn«*, den Christus in seinem Leiden zeigte. *»Sinn«* meint hier nicht »Gesinnung«, sondern ist die »Einsicht, die mich bestimmt«, ist der entschlossen machende Durchblick, daß es nötig ist, die Sünde radikal zu bekämpfen, zuerst da, wo sie mir am nächsten versuchlich ist: in meinem eigenen Wesen. Das kann der »natürliche« Mensch nicht. Er wird nie gegen sich selbst antreten. Das kann aber der »neue« Mensch, denn er weiß: Soll der neue Mensch wachsen, muß ich des Fleisches Geschäfte töten (vgl. Röm 8,13). Und das geschieht im und durch Leiden. So *»hört die Sünde auf«*. Deutlicher: Wer das Leiden auch als einen Kampf gegen das eigene Fleisch annehmen kann, der erlebt, wie die Sünde aufhört. Weil Leiden, wie bei Christus, in die immer engere Hingabe an den Herrn führt, stirbt das »alte« Wesen, die Verlockung zur Sünde, ja die geübte Sünde, immer mehr ab. Das ist eine ganz wichtige Wirkung des Leidens, auch und gerade *des* Leidens, das auf mich kommt, weil ich ein Christ bin.

4,2: **»daß er hinfort die noch übrige Zeit im Fleisch nicht den Begierden der Menschen, sondern dem Willen Gottes lebe.«**

Wo dieser Kampf gegen den »alten« Menschen aus der Kraft der Erlösung durch Christus aufgenommen ist, da verändert sich das ganze Leben auch sichtbar für andere. Der Christ lebt die *»Zeit im Fleisch«*. Das ist die irdische Existenz jetzt nach anderen Maßstäben und mit anderem Ziel. In dem Ausdruck *»die noch übrige Zeit«* steckt auch der Trostgedanke: Diese Zeit, die irdische Lebens- und Leidenszeit, nimmt ein Ende. Ja, sie steht für den Christen unter der Verheißung seines Herrn: »Siehe, ich komme bald« (Offb 3,11).

Diese Zeit leben Christen *»nicht den Begierden der Menschen«*. Gemeint ist das, was der »alte«, der sündige Mensch anstrebt, der in seinen Leidenschaften (vgl. zu 2,11), seiner hemmungslosen Eigensucht, gegen Gott und seine Mitmenschen antritt. Der Christ ist dagegen gewappnet, zum Kampf angetreten und kämpft eben so, daß er *»nach dem Willen Gottes lebt«*. Und der *»Wille Gottes«* ist uns durch Jesus Christus gesagt, ist uns heute klar und deutlich im biblischen Wort vorgelegt. Wo ich mit und aus dem Wort Gottes lebe, da sterben die Begierden, da hört die Sünde auf. Es ist nicht so, daß Christen in dieser Zeit sündlos würden (das ist ein gefährdender Wunschgedanke!), sondern so, daß ich immer mehr auf meinen Herrn ausgerichtet lebe und die »Lust« am Versucherischen verliere. Das ist doch auch beglückende christliche Nachfolgeerfahrung.

4,3: **»Denn es ist genug, daß ihr die vergangene Zeit zugebracht habt nach heidnischem Willen, als ihr ein Leben führtet in Ausschweifung, Begierden, Trunkenheit, Fresserei, Sauferei und greulichem Götzendienst.«**

Der Christ ist aus seinem »alten« Leben herausgerettet und bewußt herausgetreten. Das *»es ist genug«* (im Sinne von »viel zu viel«) kann nur mit Schmerz im beschämten Blick auf die »vergangene Zeit«, die Zeit, bevor ich Christus erkannte, gesagt werden. Dieses »das hat vollauf gereicht« spiegelt auch etwas von dem Glück wider, das ich jetzt bei Jesus gefunden habe.

Dieses Leben ohne Jesus – vor Jesus – war ein Leben *»nach heidnischem Willen«*. Das griechische Wort meint »Wollen, Verlangen, Wünschen«, also gerade nicht den bewußten Willen, sondern ein Leben, das vorangetrieben wird von Leidenschaften, Wünschen und ungezügeltem Wollen, die der Verstand und Wille oft gar nicht mehr kontrollieren kann. So leben »Heiden« (wörtlich »die Völker«), Menschen, die nicht nach Gott fragen und ihm nicht vertrauen. So haben auch die Christen, an die Petrus hier schreibt, vor ihrer Bekehrung gelebt. Es sind alles Gesellschaftssünden, die Petrus hier, in diesem Lasterkatalog, nennt, Sünden, die zwar aus meinen Leidenschaften kommen, aber mit anderen ausgelebt werden, sie auch hineinziehend.

»Ausschweifung« – es steht bei allen Lastern die Mehrzahl, die verschiedenen Ausformungen anzeigend – ist die geschlechtliche Unzucht in ihren vielfältigen Formen, gepaart oft mit den *»Begierden«*, dem hemmungslosen Ausleben der eigenen Triebe und Abartigkeiten.

Die römischen Schriftsteller zeichnen realistische Gemälde solcher verfallenden Sittlichkeit damaliger Zeit. Gerade diese Unzuchtsünden beginnen oft in gehobenem gesellschaftlichem Rahmen von feierlichem Essen etwa, die bald ausarten in *»Trunkenheit«* (griechisch: »überquellendem Weingenuß«), wobei all die häßlichen Erscheinungen der Trunkenheit mitgemeint sind. Wie schnell werden, gerade unter den ungezügelten Leidenschaften des »alten« Menschen, aus seriösen Essen *»Fresserei«* und *»Sauferei«*! Der Geschlechtstrieb und der Genußtrieb regieren oft den »alten« Menschen.

Das gab sich damals oft den Anstrich der Religion: Kultische Prostitution und Orgien waren in den damaligen Religionen durchaus üblich. Als *»greulichen Götzendienst«* bezeichnet Petrus das ganz nüchtern. Alle diese Laster sind im Tiefsten solcher »frevelhafte Götzendienst«, denn der Mensch setzt sich dabei mit seinem hemmungslosen Ausleben in Selbstsucht an die Stelle Gottes. Er betet sich in der Sexualität etwa selbst an. Daß das nicht nur antike Vergangenheit ist, wird jedem deutlich, der unsere Gesellschaft heute kennt. Wer Jesus Christus bewußt nachfolgt, wird damals wie heute oft zum gesellschaftlichen Außenseiter.

4,4: **»Das befremdet sie, daß ihr euch nicht mehr mit ihnen stürzt in dasselbe wüste, unordentliche Treiben, und sie lästern;«**

Das bleibt auch nicht unbemerkt, daß Christen bei solchen »Vergnügungen« nicht mehr mitmachen. *»Das befremdet sie«*, schreibt Petrus. Dabei steckt in diesem griechischen Wort schon etwas von der Ablehnung (etwa mit unserem Begriff »pikiert« wiederzugeben). Die Welt reagiert mit abwertendem ärgerlichem Verwundern, wo Christen nicht mehr mitmachen.

Dieses Mitmachen wird als *»hineinstürzen«* bezeichnet (eigentlich: »mitlaufen«), wobei die Hetze und das Getriebensein betont wird. Das heißt also: *»... daß ihr nicht mithetzt in denselben Strudel der Liederlichkeit.«* Mit »Strudel, Sog der Liederlichkeit« suchen wir die griechischen Begriffe zu fassen (ganz wörtlich: »Ihr lauft nicht mehr mit hinein in denselben Erguß unrettbarer Ausschweifungen«). Das alte, liederliche Leben ist wie ein Strom, der die Menschen mitreißt.

Denken wir dabei auch an die sogenannten gesellschaftlichen Zwänge damals wie heute. Wer nicht mitmacht, was alle machen, wird eben zum Außenseiter. Dieser Strom ist aber ein Sog, der einen hineinzieht in den Untergang, der ja am Ende dieser Laster steht. Sie führen zur Selbstzerstörung, zur Sucht, die Leib und Seele langsam kaputtmacht. Wer sich da ausklinkt, wird angegriffen. *»Sie lästern«*, sagt Petrus, und er wählt wohl bewußt dieses Wort, in dem der Ton der Gotteslästerung mitgesetzt ist. Wo die Christen verlästert werden, da trifft das ganz gewiß auch ihren Herrn. Was gegen ein Leben gesagt wird, das nach dem Willen Gottes gelebt wird, greift Gott selber an.

4,5: **»aber sie werden Rechenschaft geben müssen dem, der bereit ist, zu richten die Lebenden und die Toten.«**

Solche Lästerungen sind vor Gott offenbar, und sie werden im Endgericht zur Sprache kommen. Der Christ darf das Gericht getrost seinem Gott überlassen. Aber es gilt: *Gott* wird richten. Jeder Mensch wird *»Rechenschaft geben müssen«*, ob er will oder nicht (vgl. 1 Sam 2,10; Ps 9,20; 76,10; 10,6; Mt 12,36; 25,19; Apg 17,31; Röm 2,16; 14,12; 1 Kor 5,13; Hebr 4,13; 13,4; Offb 11,18; 20,12).

Gott hat das Gericht seinem Sohn Jesus Christus übergeben, *»der bereit ist«* dazu (vgl. Mt 25,31; 2 Tim 4,1). Der, den sie hier lästern und schmähen, wird dann der Weltenrichter sein und jeden zur Rechenschaft ziehen. Ja, die Christen, die geschmäht werden, werden mit dem Christus richten (vgl. Mt 19,28; 1 Kor 6,2).

Das Gericht wird über alle ergehen, *»die Lebenden und die Toten«*. Im Griechischen fehlt der bestimmte Artikel, was anzeigt, daß in diesem letzten Weltgericht nicht alle vor dem Thron Gottes und Christi stehen: Die Christen sind nicht dabei; denn »wer glaubt, der kommt nicht ins Gericht« (Joh 5,24). Wir erscheinen vor dem Preisrichterstuhl Christi (vgl. 2 Kor 5,10). Dabei geht es aber nicht mehr um ewiges Heil oder ewige Verdammnis, sondern der Herr teilt den Seinen Gnadenlohn aus.

4,6 **»Denn dazu ist auch den Toten das Evangelium verkündigt, daß sie zwar nach Menschenweise gerichtet werden im Fleisch, aber nach Gottes Weise das Leben haben im Geist.«**

Es ist ein Gericht, das eben nach dem Maßstab geschieht, wie ein Mensch zu Jesus steht. Auch der Ausdruck »Gericht nach den Werken« (vgl. Mt 16,27; Röm 2,6; Offb 2,23) sieht die Werke des Menschen unter der Frage: »Wer hat gewirkt«? Konnte Jesus Christus durch seinen Geist die »Früchte, die Werke« des Glaubens (vgl. Gal 5,22) wirken, oder hat der Böse aus diesen Menschen die »Werke des Fleisches« gewirkt (vgl. Gal 5,19 f)?

Dieser Maßstab des Gerichts gilt auch für *die* Verstorbenen, die nie etwas vom Evangelium gehört haben (vgl. zu 3,19 f). Christus hat auch ihnen das Evangelium verkündigt. Er selbst drang durch in dieses äußerste Gefängnis, so daß er auch dort bekannt ist. So ist auch im Totenreich Rettung und Entscheidung möglich. Diese ungläubig Verstorbenen sind *»nach Menschenweise gerichtet«* worden *»im Fleisch«*. Das ist geschehen eben im Tod. Der Tod ist schon Gericht an dem Sünder, wie Paulus sagt: »Der Tod ist der Sünde Sold« (Röm 6,23). Dieses »vorläufige« Gericht ergeht *»nach Menschenweise«*, also so, wie es Menschen zukommt. Auch für Christen ist der Tod noch Gericht: Das Fleisch vergeht. Und doch ist ihr Sterben Heimgang, heimkommen zum Herrn. Gott will aber Rettung und ewiges Leben jedem Menschen geben. Deshalb hat Christus den unselig Verstorbenen die Rettungsbotschaft gepredigt, damit sie sich noch für das Leben *»nach Gottes Weise«*, wie es Gott gemäß ist, wie er es geben will, entscheiden konnten. *»Leben haben im Geist«* – das meint eben das ewige Leben in der vollendeten Leiblichkeit und der ewigen Gottesgemeinschaft.

Vorschlag zur Bibelarbeit über 1. Petrus 4,1-6

---

1. Einleitung

a) Wie vertreibt das Leiden die Sünde? (Kommentar)
b) Kann ein Christ sündlos werden? (Wir lesen dazu 1 Jo 1,8-2,6 und 3,9)
c) Was wird im Endgericht der Richter sein? Und nach welchem Maßstab wird gerichtet?
d) Wo geben wir »gesellschaftlichen Zwängen« nach? Wir prüfen uns selbst.

2. Durchführung

Mögliche Überschrift: *Ganz beim Herrn*

Einleitung

Die guten Tage verführen oft zur Sünde. David in seiner Muße wird zum Ehebrecher und Mörder. Harte Strecken konzentrieren auf das Wesentliche.

a) Im Leiden gereinigt

Die heilsame Wirkung des Leidens: Wir werden von den Begierden zur Sünde gereinigt. Jesus hat an dem, was er litt, Gehorsam gelernt. Das heißt: Die Gemeinschaft mit dem Vater wurde immer klarer sichtbar, bis hin zum Kreuz: »In deine Hände befehle ich meinen Geist.« Auch bei uns »stirbt« auf Leidenswegen das Fleisch. Das ist beglückende Erfahrung: Leiden als Wegschneiden der wilden Triebe am Weinstock; Leiden als Meiselschläge, mit denen ein Bildhauer die Statue immer deutlicher darstellt. Deshalb sogar: Dank für das Leiden. Die Erfahrung der leidenden Gemeinde aller Zeiten: Im Leiden komme ich Jesus immer näher. Und er mir.

b) Im Fremd-Sein geheiligt

Leiden hat oft seinen Anlaß darin: Wir machen nicht mehr mit bei dem, was alle machen. Es beginnt oft so seriös: Ein großes Vereinsjubiläum artet ganz schnell aus in Fresserei und Sauferei. Anzüglichkeiten, Zweideutigkeiten, enthemmt durch Alkohol. Die geschlechtlichen Begierden borden über. Es wird zum Sog der Zügellosigkeit, der viele mitreißt. Die Gesellschaftssünden sind bis heute große Versuchung. Wir leben nach dem Willen Gottes, heiligen uns ihm. Das führt zu Angriffen: »Du Spießer, Spielverderber!« Das ist noch harmlos. Es kommt zu Verdächtigungen, ja Lästerungen. Unser Herr wird dabei miesgemacht, ja gelästert. »Dieser Jesus verbietet doch alles.« Hierin dürfen wir getrost und gelassen bleiben. Oft ist das Nicht-Mitmachen sogar ein gutes Zeugnis.

c) Im Gericht gepeinigt

Den Lästerern droht das Gericht. Gott hat das Gericht Christus übergeben. Wir werden Mitrichter sein. Maßstab des Gerichts ist: Wie steht ein Mensch zu Jesus? Deshalb »hinabgestiegen in das Reich des Todes«. Jetzt ist Jesus, der Maßstab, auch im Totenreich bekannt. Dort ist noch Entscheidung möglich für die, die im irdischen Leben nie von Jesus hören konnten. Alle »müssen« in dieses Gericht, ob sie wollen oder nicht. Wichtig: a) Das wird vorhergesagt. b) Der Maßstab ist vorher bekannt. Wir dürfen als Christen diese Wirklichkeit des Endgerichts nie verschweigen. Daran wird die oberflächliche Kirche schuldig.

Schluß

Wer jetzt glaubt, kommt nicht ins Gericht. Er ist vom Tod zum Leben hindurchgedrungen.

2. Der Dienst des Glaubens (4,7-11)

4,7: **»Es ist aber nahe gekommen das Ende aller Dinge. So seid nun besonnen und nüchtern zum Gebet.«**

Nun wird das Miteinander-Leben der Christen in der Gemeinde konzentriert zum Thema. Wichtig sind zwar auch die »Außenbeziehungen« der Christen; wichtiger aber sind ihre Innenbeziehungen, denn da sind wir zu Hause, das ist unser Wachstumsboden.
Den Lästerern droht das Endgericht (das besagt die Mahnung im vorhergehenden Abschnitt). Und das ist nicht mehr fern, sondern: *»Es ist aber nahe gekommen das Ende aller Dinge«*, schreibt Petrus. Die Gemeinde Jesu lebt unter dem Horizont der letzten Zeit (vgl. Mt 10,22; 13,39 ff; 24,3.14; 1 Kor 1,8; 10,11; 15,24; Hebr 9,26; Offb 1,8). *»Es ist nahe gekommen«*, das meint keine übersteigerte Naherwartung, sondern darin wird ernstgenommen, daß mit dem Kommen Jesu Christi die Endzeit begonnen hat. Es ist das endgültige Handeln Gottes (vgl. Hebr 1,2). Niemand weiß das Datum des Endes, das Datum der Wiederkunft Jesu Christi (vgl. Mt 24,36; Apg 1,7), aber Christen leben so, daß der Herr sie jederzeit bereit findet. Das

»Ende aller Dinge« ist ja ihre Heilsvollendung. »Gnade« hat von daher einen tröstlichen, ja einen Hoffnungsklang. Dieses *»Ende«* ist kein Ende in Schrecken. Wir Christen warten nicht auf den Weltuntergang; wir ersehnen vielmehr die Heilsvollendung, die öffentliche Wiederkunft unseres Herrn. Das Wort für »Ende« hat im Griechischen auch die Bedeutung »Ziel«. Gott kommt zum Ziel seines Heilsplanes und wird ihn endgültig verwirklichen.

Leben in der Hoffnung auf die Heilsvollendung geschieht zuerst im beständigen *»Gebet«*. Die Mehrzahl im Griechischen (»zu Gebeten«) weist auf die vielfachen Formen des Bittens, in Bitte und Fürbitte, Dank, Klage und Anbetung, und auch auf die Beharrlichkeit (vgl. Apg 6,4; Röm 12,12; Eph 6,18; Kol 4,2; 1 Tim 4,13). So zeigen die Christen ihr *»Besonnen-Sein«*. »Besonnenheit« (eigentlich »Verstand haben«) hat der, der das bedenkt, diesen Blick hat, daß diese Welt auf ein Ende zugeht, daß ihr ein Ziel gesetzt ist. Deshalb erbittet er im Gebet alles von Gott und richtet sich damit auf ihn aus. Wer betet, schließt sich an das Ewige, den Ewigen an, mitten in der vergehenden Zeit. Darin ist er *»nüchtern«*; er läßt sich also nicht vom Vergänglichen berauschen, flieht nicht in Verdrängung des Endes in den Sinnenrausch. Christen leben bewußt, mit Durchblick und alles vor ihren Herrn bringend und von ihm erwartend.

4,8: **»Vor allen Dingen habt untereinander beständige Liebe; denn ›die Liebe deckt auch der Sünden Menge‹ (Spr 10,12).«**

Die christliche Gemeinde ist der Ort, wo die Liebe gelebt wird. Sie ist die erste Geistesfrucht (vgl. Gal 5,22), und sie ist das »neue Gebot« des Herrn (vgl. Joh 13,34 f). Gerade weil sie bleibende Geisteswirkung ist, kann die Liebe geboten werden. Das ist auch Hauptangriffsziel des Satans: Er läßt der Gemeinde alles (Glaube, Hoffnung usw.), aber er stört, zerstört die Liebe. Und damit stirbt der geistliche Mensch.
Jesus sagt darum auch mahnend gerade von der letzten Zeit: »Die Liebe wird in vielen erkalten« (Mt 24,12). Deshalb er-

mahnt auch Petrus zur Liebe – *»vor allen Dingen«*. Alles andere ist nachgeordnet. Wenn die Liebe fehlt, ist alles andere nichts (vgl. 1 Kor 13,2 f). Die geistliche Liebe gestaltet die Gemeinde, macht sie lebendig und ist anziehendes Zeugnis nach außen. *»Beständig«*, beharrlich soll diese Liebe geübt werden (wörtlich: »angespannt«, von dem Verb »ausgespannt, weitreichen« gebildet).

Gerade da, wo der andere mir Mühe macht, ja schuldig wird, bewährt sich die geistliche Liebe. Mit einem Wort aus Sprüche 10,12 macht das Petrus deutlich: *»Die Liebe deckt auch der Sünden Menge.«* »Angespannte Liebe«, Liebe, die den andern nicht losläßt, ringt um den schuldigen Bruder und lernt und übt heilende Vergebung, auch wenn der andere immer wieder sündigt. Petrus hat gewiß noch Jesu Antwort im Herz auf seine Frage: »Wie oft muß ich meinem Bruder vergeben?« Jesus antwortet ja mit der »Füllezahl«: »Siebenmal Siebzigmal« (Mt 18,21 f). Das ist *»beständige Liebe«*, die viele Sünden *»(zu)deckt«*. »(Zu)decken« heißt nicht, fünfe gerade sein zu lassen. Die brüderliche Liebe redet die Sünde deutlich an, aber sie »hilft dem Bruder wieder zurecht« und trägt seine Last (vgl. Gal 6,1 f).

4,9: **»Seid gastfrei untereinander ohne Murren.«**

Diese Liebe wird praktisch und konkret gelebt. Die Christen öffnen einander nicht nur ihr Herz, sondern auch ihr Haus. So fanden ja die christlichen Gottesdienste in den Häusern statt. Auch für die gastfreie Aufnahme der reisenden Missionare war ein offenes Haus bei den Mitchristen notwendig (vgl. 3 Jo 5 ff. 10). Solche Gastfreundschaft soll von Herzen kommen; das wird durch den Ausdruck *»ohne Murren«* gesagt. Das griechische Wort meint »murmeln«, betont also das untergründige »mürrisch sein, brummig sein, heimlich reden«. Das vergällt die Atmosphäre und stört die Liebe zutiefst, wenn die Gastfreundschaft nur widerwillig und unter Zwang geübt wird. Herzliche Gastfreundschaft ist Voraussetzung für das gesegnete Wachstum einer Gemeinde und wird im NT deshalb immer wieder betont (vgl. Röm 12,13; 1 Tim 3,2; Tit 1,8; Hebr 13,2).

4,10: **»Und dient einander, ein jeder mit der Gabe, die er empfangen hat, als die guten Haushalter der mancherlei Gnade Gottes:«**

Die geistliche Liebe ist praktische Liebe, dienende Liebe. Zu solchem gegenseitigen Dienst gibt Gott Dienstgaben. *»Dienen«* heißt von daher »weitergeben der Liebeserweise Gottes an die anderen«. Jesus selbst hat sein Leben und Werk als Dienst gekennzeichnet (vgl. Mt 20,28; Joh 13,13) und seine Jünger zu solchem Dienst verpflichtet (vgl. Lk 22,24-27; Joh 13,14 f). *»Dienen«* heißt ursprünglich »zu Tisch dienen«, dem anderen also den Tisch decken – angefangen von den äußeren Nahrungsmitteln (vgl. Apg 6,1 ff) über die tätige Hilfe in den vielen Nöten bis hin zur geistlichen Speise.

Die Dienstgaben dazu wirkt und schenkt der Heilige Geist. *Charisma* nennt sie Petrus, Gnadengaben (vgl. Röm 1,11; 12,6; 1 Kor 12,4), *»Gaben«*, die der Geist aus Gnaden gibt. Ich kann sie mir nicht selber nehmen, sondern der Geist teilt zu, wie er will (vgl. 1 Kor 12,18). Wenn die ganze Gemeinde zu solchem Dienst mit den Gnadengaben aufgerufen ist, dann wird auch deutlich, daß der Geist Gottes jedem solche Gaben gibt. *»Die er empfangen hat«* – das unterstreicht dies. Nicht außerordentliche Gabenträger sind im Blick, sondern jedes Glied der Gemeinde. Gnadengaben sind deshalb nicht zur Herausstellung zum höheren Ruhm einzelner da – so werden sie gewiß mißbraucht –, sondern eben zu gegenseitigem Dienst. Die Gemeinde ist eine Schar einander dienender Glieder.

Dabei sollen sie *»gute Haushalter«* sein. So bezeichnete Jesus schon seine Jünger (vgl. Lk 12,42 ff). – Wir finden Petrus immer wieder nahtlos bei seinem Herrn. Das ist auch ein deutlicher Erweis der Echtheit des Briefes, die ja von manchen angezweifelt wird. Hier redet einer, der drei Jahre höchst aufmerksam die Worte Jesu aufgenommen hat. – *»Haushalter«* (wörtlich, »der im Haus die Portionen zuteilt«) ist der Beauftragte des Hausherrn, der mit dem ihm Anvertrauten den

Haushalt führt und jedem das Seine zuteilt. Wir Christen dürfen einander die *»mancherlei Gnade Gottes«* aufteilen. Es sind Gottes Gnadenerweisungen, seine Güte, die jeden in seinen Nöten, Bedürfnissen und Gegebenheiten als helfend, heilend, zurechtbringend, mahnend und fördernd erreicht. Und wir dürfen diese »Gnaden« weitergeben. Ein Haushalter handelt nicht aus und mit dem Eigenen, vielmehr mit dem, was ihm gegeben ist, und er hat darüber einmal Rechenschaft abzulegen. Auch das betont Jesus gegenüber den Jüngern (vgl. Mt 25,14-30). Auch das gehört also zum Haushalter-Sein.

4,11: **»wenn jemand predigt, daß er's rede als Gottes Wort; wenn jemand dient, daß er's tue aus der Kraft, die Gott gewährt, damit in allen Dingen Gott gepriesen werde durch Jesus Christus. Sein ist die Ehre und Gewalt von Ewigkeit zu Ewigkeit! Amen.«**

Die beiden Hauptarten, wie der Dienst mit den Gnadengaben untereinander geschieht, werden jetzt genannt. *»Wenn jemand predigt«* (griechisch steht hier allgemeiner »wenn jemand redet«): Das ist ein Begriff, der für die Verkündigung des Evangeliums gebraucht wird und so alle »Wortgaben« einschließt, wie öffentliche Verkündigung, Lehre, Prophetie, Seelsorge, bis hin zur Zungenrede bzw. ihrer Auslegung (vgl. Röm 12,6-8; 1 Kor 12,8-10).

Wer solche »Wortgaben« empfangen hat, soll sie *»reden als Gottes Wort«*, zu fassen als »Wort von Gott her«, als Wort, das ich aus dem beständigen Hören auf Gott erhalten habe. Für uns heute heißt das gewiß: Alle christliche Verkündigung ist Verkündigung des biblischen Wortes, nicht nur als Nachsprechen – das auch, zum Beispiel in der Seelsorge oder an Krankenbetten –, sondern auch und gerade als Hineinsprechen in die jeweilige geschichtliche Situation. Nie gegen den biblischen Wortlaut, aber aktualisiert in der Vollmacht des Geistes. Menschenwort wird zu Gottes Wort durch a) die unbedingte Bindung an die Bibel, b) das ständige Hören auf das Treiben des Geistes Gottes, c) das genaue Hinhören auf die »Welt« und d) die demütige Bitte um Vollmacht.

»Wenn jemand dient« – damit ist die Gruppe der praktischen »Dienstgaben« zusammengefaßt: der Tischdienst, Gastfreundschaft, Barmherzigkeit tun, Helfen, Geben, Verstehen, Organisieren, bis hin zum Heilen (vgl. wieder Röm 12 u. 1 Kor 12; auch Eph 4,11 ff). Diese Gaben des Geistes haben die vielfältigen Notwendigkeiten in der Gemeinde, bis hin zu den Nöten des einzelnen Gemeindegliedes im Blick. Auch und gerade hierbei kann ich nichts aus eigenen Kräften tun. Wer mit eigenen Kräften etwa Leitungsverantwortung in der Gemeinde übernimmt, ist bald frustriert; wer aus eigener Kraft am Krankenbett oder in der Begleitung Sterbender etwa dienen will, kommt bald an seine Grenzen. Solcher Dienst braucht in besonderer Weise *»Kraft, die Gott gewährt«*, die er darreicht. Es ist die Kraft, die von Gott ausgeht, wie er uns teilgibt an seiner Stärke, etwa an seiner Langmut, Liebe, Freundlichkeit und Gütigkeit, wie sie der Geist Gottes als Frucht in uns wirkt. So *»gewährt«* uns Gott seine Kraft. Für *»gewähren«* steht im Griechischen ein interessantes Wort, das eigentlich »Chorführer sein, für einen Chor sorgen« bedeutet. Gott gibt uns das durchhaltende Vermögen, den »Chor« der Bedürftigen zu hören und dafür sorgen zu können.

In allen Diensten soll *»Gott gepriesen werden«*. Die *Charismata* dienen nicht dem eigenen Ruhm, sondern sie bringen zum Lobpreis auf den gebenden, stärkenden, wirkenden Gott. Er allein hat alles »Gewicht« (so *»Preis«* wörtlich). *»Durch Jesus Christus«* kann solcher Lobpreis nur geschehen, denn durch ihn kennen wir den Vater. Nur Jesus Christus hat uns wirklich Gott geoffenbart, uns sein Wesen gezeigt, und er nur gibt uns Anteil an Gottes Kraft.

Petrus schließt diesen Abschnitt mit einem gefüllten Lobpreis Gottes ab: *»Sein ist die Ehre«* (eigentlich »die Herrlichkeit, alles Gewicht«). Er hat das vor aller Zeit, in dieser Zeit – auch wenn es oft nicht so aussieht – und für alle Zeit. Er hat die Gewalt, die überlegene Macht in die *»Ewigkeiten der Ewigkeiten«*. Dieser Lobpreis schließt mit dem bestätigenden *»Amen«*. »So ist es!«

Vorschlag zur Bibelarbeit über 1. Petrus 4,8-11

1. Einleitung

a) Was sagt die Bibel über die Endzeit und den Zeitpunkt des Endes? (Kommentar)
b) Wie üben wir heute die Gastfreundschaft?
c) Wir lesen Römer 12,6-8 und 1. Korinther 12,8-10 und vergleichen mit 1. Petrus 4,10 f.
d) Was sind Wort- und was sind Dienstgaben?

2. Durchführung

Mögliche Überschrift: *Die Praxis der Liebe*

Einleitung

Liebe ist biblisch immer mehr als Gefühl; sie ist Wille und Tat

a) Die beständige Liebe

Liebe ist *das* Kennzeichen der christlichen Gemeinde, von Jesus ausdrücklich geboten. Die Gemeinde in der Endzeit ist hier besonders gefährdet. Die geistliche Liebe fließt aus dem Gebet und ist Frucht des Geistes Gottes. Diese Liebe bewährt sich zutiefst dort, wo ich auch den oft Schuldigwerdenden in der Gemeinde nicht loslasse, sondern ihm zurechthelfe und ihn trage. Das ist das »Gesetz Christi«. Das hat ja ganz gewiß Petrus selbst erfahren. Liebe vergibt »siebenmal siebzigmal«, also unzählbar oft. Die Liebe wird auch konkret in der herzlich geübten Gastfreundschaft. Wo mein Herz offen ist für den Bruder, da steht ihm auch mein Haus offen. Denn Liebe will und sucht die Nähe, die gelebte Gemeinschaft.

b) *Die dienende Liebe*

Die Liebe sucht in allem das Wohl und das Heil des andern. Wir dienen einander. Dazu gibt uns Gott Dienstgaben, Gnadengaben. Es gilt:
- Jeder hat Dienstgaben;
- der Geist Gottes gibt diese Gaben. Ich kann sie mir nicht nehmen, aber erbitten.
- Sie sind Gaben zum Dienst, nicht zur eigenen Ehre.
- In diesen Gaben geben wir die Gnade Gottes weiter.

»Wortgaben« sind immer an die Bibel gebunden. Es gilt:
- Bibeltreu
- Zeitnähe
- Vollmachtsbitte.

Unser Menschenwort als Gottes Wort; das tut er.
»Dienegaben« sind praktische Gaben. Es gilt:
- Eigene Kraft kommt schnell ans Ende.
- Der Geist wirkt die Früchte des Geistes; so können die Gaben durchgehalten werden. Die Geistesfrucht kommt *vor* der Geistesgabe.
- Die Nöte des andern rufen mich zur tätigen Liebe.

Gemeinde ist immer die Gemeinschaft der einander Dienenden, sonst bleibt Liebe Theorie.

c) *Die lobende Liebe*

Die geistliche Liebe will nichts für sich, sie sucht in allem den andern. Letztlich ist diese Liebe auf Gott gerichtet. Er soll dadurch verherrlicht werden: Was er alles wirkt, wirken kann mit uns schwachen Gefäßen! Unser ganzes Leben soll ein Lobpreis Gottes sein. Durch Jesus Christus, denn erst durch ihn kennen wir Gott und kennen wir das Wesen Gottes. Die Gemeinde der Endzeit ist in dieser Gottesliebe eine lobende und anbetende Gemeinde. Ihm ist alle Herrlichkeit, auch wenn das jetzt vielen noch verborgen ist. Er hat alles Gewicht. Er hat alle Macht, auch wenn das in den Wehen der Heilsvollendung oft nicht so aussieht. Gott wird zum Ende kommen, sein Heil vollenden.

Schluß

Das ist der Lobpreis schon jetzt: »Du wirst dein herrlich Werk vollenden, der du der Welten Heil und Richter bist.

3. Das Leiden des Glaubens (4,12-19)

4,12: **»Ihr Lieben, laßt euch durch die Hitze nicht befremden, die euch widerfährt zu eurer Versuchung, als widerführe euch etwas Seltsames,«**

Petrus kommt nun noch einmal auf das Thema des Leidens der Christen zurück. Doch jetzt redet er nicht mehr nur grundsätzlich (wie in 3,13-17 und 4,1-6), sondern ganz praktisch und konkret in die Leidenssituation der Gemeinde hinein. Dabei ist Petrus ganz nüchtern: Die Christen sind *»befremdet«*, daß ihnen, die sie doch nur das Gute tun, dadurch Leiden auferlegt wird. *»Befremdet«* meint verwundert mit dem Beiklang »ärgerlich, nicht verstehend, verwundert sein«. Christen sind keine Helden, die das Leiden heroisch auf sich nehmen. Oft erleben sie das Leiden als *»etwas Seltsames«* (wörtlich wieder »Befremdliches«), das sie zutiefst verunsichert und ins Fragen bringt.

Schon in dem, wie Petrus das Leiden benennt, steckt aber eine Sinngebung: Einmal spricht er vom Leiden als *»Hitze«* (wörtlich »Feuersglut unter euch«). Dahinter steht das Bild von 1,6-7 wieder auf: Das Leiden ist wie ein Schmelzofen, in dem das reine Gold herausgeschmolzen wird. So ist das Leiden ein Geschehen, in dem alles Halbe, Unechte und Fleischliche im Leben des Christen weggebrannt wird. Es ist also nichts Befremdliches, sondern Heilsames und Hilfreiches. In die gleiche Richtung weist die Kennzeichnung des Leidens als *»Versuchung«* (wörtlich »Prüfung auf den echten Kern«). Wo Christen leiden – nach Gottes Willen –, da geschieht nicht etwas, das sie verunsichern muß, sondern darin vollziehen sich Gottes Heilsabsichten an und mit ihnen. Das Leiden macht ihren Glauben echt, erweist sie als wirkliche Jünger Jesu Christi.

4,13: **»sondern freut euch, daß ihr mit Christus leidet, damit ihr auch zur Zeit der Offenbarung seiner Herrlichkeit Freude und Wonne haben mögt.«**

Hier gibt Petrus eine zweite Antwort auf die Frage nach dem Sinn christlichen Leidens: Das Leiden gibt uns teil am Leiden Christi, bringt uns in ganz enge Gemeinschaft mit unserem Herrn (vgl. 2 Kor 4,10; Phil 3,10). *»Ihr habt teil am Leiden Christi«*, steht hier wörtlich. Wie? Einmal so, daß Christen im Leiden stehen um Jesu willen; und dann auch deshalb, weil der erhöhte Christus mit den Seinen leidet. Er selbst sagt: »Wer euch verachtet, verachtet mich« (Lk 10,16). Das Leiden schließt uns mit den Leiden Christi zusammen, so aber auch mit seiner Herrlichkeit.

Wer diesen Blick wirklich gewonnen hat, kann sich als Christ sogar im Leiden freuen. *»Freut euch«* – das ist keine Schwärmerei, keine unnüchterne Verdrängung der bösen Wirklichkeit, sondern ist der Ausdruck wirklicher, christlicher Zukunfts- und Heilshoffnung. So real ist das, was wir erhoffen, was uns in der Heilsvollendung verheißen ist, daß es uns schon jetzt in freudige Erwartung versetzt. Es ist die Freude der Braut, die sie schon in der Zeit vor der Hochzeit erwartungsvoll fröhlich sein läßt, obwohl gerade die Hochzeitsvorbereitungen oft mühsam und anstrengend sind.

Unsere Freude mitten im Leiden gilt dem, daß wir bei der *»Offenbarung der Herrlichkeit«* unseres Herrn – und das ist der Tag seiner Wiederkunft – in jubelnder Freude als seine vollendeten Geliebten dargestellt werden. »Wenn wir mit Christus leiden, werden wir auch mit ihm zur Herrlichkeit erhoben werden« (Röm 8,17). Das ist unsere Zukunft, das ist jetzt schon jubelnde Vorausfreude. Das lehrt uns sagen: »In dir ist Freude, in allem Leide!«

4,14: **»Niemand aber unter euch leide als ein Mörder oder Dieb oder Übeltäter oder als einer, der in ein fremdes Amt greift.«**

Die Verheißung und Zusage von Vers 13 gilt nur dem, der wirklich um des Namens Christi willen leidet. Schon ein Christ, einer also, der bekanntermaßen zur christlichen Gemeinde gehört und als Verbrecher verurteilt wird, bringt der ganzen Gemeinde unermeßlichen Schaden. Deshalb ruft Petrus deutlich dazu auf, daß Christen hierzu keinerlei Anlaß geben dürfen. Ein *»Mörder«* wird zurecht hingerichtet, ein *»Dieb«* zurecht drastisch bestraft; ein »Übeltäter«, der gegen die bestehenden Gesetze verstößt, wird zu Recht verurteilt und bestraft. *»Einer, der in ein fremdes Amt greift«*, wird mit Fug und Recht entlarvt und bestraft. Wer hiermit gemeint ist, kann nur schwer bestimmt werden. Gemeint sein könnte ein »Hochstapler« oder ein Spitzel, ein Revolutionär oder ein Denunziant. Auf jeden Fall ist ein kriminelles Verhalten gemeint, das die Gesellschaft empfindlich schädigt und das zu Recht hart bestraft wird.

Ist diese Mahnung des Petrus nur theoretisch gemeint? Christen sind doch nicht mit solchen kriminellen Tatbeständen in Verbindung zu bringen!? Gewiß nicht, doch sind sie auch nicht davor gefeit, in solche »groben« Sünden zu fallen. Ganz gewiß können sie aber, wenn solches geschehen ist, ihre Strafe nicht als christliches Leiden verbrämen. Es ist Petrus entscheidend wichtig, die Christen dazu anzuhalten, daß sie nicht gegen das bürgerliche Recht – nach dem Strafgesetzbuch konkret – verstoßen und keinerlei Anlaß zum Zugriff der staatlichen Behörden geben.

4,16: **»Leidet er aber als ein Christ, so schäme er sich nicht, sondern ehre Gott mit diesem Namen.«**

Der Kriminelle erleidet seine Strafe zu Recht, und er hat allen Grund sich zu schämen. Nicht so der *»Christ«* (wörtlich »Christianer«). Das war damals kein Name, mit dem sich die Christen selbst benannten. Er wurde ihnen von außen gegeben, zuerst in Antiochien (vgl. Apg 11,26; 26,28). Ein »guter« Name ist dies trotzdem, denn er hält das Kernstück des Evangeliums öffentlich im Bewußtsein: Christen folgen dem Christus nach, dem König Gottes, dem Heiland der Welt. Schon die leiseste Nachfrage, wer denn dieser Christus sei, führt zu dem Grundbekenntnis, das ja gerade Petrus so als erster angesprochen hat: Jesus von Nazareth, dieser dann Gehenkte, ist Gottes Sohn, ist der Christus Gottes (vgl. Mt 16,16; auch Joh 1,41).

So ist *»Christ«* auch ein missionarischer Name, allerdings ein Name, der oft ins Leiden führt. Es bedurfte und bedarf oft, in vielen Gesellschaften, damals wie heute, nicht mehr als eben dieses Bekenntnisses: »Ich bin ein Christ und lebe mit Jesus Christus«, um Verfolgung, Verhaftung und Verurteilung zu erfahren.

Wenn ihm solches geschieht, braucht sich ein Christ nicht zu *»schämen«*, braucht er solches Leiden nicht als entehrende Schande zu empfinden. Wer so als Christ leidet, *»ehrt Gott«* mit diesem Namen »Christianer«. Solches *»Ehren«* geschieht dadurch, daß ein Christ unbeirrbar an seinem Bekenntnis festhält, dadurch Gott als das Allerwichtigste in seinem Leben bezeugt und je und dann seine Peiniger wohl auch ins Fragen und Suchen bringt.

4,17: **»Denn die Zeit ist da, daß das Gericht anfängt an dem Hause Gottes. Wenn aber zuerst an uns, was wird es für ein Ende nehmen mit denen, die dem Evangelium Gottes nicht glauben?«**

Die Christen leiden jetzt, in dieser *»Zeit«*. Im Griechischen steht das Wort Kairos, d. i. »gefüllte Zeit«, Gotteszeit, Heilszeit. Diese Zeit der Vollendung des Heils ist aber auch schon

Gerichtszeit im doppelten Sinn: »Richten« ist zum einen »scheiden«. Jetzt vollzieht sich die Scheidung zwischen Glaubenden und Nichtglaubenden. Aber »richten« bedeutet auch »zu-richten«, »rechtmachen«, »zurechtbringen«. Und dazu muß gerade am Christen alles Böse, Schlechte, Gemeine und Hemmende in der »Hitze« (vgl. zu V.12) weggetan werden. Dieses »Gericht« ist kein Vernichtungsgericht, kein endgültiges Strafgericht (das wird dann das Endgericht sein). Dies ist das Gericht unter dem Stichwort für die Christen: »Wen der Herr lieb hat, den züchtigt er« (Hebr 12,6; vgl. auch Ps 39,12; 118,18; 1 Kor 11,32; Offb 3,19).

Darin scheint ein vierter Sinn des Leidens auf: Es dient dazu, daß mein Herr alles widergöttliche Wesen an mir wegtun kann (vgl. zu 4,1f). Das ist nicht das Leiden als Strafe für meine Sünde, sondern das Leiden, das dazu führt, daß die Sünde und Versuchlichkeit in meinem Leben abgetötet wird. So *»fängt das Gericht am Hause Gottes an«*. Petrus denkt hier wohl an Hesekiel 9,6, wo Gott eben das befiehlt, daß das Gericht am Hause Gottes (und das ist dort der Tempel) anfangen soll. Oder auch an Jeremia 25,29, wo Gottes Gerichtswort ebenfalls ankündigt, daß er bei seiner Stadt Jerusalem mit dem Gericht anfangen wird. Das Leiden um Jesu willen stellt das *»Haus Gottes«* (hier die Gemeinde; vgl. zu 2,5) in dieses Gottesgericht, das auf die Heilsvollendung zubereitet.

An den Glaubenden ist es Reinigungsgericht und mit tiefen Schmerzen und auch Anfechtungen verknüpft. Das ist gewiß nicht lächelnd oder heroisch zu ertragen. Wenn dieses Gericht schon die Glaubenden in so schwere persönliche Belastungen stellt und bringt, wie wird es erst sein, wenn die Nichtglaubenden dem richtenden Gott begegnen werden!? Wie schwer dieses Gerichts-Leiden ist und werden kann, zeigt Jesus am Kreuz, wo selbst der Gottessohn in höchster Not rufen muß: »Mein Gott, mein Gott, warum hast du mich verlassen?« (Mt 27,46). Wenn die Not beim Christus und bei den Christen so groß ist, *»was wird es für ein Ende nehmen mit denen, die dem Evangelium Gottes nicht glauben«* (wörtlich: »was wird das Ende sein der nicht Gehorchenden?«)? *»Ende«* steht hier im Sinn von »wie wird ihr Ergehen sein?« Sie haben ja keine

Hoffnung und keine Zukunft, keine Verheißung und keinen Trost, denn sie leben nicht aus und nach dem *»Evangelium Gottes«.*

Das ist unser Halt als Christen in allen schweren Leiden: Wir wissen um die frohe Botschaft der Vollendung des Heiles. Dorthin zielt das ganze Evangelium, und dazu sollen die Leiden dienen. Paulus kann deshalb sagen: »Unser Leiden, das zeitlich ist und leicht, schafft eine über alle Maßen wichtige Herrlichkeit« (2 Kor 4,17). Solchen Trost und solchen Blick haben die Ungläubigen nicht, deshalb wartet auf sie tatsächlich ein Ende mit Schrecken.

4,18: **»Und wenn der Gerechte kaum gerettet wird, wo wird dann der Gottlose und Sünder bleiben?«**

Mit einem Zitat aus Sprüche 11,31 verdeutlicht Petrus seine Aussage. *»Der Gerechte«* ist jetzt ntl. gefüllt. Im Alten Bund gilt als gerecht, wer das Gesetz Gottes lebt, im Neuen Bund sind wir Gerechtgemachte in Jesus Christus und können so den Gotteswillen leben. Der Gerechte *»wird kaum gerettet«* (wörtlich »mit Mühe, mit Arbeit«), so wie Gott zu Israel sagt: »Mir hast du Arbeit gemacht mit deinen Sünden« (Jes 43,24). Auch im Alten Bund ist es die »Arbeit« Gottes, die den Gerechten rettet. Wie hat sich Jesus Mühe gemacht, welche »Arbeit« hat er tun müssen, damit wir gerettet werden!

Wer sich dieser Rettungsarbeit Gottes verweigert, *»wo wird er dann ... bleiben«*? Nicht in der Herrlichkeit Gottes, denn darauf zielt alle seine Arbeit mit uns ab, sondern deren Ende, »deren Teil wird in dem Pfuhl sein, der mit Feuer und Schwefel brennt« (Offb 21,8). Das ist das Ende der Gottlosen und Sünder (vgl. Mt 3,12; 5,22; 18,8; 25,41; Jud 7; Offb 20,10). Die Bibel redet sehr deutlich vom Gericht, aber nicht drohend, sondern jetzt, wo Heils-Entscheidungszeit ist, zur Umkehr mahnend.

4,19: **»Darum sollen auch die, die nach Gottes Willen leiden, ihm ihre Seelen anbefehlen als dem treuen Schöpfer und Gutes tun.«**

Nun zieht Petrus die Folgerung aus dem ganzen Abschnitt: Christen sollen gerade im Leiden ihre Seelen Gott *»anbefehlen«* (eigentlich »hinstellen« vor Gott, im Sinne von »sich ihm ganz anvertrauen«). Die *»Seele«* meint die ganze Person, und ich befehle mich so Gott an, »daß ich all mein Vertrauen auf sein Wort setze, ihm freudig gehorche und zuversichtlich zu ihm bete« (Luther im kl. Katechismus auf die Frage: Was heißt Glauben?).

Geborgen sind wir dabei von diesem doppelten Trost her: Zum einen leiden wir *»nach Gottes Willen«*. Er hat uns nach seinem Heilswillen solches Leiden zugeordnet. Es vollzieht sich nicht ein Schicksal oder die Bosheit der Menschen, sondern Gottes Wille. Zum anderen ist Gott der *»treue Schöpfer«*. Er hat alles geschaffen, hat damit über alles Macht. Es geschieht nichts an ihm vorbei. Darin ist er *»treu«*; er hält uns durch, auch im Leiden, und läßt uns nicht verderben. So geborgen mitten im Wüten des Bösen sind Christen und können selbst dann noch *»Gutes tun«*. Das ist zuerst das Zeugnis des Evangeliums im Wortzeugnis und wird im guten Handeln verdeutlicht.

Vorschlag zur Bibelarbeit über 1. Petrus 4,12-19

---

1. Einleitung

a) Welche vierfache Antwort gibt Petrus hier auf die Frage nach dem Sinn des Leidens? (Kommentar benützen!)
b) In welcher Weise ist Leiden Gericht am Christen?
c) Wie gehören Leiden und Gegenwart des Heiligen Geistes zusammen?
d) Was heißt, »die Seelen Gott anzubefehlen?«

2. Durchführung

Mögliche Überschrift: *Durch Leiden zur Herrlichkeit*

Einleitung

Leiden ist nicht zu ertragen, wenn ich den Sinn nicht erkenne. Petrus gibt der leidenden Gemeinde Antwort auf die Frage nach dem Sinn.

a) Leiden macht echt

Das Leiden um Jesu willen als Feuershitze. Es wird weggebrannt, was vor Gott nicht bestehen kann. Wo ich solches Leiden annehme, da nimmt der »alte« Mensch ab. Die Gemeinde in den Wehen der Endzeit wird so geläutert werden. Das schafft echte Christen. (So geschehen in den Gemeinden Osteuropas. Dort gab es keine Namens-Christen.) Bist du ein echter Christ? Was ist dir wichtiger als Jesus? Dieses Leiden tötet die Sünde ab. Der »neue« Mensch tritt klarer hervor. Manches, was dir jetzt an Verunglimpfung begegnet (etwa: »Dieser naive Kinderglaube!«; »du bist unwissenschaftlich«; »dein Glaube ist doch übertrieben«), hat diese Wirkung. Es tötet deine Ehrsucht, deine Selbstsucht, deine Besserwisserei ab. Das sollen wir als Einübung in das reinigende Leiden annehmen. Das soll nicht befremden; wir sollen also dabei nicht unsicher, kompromißbereit, sauer werden. Man kann diesem Leiden ausweichen – dann bleiben wir oberflächlich. Das Leiden ist gemeint, das aufhört, wenn ich Jesus absage.

b) Leiden führt zum Herrn

In solchem Leiden haben wir teil am Leiden Christi:
– Wir leiden wegen Jesus, wie er.

– Er leidet mit uns. »Wer euch verachtet, verachtet mich«. Er schenkt uns seine besondere Gegenwart. Der Herr steht zu den Seinen (vgl. Mt 25,40: »... das habt ihr mir getan«).

Gerade im Leiden ist auch der Heilige Geist uns wesentlich nahe. Er ruht auf uns. Er gibt uns das rechte Wort und eine gelassene Geborgenheit. Mein Verhalten im Leiden kann *ich* nicht im voraus planen, aber im voraus erbitten. Ins Leiden gehen wir dann unter dieser besonderen Verheißung: Der Geist wird es geben. Kennst du solche besonderen Erfahrungen der »Geistes-Gegenwart?« Sogar im Leiden Freude haben, Vorfreude auf die Herrlichkeit! Denn den Bewährten wird alle Herrlichkeit des Heiles zugesprochen. (Vergleiche die sieben Verheißungen bei den sieben Sendschreiben, Offb 2-3.)

c) Leiden bereitet für die Ewigkeit zu

Solches Leiden als der Beginn des Gerichtes am »Hause Gottes«. »Gericht« als Scheidung: Gott sammelt durch das Leiden seine Bewährten. Leiden erweist, wer wirklich dazugehört. Und »Gericht« als »Zu-Richten«. Durch Leiden werden wir verklärt von einer Herrlichkeit zur anderen. Solches Leiden ist kein Strafgericht, denn ich kann solchem Leiden ja ausweichen. Der Gottlose kann der Strafe nicht ausweichen; sie trifft ihn mit vernichtender Gewalt. Wie deutlich redet Jesus, die Bibel, von der Hölle! Warum weichen wir da so aus? Nicht drohen, aber klar die Konsequenz der Sünde aufzeigen: der zweite Tod. Im Leiden ganz Gott anbefehlen, das ist die Bitte: »Herr, handle so an mir, daß ich dir immer ähnlicher werde.«

Schluß

Deutlich: Es geht um Leiden als Christ, nicht als Übeltäter. In solchem Leiden preisen wir Gott.

D. Demütig aus Glauben (5,1-14)

1. Das Vorbild des Glaubens (5,1-5)

5,1: **»Die Ältesten unter euch ermahne ich, der Mitälteste und Zeuge der Leiden Christi, der ich auch teilhabe an der Herrlichkeit, die offenbart werden soll:«**

Im Schlußabschnitt seines Briefes wendet sich Petrus in direkter Anrede an einzelne Gruppen in der Gemeinde, zuerst an die *»Ältesten«*. Ob das schon eine geprägte Amtsbezeichnung ist, muß offenbleiben; doch deutet die Selbstbezeichnung des Petrus als *»Mitältester«* wohl in diese Richtung. In ihrer Beauftragung, »die Herde zu weiden« (V. 2), wird aber doch deutlich, daß die Ältesten die Leitungsfunktion in der Gemeinde haben. Dazu hat man gewiß Christen berufen, die in der Erfahrung des Lebens Weisheit gewonnen hatten, so daß der Begriff *»Älteste«* auch ganz wörtlich zu verstehen ist. Solche »Älteste« als Leiter der Gemeinden haben die jungen christlichen Gemeinden wohl nach dem Vorbild der jüdischen Synagogengemeinden eingesetzt. Später wurde dann das »Bischofsamt« wichtiger (vgl. Mt 21,23; 27,3; Apg 4,5; 11,30; 14,23; 20,17; 1 Tim 5,17; 3 Jo 1; Jak 5,14; Offb 4,4; und Apg 20,28; Phil 1,1; 1 Tim 3,2; Tit 1,7).

Die, die im Amt der Gemeindeleitung stehen, *»ermahnt«* der Apostel. »Ermahnen« steht im umfassenden Sinn von seelsorgerlicher Weisung, Tröstung, Mutzuspruch und Aufmunterung (vgl. zu 2,11).

Petrus nennt sich betont *»Mitältester«*. Das heißt wohl, er macht deutlich, daß die Gemeindeleiter eben in demselben Dienst stehen, der Petrus aufgetragen ist. Er tut diesen Dienst für die Gesamtgemeinde; sie tun ihn in ihrer Einzelgemeinde.

Sein einmaliges Amt als Apostel schimmert aber durch, wenn sich Petrus auch als *»Zeuge der Leiden Christi«* bezeichnet. Das ist ganz gewiß auch historisch gemeint (vgl. 1 Petr

2,16 f; 1 Jo 1,1 ff). Petrus ist Augen- und Ohrenzeuge des Leidensweges Christi. Er ging mit in den letzten Stunden Jesu bis in den Palast des Hohenpriesters. Gleichzeitig kann »Zeuge der Leiden Christi« aber auch so verstanden werden, daß Petrus sagen will: Ich habe ja das Leiden um Jesu willen selbst auf mich genommen. Und das hat er auch (vgl. 4,1 ff; 5,1 ff; Apg 12,3 ff). Er steht selbst in der Gemeinschaft der Leiden Christi (vgl. zu 4,13).

So schließt sich der Apostel mit der leidenden Gemeinde zusammen. Dadurch hat sein Brief aber auch Gewicht und Vollmacht. Und Petrus bezeugt für sich auch die gleiche Hoffnung, die er den Gemeinden zugesprochen hat (vgl. zu 4,13): Er hat auch »Teil an der Herrlichkeit, die offenbart werden soll«. Auch Petrus lebt in dieser sehnenden Vor-Freude, die das Leben jetzt schon gestaltet, in der Freude auf die Wiederkunft seines Herrn, auf den Tag, an dem auch er in Herrlichkeit vollendet sein wird.

5,2: **»Weidet die Herde Gottes, die euch anbefohlen ist; achtet auf sie, nicht gezwungen, sondern freiwillig, wie es Gott gefällt; nicht um schändlichen Gewinns willen, sondern von Herzensgrund;«**

Das war der Auftrag, den der auferstandene Herr dem Petrus gegeben hatte: »Weide meine Schafe« (Joh 21,16 f). In diesem Auftrag stehen auch die Ältesten der Gemeinden. Gemeindeleitung ist *»weiden«* (eigentlich »Hirte sein«, von der Wortwurzel »schützen, hüten« inhaltlich gefüllt). »Weiden« ist also »umsorgen«, »schützen«, »leiten« und »versorgen«. Wie dieses geschieht, das hat der Hirte David in Psalm 23 unübertroffen ausgedrückt. *»Herde«* (eigentlich »die zum Hirten Gehörenden«), so wird die Gemeinde Jesu Christi genannt (vgl. Ps 77,21; 78,52; Jes 40,11; Jer 13,17; Hes 34,17.31; Lk 12,32; Joh 10,16; Apg 20,28). Es ist die »Herde Gottes«, denn Gott selbst ist *der* Hirte (vgl. Ps 77,21; 78,52), und sein Messias ist der gute Hirte (vgl. Jes 40,11; Joh 10,11 ff; 11,27 ff).

Nie ist die christliche Gemeinde Gemeinde eines Menschen, sondern sie ist *»anbefohlen«* (im Griechischen steht kürzer »bei euch«). Leitungsdienst in der Gemeinde ist Hirtendienst, ist Weidedienst, gilt in allem der Herde und nicht sich selbst. Es ist ein Dienst, der besondere Hingabe einschließt (vgl. bes. Joh 10,11). Dieser Hirtendienst heißt: auf die Herde *»achten«* (wörtlich, »indem ihr genau hinschaut«). Das griechische Wort *episkopeo* (»achtgeben«) wurde zur Amtsbezeichnung »Episkopus«. »Aufseher«, wie es gelegentlich übersetzt wird, ist aber mißverständlich. Vielmehr ist der ganze Einsatz des Hirten für die Herde betont. Er sieht ganz genau hin, d. h. er nimmt jeden einzelnen wahr; er sieht, was er bedarf, und der Hirte sieht auch rechtzeitig, wo Gefahren aufziehen.

Solcher Hirtendienst soll *»nicht gezwungen«* geschehen, nicht als mürrische Pflicht. Das griechische Wort verdeutlicht, daß solches Gezwungen-Werden dadurch geschehen kann, daß jemand »bedrängt« wird, diesen Dienst zu tun. Hirtendienst kann niemandem aufgedrängt werden, und er kann gewiß nicht recht getan werden, wenn sich einer in die Gemeindeleitung stellen läßt, nur weil ihn andere dazu drängen. Das setzt voraus, daß solche Gemeindeleiter wohl gewählt wurden und sie das eben dann auf sich nehmen. Hirtendienst kann nur *»freiwillig«* recht geschehen. Das Wort meint eine »Willigkeit«, was durch den Zusatz *»wie es Gott gefällt«* unterstrichen wird. Das ist ein Hirtendienst, der also getan wird, weil ich mich gern und willig Gott zu solchem Dienst zur Verfügung stelle.

Es gibt auch falsche Hirten, die nur ihren eigenen Vorteil suchen, indem sie ihr Leitungsamt zu *»schändlichem Gewinn«* mißbrauchen. In der christlichen Gemeinde geht es immer auch um Geld, nämlich um die Opfer und Gaben, die die Gemeindeglieder ja oft reichlich geben. Da liegt die eigene Bereicherung versuchlich nahe. Es ist deshalb gut, in einer Gemeinde die Finanzen und die Leitung zu trennen und bei der Geldverwaltung mehrere in die Verantwortung zu nehmen. Der Hirtendienst soll nicht im bösen Sich-selbst-Bereichern geschehen, sondern *»von Herzensgrund«* (eigentlich »eifrig, leidenschaftlich«), eben mit ganzem Einsatz für die Gemeinde und nicht für mich, aufgrund von Hingabe, nicht zur Ausbeutung.

5,3: »nicht als Herren über die Gemeinde, sondern als Vorbilder der Herde.«

Petrus gebraucht mit dem Wort *»Herren«* ein deutliches Wort, ein Jesuswort (vgl. Mt 20,25) für falschen Hirtendienst, nämlich – wörtlich – »hinunterherrschen« (im Sinn von »beherrschen, zwingen, Gewalt ausüben«). Auf diese Weise wird Leitung, Herrsein in der Welt geübt, oft als Machtausübung sogar mit absolutem Anspruch. So kann es in der Gemeinde Jesu Christi nicht sein, sondern Leitung ist immer Dienst. *»Über die Gemeinde«* heißt im Griechischen genauer »über das euch Zugeloste, euren Anteil«. Wir kennen das Wort schon als »Erbe« (vgl. zu 1,4). Das meint ein dreifaches:

a) Ihr Leitungsdienst ist ihnen das von Gott Anvertraute und deshalb Kostbare.
b) »Anteil« kann die einzelne Gemeinde bezeichnen.
c) Auch innerhalb einer Einzelgemeinde gab es wohl zugeteilte Leitungsaufgaben.

Die Hirten sollen *»Vorbilder«* der Herde sein, eigentlich »Typus« für die Herde. *Typos* meint von seiner Wortwurzel her »das Geschlagene« im Sinn von »behauen«. Es ist also ein Vorgang, bei dem Material gestaltet wird. Die Leiter der Gemeinde, geprüft und gestaltet von der Kraft Gottes, können und sollen so prägend für die einzelnen Glieder der Gemeinde sein. Vorbild bin ich nicht aus mir, sondern insoweit, wie mich Gottes Kraft gestaltet (vgl. Phil 3,17; 1 Thes 1,7; 2 Thes 1,16; 4,2; Jak 5,10; auch Joh 13,15).

5,4: »So werdet ihr, wenn erscheinen wird der Erzhirte, die unvergängliche Krone der Herrlichkeit empfangen.«

Die Mahnung an die Hirten schließt mit einer großen Verheißung: Sie werden *»die unvergängliche Krone der Herrlichkeit empfangen«*. Es ist der Siegespreis bei weltlichen Wettkämpfen, »der Kranz«. So werden die Leiter der Gemeinde als Überwinder bekränzt mit einem *»unvergänglichen«* Kranz, der *»Herrlichkeit«* hat. *»Herrlichkeit«* ist das Wesen Gottes, und in diese Herrlichkeit werden die treuen Hirten hineingenommen (vgl. 1 Kor 9,25). Das wird dann geschehen, wenn der *»Erzhirte erscheinen wird«* (wörtlich »wenn er sich offenbart hat«); gemeint ist die Wiederkunft Jesu Christi, denn er ist der *»Erzhirte«* (wie Hebr 13,20 Christus als den »großen Hirten der Schafe« bezeichnet).

5,5: **»Desgleichen, ihr Jüngeren, ordnet euch den Ältesten unter. Alle aber miteinander haltet fest an der Demut; denn Gott widersteht den Hochmütigen, aber den Demütigen gibt er Gnade.«**

Auch die *»Jüngeren«* – und hier ist das ganz wörtlich zu nehmen – werden seelsorgerlich ermahnt. Jüngere Menschen, Jugendliche stehen oft in der Gefährdung, das Bewährte geringzuschätzen, neu ordnen zu wollen und andere, besonders die, die ein Leitungsamt haben, wegzuschieben. Deshalb gilt ihnen die Weisung: *»Ordnet euch den Ältesten unter«* (vgl. zu 2,13.18 u. 3,1). Gerade weil die Ältesten ihre Autorität nicht mißbrauchen dürfen, ist solche Einordnung für die jüngeren Gemeindeglieder nicht schwer und für die ganze Gemeinde fruchtbar. Spannungen werden so vermieden, und gemeinsamer Gottes-Dienst kann gedeihen.

Zur *»Demut«* als der Grundhaltung des Zusammenlebens werden nun zusammenfassend alle Gemeindeglieder aufgerufen. So ist die rechte Zuordnung im Haus der lebendigen Steine: *»Alle aber legt in der Beziehung zueinander die Demut an«* (so das Griechische nachformend). *»Anlegen«* meint wörtlich »den Sklavenschurz umbinden«. Damit wird sehr deutlich, daß *»Demut«* biblisch keine Emotion meint, sondern eine Haltung, die sich im praktischen Tun, im Dienst aneinander auswirkt. So hat es Jesus getan und seinen Jüngern ein für allemal gezeigt, wie christliche Demut dient (vgl. Joh 13,4 ff). »Demut« (wörtlich »hinunterdenken«) ist das Tun, das dem, der »unten« ist, den Geringen und Armen selbstlos und hilfreich begegnet und hilft, sich selbst gibt. Das kann aber nur so geschehen, wenn ich mir dafür nicht zu schade bin, wenn ich also von mir selbst gering denke, mich »hinunterdenke« (vgl. zu 3,8).

Der *»Hochmütige«*, der von sich selber hoch denkt, hat Gott gegen sich; ihm *»widersteht«* Gott, dem »setzt er sich entgegen« (so wörtlich). Wenn Gott sich gegen uns stellt, dann scheitert unser Leben. Dagegen *»gibt er den Demütigen Gnade«.* Weil der *»Demütige«* elementar weiß, daß er ganz auf Gott angewiesen ist, daß aller Selbstruhm wegfällt, deshalb streckt er die Hände zum Vater aus und empfängt *»Gnade«*, das ganze Heil in Jesus Christus. So sagt es Petrus mit einem Wort des AT abschließend (Sprüche 3,34). Die Demütigen sind die »geistlich Armen«, denen Jesu erste Seligpreisung gilt, mitsamt der Verheißung: »...denn ihrer ist das Himmelreich« (Mt 5,3). Das ist die volle Gnade.

Vorschlag zur Bibelarbeit über 1. Petrus 5,1-5

---

1. Einleitung

a) Wir lesen Johannes 13,1-15 und verdeutlichen uns, was biblisch Demut ist.
b) Wo gibt es in unserer Gemeinde Spannungen zwischen Älteren (Leitern) und Jüngeren und wo können wir dazu beitragen, daß sie aufhören?
c) Wir lesen Psalm 23 und schreiben einmal alles auf (in eigenen Worten), was hier vom Tun des Hirten gesagt ist.
d) Wo bin ich als Christ Vorbild für andere bzw. wer ist Vorbild für mich?

2. Durchführung

Mögliche Überschrift: *Als Vorbild leben*

Einleitung

Vorbild biblisch: das Behauene. Dort, wo Gottes Geist das Bild Christi, die Jesusart, bei mir ausgestalten konnte, da werde ich Vorbild.

a) Zum Hirten werden

Petrus ist solch ein Vorbild. Gottes Geist konnte ihn gestalten. Vom Maulhelden zum rechten Hirten. Er nennt sich »Mitältester« und stellt sich nicht über die Gemeindeleiter, sondern zu ihnen. Da hat er viel gelernt. Er gibt seinen Auftrag: »Weide meine Schafe« an die einzelnen Gemeindeleiter ab.
Wie schwer geben wir oft Leitung ab, wollen sie nicht teilen! Steht dahinter mein Hochmut, meine Ehrsucht? Wo ich überzeugt bin: »Ohne mich geht es nicht«, da verfalle ich dem Hochmut. Petrus ist Zeuge der Leiden Christi: Augen- und Ohrenzeuge bis nach Gethsemane. Das ist seine »Einmaligkeit«. Er ist aber auch Zeuge, da er selbst die Leiden um Jesu willen erduldet hat und erduldet. *So* kann er der leidenden Gemeinde vollmächtig dienen. Sein Zeugnis ist Fundament: »... erbaut auf den Grund der Apostel und Propheten ...« (Eph 2,20).

b) Die Herde weiden

Petrus ist Vorbild für rechten Weidedienst. Er will nichts mehr für sich. (Die Petrusfrage früher lautete: »Was wird mir dafür?«) Sein Brief ist ein rechter »Weide«-Brief. »Weiden« heißt »schützen, hüten, lindern, versorgen, lenken, nähren« (griechisch sogar »ergötzen«). Hirtendienst ist ganzer Einsatz, Selbsthingabe. Jesus: »Ich gebe mein Leben für die Schafe.« Jesus ist *das* Vorbild. Jesu Gemeinde ist die Herde Gottes. Sie gehört nie einem Menschen. Die besondere Versuchung des Leitungsamtes ist das Geld! Hier muß klar geordnet und getrennt werden (etwa Pfarrer – Kirchenpfleger). Der Kirchengemeinderat hat die Aufsicht und Verantwortung bei den Gemeindefinanzen. Zweite Gefährdung: Machtausübung, Herrschsucht. Dagegen setzt Petrus die Demut. Die große Verheißung für rechten Hirtendienst: der Kranz der Herrlichkeit.

c) In Demut dienen

Einander Vorbilder werden! Die Jüngeren dürfen sich einordnen und sind dadurch vor manchem Fehlweg bewahrt. Das verlangt Demut. Diese brauchen wir alle in der christlichen Gemeinde. Gegenseitiger Dienst. Die Sklavenschürze umbinden. *Das* Beispiel: Jesu Fußwaschung. Für was bist du dir zu gut? Demut ist nicht Kriecherei oder Minderwertigkeitskomplex, sondern Flehen: Herr, ich brauche alles von dir, bin auf dich angewiesen! Niedrig von sich selber denken, das führt mich zu den Niedrigen. Denen gilt die erste Seligpreisung. Hochmut ist Selbstüberhebung, ist eine Spielart dessen, wozu die Schlange im Paradies verführt: »Ihr werdet sein, wie Gott« (1 Mo 3,5).

Schluß

Demut ist bei den Griechen Sklavenzeichen, bei Christen Adelszeichen.

2. Die Demut des Glaubens (5,6-11)

5,6: **»So demütigt euch nun unter die gewaltige Hand Gottes, damit er euch erhöhe zu seiner Zeit.«**

Nun faßt Petrus den ganzen Brief zusammen, zunächst ausgehend vom Stichwort »Demut« in der Ermahnung vorher. Aus dem Satz: Gott »gibt den Demütigen Gnade« folgt, daß wir in Demut vor Gott leben sollen. *»Demütigt euch«* – das ist Ermöglichung und Weisung an die Christen. »Sich demütigen« heißt »sich erniedrigen«, besser: »die eigene Niedrigkeit erkennen und zugeben«. Im Griechischen kann das auch eine Ortsangabe sein: »das Tiefland«. Das ist doch unsere Lebenssituation: Wir leben unten, in der Tiefe. Das zeigt uns das Wort Gottes. Erst der kann sich wirklich demütigen, der sich die Augen für sich und seine Lage hat öffnen lassen. Dann will ich mich aber auch demütigen, d.h. mich *»unter die gewaltige Hand Gottes«* beugen, also alles aus seiner Hand nehmen und alles von ihm erwarten. Die *»Hand Gottes«* ist Bild für das Handeln Gottes, für Gott, den Herrn der Geschichte (vgl. Pred 2,24; Hebr 10,31). *»Sich demütigen«* heißt »alles aus Gottes Hand nehmen«. Er schickt und gestaltet auch das Schwere. Er gestaltet mein Leben, wie er Israels Geschichte gestaltet hat.

Die Wurzeln dieser Rede von der »starken Hand Gottes« liegen in der Gotteserfahrung Israels (vgl. 2 Mo 3,19; 6,1; 13,3.9.14.16; 5 Mo 9,26.29; 26,8; vgl. auch Jer 21,5; Hes 20,33 f).

Wo ich so unter und auf Gott ausgerichtet lebe, da kommt mein Leben zum Ziel. *»... damit er euch erhöhe zu seiner Zeit«*, sagt Petrus deshalb. *»Erhöhen«* steht im Sinn von »alle Ehre geben«. Das wird Gott tun, gerade an denen, die an Jesu Niedrigkeit, seinen Leiden, teilhaben. Er wird uns erhöhen (vgl. 1 Sam 2,1.8; Ps 37,34; 148,14; Mt 23,12 f; Jak 4,10). Das kann schon jetzt, in dieser Zeit, sein, wenn es *»seine Zeit«* ist (*»Zeit«* meint hier Gottes geeignete Zeit). Ganz gewiß aber geschieht diese endgültige Erhöhung in der Vollendung der Zeit, in Gottes Ewigkeit.

5,7: **»Alle eure Sorge werft auf ihn; denn er sorgt für euch.«**

In solcher Unterstellung unter Gottes gewaltige Hand kann der Christ auch seine *»Sorge«*, seine Kümmernisse loslassen. Das ist gelebte Demütigung vor Gott. Dazu ruft schon Jesus die Seinen sehr eindringlich auf (vgl. Mt 6,25-34). Das griechische Wort *»Sorge«* heißt von seiner Wurzel her »Kopfdrehung«. Alles, was sich ständig in meinem Kopf dreht, sind also falsche Sorgen, sind also Befürchtungen und Ängste, gegen die ich gar nichts tun kann. Echte Sorgen, wirkliche Für- und Vorsorge sind daran zu erkennen, daß sie vom Kopf in die Hand kommen, also durch mein Handeln gelöst werden können. Gerade im Leiden, auf schweren Lebenswegen und im Blick auf das Kommende überfallen uns viele »Kopfdrehungen«. Sie rauben uns die klare Besinnung.

Solche Sorgen sind im Tiefsten Mißtrauen gegen Gott. Ich darf sie *»auf ihn werfen«*. Die Zeitform im Griechischen macht deutlich, daß das ein andauernder Vorgang ist; wir dürfen das also immer wieder tun. *»Werfen«* heißt wörtlich »schleudern, wegschleudern«. *»Auf ihn«*, das geht wohl von dem Bild aus: deine Last auf die Schultern eines andern legen. Wir dürfen das tun wegen der herrlichen Zusage: *»Er sorgt für euch«* (griech. »ihm liegt an euch«). Die ganze fürsorgliche Liebe Gottes kommt darin zum Ausdruck. Es ist die bleibende Ermutigung zum Abgeben aller falschen Sorgen (vgl. Ps 40,18; 127,2; Lk 12,26; Phil 4,6).

5,8: **»Seid nüchtern und wacht; denn euer Widersacher, der Teufel, geht umher wie ein brüllender Löwe und sucht, wen er verschlinge.«**

Wem die Sorgen den Kopf verdrehen, der verliert den nüchternen Blick. Es gibt geradezu einen Sorgenrausch. Die Mahnung *»seid nüchtern und wacht«* ruft zum klaren Durchblick für die Situation. *»Wacht«* bedeutet von der Wortwurzel her eigentlich »seid aufgeweckt«. Hier steht dasselbe Wort, das im NT für die Auferweckung Jesu Christi verwendet wird. Nur

Christen können eigentlich recht wach sein, sind sie doch vom Tod auferweckt, durch Jesus zum wirklichen Leben gekommen. Erst wer auferweckt ist, kann recht nüchtern sein, hat den wirklichen Ein- und Durchblick für diese Welt. »Nüchtern sein und wachen« ist so christliche Lebenshaltung (vgl. Mt 24,42; 25,13; 26,41; Lk 12,37; 1 Kor 15,34; 16,13; Eph 6,18; Kol 4,2; 1 Thes 5,6; 2 Tim 4,5; Offb 3,3; 16,15).

So erkennt der Christ auch die Umtriebe des *»Widersachers«*, des *»Teufels«*. Der Böse wird hier doppelt gekennzeichnet: Er ist der »Widersacher« der Christen. Dieses Wort stammt im Griechischen aus der Gerichtssprache und meint den Gegner vor Gericht, den Ankläger. Nachdem der Satan uns vor Gott nicht mehr verklagen kann (denn wir sind ja durch Jesus vor Gott gerecht), hetzt er die Menschen zu solchen falschen Anklagen gegen die Christen auf, und das führt ins Leiden. Er tut das als *diabolos* (so griech. für *»Teufel«* hier), als der »Durcheinanderbringer« (wörtlich), als der also, der Zerstörung, Chaos und Vernichtung bewirken will. Das sehen Christen deutlich: Hinter den Leiden um Jesu willen steht der altböse Feind, der so Gottes Heilsvollendung hindern will. Er *»sucht, wen er verschlinge«*, er setzt also allen Eifer daran, Christen wieder in seine Herrschaft zu bringen. Das Bild vom *»brüllenden Löwen«*, der umherstreift, unterstreicht diese Angriffe eindrucksvoll (vgl. dazu Ps 10,9; 22,22; 91,13; Jer 5,6; Am 3,8; 2 Tim 4,17). Der brüllende Löwe will die Herde auseinanderscheuchen, in Panik versetzen, so daß sie flieht. Dann kann er die Einzelnen, Schutzlosen fressen. Wer bei dem Hirten Jesus Christus bleibt, dem kann der Löwe nichts tun.

5,9: **»Dem widersteht, fest im Glauben und wißt, daß eben dieselben Leiden über eure Brüder in der Welt gehen.«**

Christen können dem Satan *»widerstehen«*. Sie halten seinen Angriffen stand, denn sie sind *»fest im Glauben«*. *»Fest«* (eigentlich »starr«) meint »fest verwurzelt«, unlösbar verankert im Glauben, nämlich im Vertrauen zu ihrem Herrn. Der Satan hat nur soviel Macht wie Gott ihm läßt. Er ist ganz gewiß nicht der Gegenspieler Gottes, so sehr er sich auch aufspielt und brüllt. Er ist vor Gott nichts. Es heißt sogar: »Ihn wird der Herr Jesus umbringen mit dem Hauch seines Mundes« (2 Thes 2,8). Ein Hauch genügt.

Obwohl der Teufel soviel Macht noch hat, daß er die Christen durch Verfolgungsleiden »versuchen« (im Sinne von »zum Abfall bewegen«) kann, *»wissen«* Christen doch um Gottes Allmacht. In dem Wort *»über eure Brüder gehen«* steckt diese Macht Gottes, denn es heißt eigentlich wörtlich »auferlegt werden«. Gott legt diese Last auf und hat seine Heilsabsicht damit. *»Leiden«* – das ist der Normalfall der Christen, denn *»eben dieselben Leiden«* trägt die ganze »Brüderschaft« der Christen auf der bewohnten Erde. Diesen Weg der Leiden hat Gott für seinen Christus gewählt und darin die ewige Erlösung geschaffen. Diesen Weg der Leiden geht Gott auch mit der Christusgemeinde in der Zeit, um sie zuzubereiten für die Ewigkeit. Das ist tiefster, bleibender und durchtragender Trost.

5,10-11: **»Der Gott aller Gnade aber, der euch berufen hat zu seiner ewigen Herrlichkeit in Christus Jesus, der wird euch, die ihr eine kleine Zeit leidet, aufrichten, stärken, kräftigen, gründen. Ihm sei die Macht von Ewigkeit zu Ewigkeit! Amen.«**

Diese Verheißung faßt den ganzen Brief zusammen. Zuerst stellt Petrus den Gemeinden noch einmal Gott und sein ganzes Heil vor Augen. Er ist *»der Gott aller Gnade«*, der Gott, der uns seine ganze Gnade zuwendet. *»Er hat euch berufen«*, das war ganz und gar Gottes Tun, das sie zu Christen gemacht hat. Er verheißt das Heilsziel der *»ewigen Herrlichkeit«*. Und das *»in Christus Jesus«*. Das meint die neue Herrschaft, unter der wir leben, in der Macht und Liebe Jesu Christi. Wir gehören zu ihm, wie die Rebe zum Weinstock (vgl. Joh 15,5 f).

Dieser Gott und Herr läßt die Seinen auch und gerade im Leiden nicht. *»... die ihr eine kleine Zeit leidet«* – das ist ja tiefer Trostzuspruch schon durch die Zeitangabe. Es ist eine »kurze Zeit«, die doch in Gottes Herrlichkeit führt. Gott wird seine

Treue jetzt, in dieser »kleinen Zeit«, an den Seinen erweisen. Er selbst wird sie *»aufrichten«* (eigentlich, »gehörig einrichten, ausrüsten«), wird sie wieder zurechtbringen – das ist wohl gemeint – sie, die versagt haben oder die Schaden gelitten haben. Seine Treue läßt nicht los.

Gott wird *»stärken«*, wird sich derer besonders annehmen, die schwach und wankend werden und ihren Glauben fest machen. Er wird *»kräftigen«*, die nötige Kraft geben, und er wird *»gründen«*, wird den festen Standort geben auf dem Grund Jesus Christus, dem Evangelium. So kann ein Christ im Leiden bestehen, wenn der gnädige Gott in seiner Macht so an ihm handelt.

Petrus schließt auch hier mit dem Lobpreis, der Anbetung Gottes: *»Ihm gebührt die Macht«* (das ist die allen überlegene Stärke) *»in die Ewigkeiten«*.

Vorschlag zur Bibelarbeit über 1. Petrus 5,6-11

1. Einleitung

a) Wie wird das »Sich-Demütigen« gelebt? (Kommentar benützen).
b) Was sind rechte und was sind falsche Sorgen? Wir lesen Matthäus 6,25-34.
c) Wieviel Macht hat der Teufel? Ist er wirklich Gegenspieler Gottes?
d) Wie leben wir heute »wach«? Wo droht uns besondere Verführung?

2. Durchführung

Mögliche Überschrift: *Vom großen Gott her leben*

Einleitung

Wenn ich einmal groß bin ... sagt das Kind. Geistliche Erkenntnis ist aber: Ich bin klein. Das ist *die* christliche Selbsterkenntnis.

a) Ich bin nicht groß

»Sich demütigen« heißt: Ich bin mir meiner Situation bewußt. Jesus hat mir dafür die Augen geöffnet. Demut = Ortsangabe: Leben im Tiefland. Aber Gott handelt bewußt in der Tiefe. Jesus erniedrigt sich. Er wendet sich denen zu, die »unten« sind. Das ist Trost für die leidende Gemeinde. Gott handelt mit seiner gewaltigen Hand, und er wird den zur rechten Zeit erhöhen, der alles von ihm erwartet. Ich darf deshalb alle meine ängstigenden Sorgen auf ihn werfen. Sorgen sind Kopfdrehungen, die mich schwindlig machen. Bleiben nur im Kopf, denn ich kann nichts tun. Rechte Sorgen kann ich mit der Hand lösen (Für- und Vorsorge). Unsere falschen Sorgen sind Mißtrauen gegen Gott. »Klein sein« heißt: Vater, sorge du!

b) Die Bedrohung ist größer

Wir sollen wach sein. Das kann nur der Christ. Von Jesus geweckt, auferweckt. So haben wir Einblick und Durchblick. Das mag auch erschrecken, denn wir sehen: Der Satan ist am Werk. Er ist Ankläger, Aufhetzer, Verderber. Der brüllende Löwe: Er will Angst einjagen, die Herde auseinanderscheuchen. Dann einzeln fangen. Deshalb: Bei der Gemeinde, beim Herrn bleiben! Das rettet allein. Wie klagt er an? »Du bist doch schlecht! Hast so wenig Glaube, bist so schwach!« Er sucht deine Schwachstellen. Hast du solche? Unvergebene Schuld? Er will dich verschlingen, wieder in seine

Gewalt ziehen. Dem kannst du widerstehen in kindlichem Vertrauen: Vater, hilf du!

c) Gott ist am größten

Gott ist der Handelnde. Er hat die überlegene Macht. Christus wird den Satan töten mit dem Hauch seines Mundes. Der Satan hat nur gegebene Macht, auf Zeit. Gott mißt uns auch das Leiden zu. Er und nur er. Sein Weg mit Christus, mit der Gemeinde: durch Leiden zur Herrlichkeit. Wir reden deutlich vom Ziel.
Er bringt uns zum Ziel. Er wird den Versagenden wieder zurechtbringen, die Schwachen stärken, jedem Angefochtenen die nötige Kraft geben und den Glauben fest eingründen.

Schluß

Wenn ich einmal groß bin? Ja – in Gottes Ewigkeit. »Du bringst mich hoch zu Ehren ...«

3. Der Friede des Glaubens (5,12-14)

5,12: **»Durch Silvanus, den treuen Bruder, wie ich meine, habe ich euch wenige Worte geschrieben, zu ermahnen und zu bezeugen, daß das die rechte Gnade ist, in der ihr steht.«**

Petrus schließt seinen Brief mit knappen Angaben, Grüßen und dem Friedenswunsch. Er folgt damit der Form, die wir auch aus den Briefen des Apostels Paulus kennen (vgl. Röm 16,17 ff; 1 Kor 16,19 ff; Eph 6,21 ff; Kol 5,7 ff). Zuerst wird *»Silvanus«* genannt. Er ist der »Silas«, den wir als Begleiter des

Paulus kennen. Er war ein angesehener, prophetisch begabter Vertreter der Jerusalemer Urgemeinde (vgl. Apg 15,22.32 f). Sein Name ist die lateinische Form des hebräischen »Saul« (»der Erbetene«). Er kommt also aus dem Judentum. Er wurde damals, nach dem Apostelkonzil, als einer der Überbringer des Aposteldekretes nach Antiochien gesandt (vgl. Apg 15,27). Von dort aus nahm ihn Paulus als seinen Mit-Missionar auf die zweite Missionsreise mit (vgl. Apg 15,40). Er hat so teil an den Freuden und Leiden des Paulus, ist mit ihm im Gefängnis (vgl. Apg 16,25), predigt mit dem Apostel in Korinth (vgl. 2 Kor 1,19) und erwies sich in allem als ein verläßlicher Mitarbeiter, dem Paulus wichtige Aufgaben übertragen konnte (vgl. Apg 17,14), wie die, die jungen Gemeinden im Glauben zu stärken. Hier finden wir ihn nun als Mitarbeiter des Apostels Petrus.

Was der Ausdruck *»durch Silvanus«* bedeutet, muß letztlich offenbleiben. Doch sind zwei Deutungen wahrscheinlich:

a) Silvanus ist der Überbringer dieses Briefes. Er sorgt dafür, daß er in allen Gemeinden Kleinasiens verlesen wird. Die Charakterisierung durch Petrus als *»treuen Bruder, wie ich meine«*, gibt ihm dann die volle Autorität des Apostels.

b) Silvanus ist nicht nur Bote, sondern Mitverfasser des Briefes. Er könnte mit seinem guten Griechisch durchaus Petrus bei der Abfassung zur Seite gestanden haben. Er ist der *»treue Bruder«*; der »vertrauenswürdige Bruder« ist dann die ausdrückliche Bestätigung des Petrus, daß Silvanus genau das geschrieben bzw. formuliert hat, was Petrus sagen wollte. Der Ausdruck *»wie ich meine«* ist nicht nur subjektive Meinung des Apostels, sondern eben, weil es der Apostel sagt, ist es bestes Leumundszeugnis für Silvanus. Silvanus wird wohl beides gewesen sein, Mitschreiber und Überbringer des Briefes. Das ist das naheliegendste, wörtliche Verständnis unseres Verses.

Petrus hat *»wenige Worte«* geschrieben. Im Blick auf die vielen angesprochenen Themen sicher eine berechtigte Bemerkung. Er hat aber dabei das Entscheidende klar umrissen. Briefe ersetzen die persönliche Begegnung, die mündliche Verkündigung nicht. Der Apostel drückt seine Absicht noch einmal deutlich aus. Er wollte *»ermahnen«*, seelsorgerlich und vollmächtig Weisung, Zuspruch, Ermunterung und Leitlinien geben. Er will den Gemeinden mit seinem Brief *»bezeugen, daß das die rechte Gnade ist, in der ihr steht«*. Er sagt damit ein Doppeltes:

a) Die Gemeinden in Kleinasien sind ja weithin durch den Dienst des Paulus entstanden. Und er bestätigt das Evangelium seines Mit-Apostels. Die *»rechte Gnade«* ist umfassend zu verstehen. Es ist das wahre Evangelium von der schenkenden Gnade Gottes, das sie von Paulus gehört haben. Die beiden Apostel stehen hier in der Einheit des Glaubens und der Verkündigung (vgl. auch 2 Petr 3,15 f).
b) In aller Anfechtung des Glaubens, die gerade mit dem Leiden verbunden ist, bezeugt Petrus den Gemeinden, daß sie nicht von Gott verlassen sind – wie sie wegen des Leidens denken könnten –, daß das Leiden nicht als trennende Strafe sie wegstößt, sondern daß sie in der *»rechten Gnade … stehen«*. Es ist Gottes Heilsweg mit ihnen, der sie durch Leiden zur Herrlichkeit führen will. »Laßt euch nicht befremden …« (4,12), das ist hier unterstrichen. Der Ausdruck *»in der ihr steht«* ist Feststellung, aber von der griechischen Zeitform her (Imperativ) auch Aufforderung: Stellt euch immer wieder auf das feste Fundament der Gnade!

5,13: **»Es grüßt euch aus Babylon die Gemeinde, die mit euch auserwählt ist, und mein Sohn Markus.«**

Die Ortsangabe *»Babylon«* muß ein Stück weit offen bleiben. Zwar ist es möglich, daß Petrus aus dem geschichtlichen Babylon im Zweistromland hätte schreiben können. Zwar bestand die Stadt im 1. Jh. n. Chr. noch, doch ist nichts von einer christlichen Gemeinde dort bekannt. Wahrscheinlich ist, daß »Babylon« ein Deckname für Rom ist, die Welthauptstadt, von der letztlich alle Verfolgung der Christen ausging. »Babylon« ist damit Symbolname für die widergöttliche Macht, wie schon im Danielbuch und dann in der Offenbarung des Johannes (vgl. Dan 5,1; Offb 14,8; 16,19; 17,5; 18,10.21). Dort in Rom gab es eine christliche Gemeinde, die ebenfalls grüßt. Petrus benennt sie als *»Mitauserwählte«* und hält so die weltweite Verbundenheit der christlichen Gemeinden fest.

Die weitere Beifügung *»und mein Sohn Markus«* ist wohl übertragen zu verstehen, so daß Markus als »geistlicher« Sohn des Apostels bezeichnet wird (vgl. 1 Kor 4,17; 1 Tim 1,2.18; 2 Tim 1,2; Tit 1,4). »Markus« war ein weiterer Mitarbeiter des Paulus, den wir hier bei Petrus in engster Verbindung finden (vgl. Apg 12,12.25; 15,37; Kol 4,10; 2 Tim 4,11; Phim 24). Der Mitgruß des Markus macht auch die Ortsangabe Rom wahrscheinlich, denn er war dort zu Beginn der 60er Jahre bei Paulus.

5,14: **»Grüßt euch untereinander mit dem Kuß der Liebe. Friede sei mit euch allen, die ihr in Christus seid!«**

»Grüßen« ist nicht nur eine höfliche Formsache, sondern gerade in der christlichen Gemeinde im gefüllten Sinn zu verstehen. Das griechische Wort meint »freundlich aufnehmen, willkommen heißen«. Im Gruß nehme ich den andern ganz an und auf. Äußere Form ist in den damaligen Gemeinden der *»Kuß der Liebe«*, eine Geste des Erweises der Liebe unter denen, die zusammengehören (vgl. Lk 7,45; 22,48; Röm 16,16; 1 Kor 16,20; 2 Kor 13,12; 1 Thes 5,26).

Petrus schließt mit dem Zuspruch des *»Friedens«*. »Friede« ist das heile Verhältnis zu Gott und den Mitmenschen. Es ist der Friede, den Jesus bringt (vgl. Joh 20,19), der Friede, der er selber in Person ist (Eph 2,14). Damit spricht der Friedensgruß allen Segen zu. Er gilt *»euch allen, die ihr in Christus seid«*. Das ist und bleibt das Entscheidende: *»In Christus sein«*, das ist das persönliche Lebens- und Liebesverhältnis mit Jesus Christus.

Vorschlag zur Bibelarbeit über 1. Petrus 5,12-14

1. Einleitung

a) Wer ist Silvanus? Wer ist Markus?
b) Was ist mit »Babylon« gemeint?
c) Welche äußeren Formen der christlichen Liebe pflegen wir in unseren Gemeinden?
d) Was heißt biblisch »Friede«?

2. Durchführung

Mögliche Überschrift: *Verbunden in Christus*

Einleitung

Wie platt und oberflächlich sind oft unsere Grüße! Hier finden wir einen gefüllten Gruß.

a) Miteinander grüßen

Petrus stellt sich in die Gemeinschaft seiner Mitarbeiter. Zeugendienst ist immer Gemeinschaftsdienst. Silvanus (a) ist vertrauenswürdig, (b) drängt sich nicht vor, aber hilft Petrus, (c) übernimmt Aufgaben, z. B. als Bote des Petrus. Zusammen mit Silvanus und Markus grüßt Petrus die Gemeinden, zeigt so die Dienstgemeinschaft, die auch ihn trägt. Er gibt dem Silvanus ein gutes Zeugnis: Vertrauenswürdig! und bestätigt ihn mit seiner apostolischen Autorität. Kein Futterneid. Die Christen in Rom grüßen mit. »Grüßen« heißt »einander von Herzen an- und aufnehmen«. Hier ist die Wurzel wirklicher Ökumene, hier, wo das »mitauserwählt« bewußt bekannt und anerkannt wird.

b) Einander grüßen

Die Gemeinschaft der Christen ist die Gemeinschaft derer, die sich lieben. Ihr Grüßen ist mehr als Höflichkeit. Christen sind nicht höflich, sondern herzlich zueinander. Das sieht man auch an den äußeren Formen: der Bruderkuß. Wir sind hier so zurückhaltend. Ist das auch Zeichen geschwundener wirklicher Liebe? Uns neu auf Ausdrucksformen unserer christlichen Liebe zu besinnen, ist wichtig. Die Frage der Du-Anrede etwa. Der wirkliche Gruß ist gefüllt. Petrus spricht den Gemeinden betont Trost und Ermunterung zu: Ihr steht wirklich in der rechten Gnade Gottes. Er spricht konkret in ihre Situation, in ihre Anfechtungen hinein. Um einander recht grüßen zu können, muß man umeinander wirklich wissen.

c) In Christus grüßen

In Christus zu sein, das ist *das* Kennzeichen der Christen. Nicht christlich, sondern in Christus. Das meint die persönliche Lebens- und Liebesverbindung mit dem auferstandenen Herrn. *Er* ist unser Friede. Im Gruß des Friedens spreche ich dem andern alles Heil zu, das in Jesus Christus ist. Das meint »einander segnen«. Gibt es diesen gefüllten Zuspruch noch unter uns Christen?

Schluß

Mein Gruß soll Segen für den andern sein.

Martin Holland

Der zweite Petrus-Brief

Kurze Einleitung

1. Wer ist der Verfasser?

a) In 2. Petrus 1,1 stellt sich der Schreiber des Briefes als Apostel »Petrus« vor, der kurz vor seinem Tod (1,14 f) sein geistliches Testament schreibt.
Unter dem Namen »Petrus« ist uns nur der Jünger Jesu »Simon« bekannt, der auch »Symeon« (im NT nur an zwei Stellen: 2 Petr 1,1; Apg 15,14) hieß. Er stammte aus Betsaida am Ostufer des Jordan, oberhalb dessen Mündung in den See Genezareth, wo offensichtlich der hellenistische, d.h. griechische Einfluß groß war, wie auch die anderen Namen »Andreas«, der Bruder des Petrus, und »Philippus« (Joh 1,44) aus demselben Ort verraten. So ist es keineswegs verwunderlich, wenn Petrus griechisch schreiben konnte. Jesus berief Simon (Mk 1,16 ff) und gab ihm den Beinamen »Fels«, aramäisch »Kephas« (Mt 16,18), wie ihn vor allem noch Paulus nennt (Gal 1,18; 2,9.11.14; 1 Kor 1,12; 3,22; 9,5; 15,5). Je länger die Mission im griechischen Sprachbereich Gläubige gewann, je mehr wurde der aramäische Beiname ins Griechische (»Petros«) übersetzt (Gal 2,7 f; so auch die Evangelien).
Wir gebrauchen heute diesen Beinamen latinisiert: Petrus.

b) Es ist umstritten, ob 2. Petrus von Petrus stammt. Drei Gründe dagegen werden vor allem genannt:
(1) Sprache und Themen unterscheiden sich vom 1. Petrus.
(2) Die Verwendung des Judasbriefes sei merkwürdig in dem, was 2. Petrus ausläßt und ändert.
(3) Im Kanon Muratori, einem Verzeichnis der biblischen Bücher, genannt nach einem Mailänder Bibliothekar (um 180 n.Chr.), wird der 2. Petrus nicht aufgeführt.

Dagegen ist zu sagen:
(1) Wir finden Unterschiede der Sprache und des Inhalts nicht nur in den beiden Petrusbriefen, sondern auch

bei Paulus (vgl. Röm u. Gal!). Je nach Adressat wird zu allen Zeiten ein Briefschreiber in Stil und Inhalt sich verschieden ausdrücken. – Wenn wir bedenken, wie unterschiedlich beide Petrusbriefe entstanden sind, gewinnt dieses Argument noch an Gewicht: Der 1. Petrusbrief wurde durch Silvanus geschrieben (1. Petr 5,12); demnach bediente sich damals Petrus eines Schreibers, wie das in der Antike genauso häufig war wie heute eine Sekretärin; der Schreiber hatte sich zwar an den Gedankengang des Autors treu zu halten, besaß aber doch in Wortwahl und Satzbau eine begrenzte Freiheit. So ist der 1. Petrusbrief von Silvanus als Schreiber mitgestaltet.

Im 2. Petrusbrief dagegen ist kein Schreiber erwähnt.

(2) Was die Gemeinsamkeiten des 2. Petrus- und des Judasbriefes angeht, so sind sie durch Gespräche der beiden Brüder (s. zur Auslegung) und Christen sehr wohl zu erklären. Warum sollten nicht beide in geistlichem Austausch gestanden haben und ihrem Auftrag und den Empfängern entsprechend die Offenbarung Jesu weitergegeben haben?

(3) Auch das späte Auftauchen des 2. Petrusbriefes ist erklärbar. Zum ersten ist der Kanon Muratori ein Fragment, in dem auch der 1. Petrus-, der Hebräer-, der Jakobus- und ein Johannesbrief fehlen. Zum anderen könnte der 2. Petrusbrief auch aus inhaltlichen Gründen auf Ablehnung gestoßen sein. Da in ihm keine Christenverfolgung angedeutet ist, könnte er aus einer frühen Zeit vor Nero stammen (s. unten) und in den kommenden 200-250 Jahren voller Christenverfolgungen als unzeitgemäß empfunden worden sein. Der 2. Petrusbrief hätte dann das gleiche Schicksal erlitten wie andere Werke.

c) Es gibt Gründe, die für die Annahme sprechen, daß Petrus, der Apostel, den 2. Petrusbrief ebenso geschrieben hat wie auch den 1. Petrusbrief.

Sein Anspruch und sein Selbstverständnis sprechen für den Apostel Petrus als Verfasser.

In 1,1 nennt der Schreiber sich »Symeon« mit der aramäischen Aussprache. Allerspätestens um 80 n. Chr. wird Petrus nur noch mit dem griech. Namen »Simon« genannt. Eine spätere Fälschung aus judenchristlichen Gemeinden ist äußerst unwahrscheinlich, da ab dem Jahre 70 n. Chr. das Heidenchristentum sich vom Judenchristentum abzulösen begann und es in den folgenden Jahren zu starken Spannungen zwischen beiden Richtungen kam, bis das Judenchristentum, das seinerseits in eine gesetzliche und eine gnostische Richtung verfiel, von den Heidenchristen scharf bekämpft wurde. Daß die Kirche von den gesetzlichen Judenchristen, der Sekte der Nazoräer, oder von den gnostischen, der Sekte der Ebioniten, eine Schrift übernommen haben soll, ist fast undenkbar, wenn man die theologischen Kämpfe dieser Zeit kennt.
Die christliche Kirche hat in ihren Kanon keine judenchristliche Literatur aus späterer Zeit aufgenommen. Sie hielt daran fest, daß nur Schriften der Apostel oder der Brüder Jesu (Jakobus- und Judasbrief) in den Kanon übernommen werden.
1,1 nennt sich der Verfasser »Petrus, Knecht und Apostel Jesu«. Er beruft sich darauf, Augenzeuge der Verklärung Jesu gewesen zu sein (1,16) und Worte Jesu empfangen zu haben (vgl. 1,14 mit Joh 21,18 f).
3,15 f stellt sich der Verfasser auf die gleiche Ebene mit Paulus, betont, schon den 2. Brief (3,1) geschrieben zu haben, und will nun sein geistliches Testament (1,13 ff) vorlegen.
Das Wahrheitsempfinden war damals nicht so grundverschieden von dem heutigen, daß jemand einen Brief ganz bewußt einem anderen hätte unterschieben und die historischen Angaben mit gutem Gewissen so hätte verdrehen können, daß unbefangene Leser Petrus als den Verfasser hätten annehmen müssen, während die Kenner das Spiel durchschaut hätten. Daß auch im Altertum mancher einen Brief oder ein Buch einer bekannten Persönlichkeit – sprich: Autorität – unterschieben wollte, ist unumstritten, aber daß man dies nicht darf, war allen Christen klar.

Darum wehrt sich Paulus dagegen, daß Briefe unter seinem Namen fälschlich ausgehen, und betont, daß er eigenhändig diesen bestimmten Brief geschrieben habe (2 Thes 2,2; 3,17). Darum wurde der Verfasser der »Paulusakten« aus dem Amt des Presbyters entlassen: wegen Betrug! Natürlich gab es im 2. Jh. eine Vielzahl von Fälschungen; aber alle hatten ein bestimmtes Ziel: geheime Überlieferung, erbaulicher Roman, Neugier auf die Zukunft, doketische Christologie, d.h. Irrlehre. Doch der 2. Petrusbrief hat mit all diesen Fälschungen, auch mit denen, die unter dem Namen des Petrus ausgingen, nichts gemeinsam. Es fehlen die brennenden Themen jener Zeit: Gnosis, theosophisches System oder Kirchenrecht.

d) Die Gemeinsamkeiten zwischen 1. und 2. Petrusbrief dürfen nicht übersehen werden.
Petrus, der Apostel, stellt sich als »Mitältester« (1 Petr 5,1) auf denselben Glaubensrang mit allen anderen Christen (2 Petr 1,1).
Die Gnade Gottes und Jesu ist für ihn der Höhepunkt des Glaubens (1 Petr 1,10; 2 Petr 1,2). Der Friede mit Gott durch Jesus ist die besondere Gabe Gottes (1 Petr 1,2; 2 Petr 1,2) und bewährt sich im Gehorsam (1 Petr 3,11; 2 Petr 3,14). Ebenso gemeinsam ist beiden Briefen die Rettung durch Wasser als Sinnbild der Auferstehung (1 Petr 1,11.21; 2 Petr 1,3 s.d.!), die Verbindung von Gottes Herrlichkeit und Ehrfurcht vor ihm (1 Petr 1,7; 2 Petr 1,3), das Tugendverständnis als göttlicher (!) Tugend im Sinne der Wohltat Gottes (1 Petr 2,9 u. 2 Petr 1,3), das Teilhaben an Gottes Wesen – seiner Heiligkeit (2 Petr 1,4; 1 Petr 1,15 f), seine kostbare Verheißung in seinem Blut (1 Petr 1,19; 2 Petr 1,4), sich enthalten von bzw. fliehen vor »fleischlicher Gier« (1 Petr 2,11; 2 Petr 2,18.20), die Gesinnung der Liebe verpflichtend für die Familie Gottes (1 Petr 2,17; 3,8; 5,9; 2 Petr 1,7), die notwendige Reinigung der Sünden anerkennen (1 Petr 1,22; 2 Petr 1,9; vor allem auf dem Gebiet der Bruderliebe V. 7), Berufung und Gehorsam gehören zusammen (1 Petr 1,15; 2 Petr 1,10), Jesus ist das Licht (1 Petr 2,9; 2 Petr 1,19), Gott

selbst stärkt seine Gemeinde (1 Petr 5,10; 2 Petr 1,12), Gottes Wort ist sowohl die Predigt (1 Petr 4,11) als auch schon das AT (2 Petr 1,19); beide schreiben von der Heiligen Schrift in der Einzahl (»die Schrift«: 1 Petr 2,6; 2 Petr 1,20) und nicht wie sonst in der Mehrzahl und legen Wert darauf, daß sie von Gott eingegeben ist (1 Petr 1,23-25; 2 Petr 1,20 f); die Anfechtung beginnt in der Gemeinde (1 Petr 2,17; 2 Petr 3,4), weil das Unrecht aus der christlichen Gemeinde kommt, beginnt das Gericht Gottes an seinem Haus (1 Petr 4,17), in seiner Gemeinde (2 Petr 2,4 ff); es kam durch die Sintflut (1 Petr 3,20; 2 Petr 2,4 ff); Engel sind in Sünde gefallen (1 Petr 3,19 f; 2 Petr 2,9); der Begriff der Freiheit wird von den Irrlehrern verdreht (1 Petr 2,16; 2 Petr 2,19); mit dem Blut Jesu werden die Seinen besprengt (1 Petr 1,2; 2 Petr 2,20); die Christen werden gemahnt, bis zur Wiederkunft Jesu zu wachen (1 Petr 1,13; 2 Petr 3,1 – die Wiederkunft Jesu ist also in beiden Briefen ein wichtiges Thema); Gottes Wort wirkt die Wiedergeburt des Menschen (1 Petr 1,23) und die Bewahrung vor dem Gericht (2 Petr 3,7); merkwürdig spricht Petrus in 1. Petrus 4,12 von der Hitze, die mit der Anfechtung der Christen zusammenhängt, und dem Feuergericht (2 Petr 3,10); die Freude auf die Zukunft spornt zur Heiligung an (1 Petr 1,7 f, 2 Petr 3,14).

e) Die *Sprache* beider Briefe gibt einen Einblick in die gemeinsame Verfasserschaft: Von 399 (bzw. 543) Wörtern des 2. Petrusbriefes (bzw. des 1. Petrusbriefes) kommen 57 (bzw. 63) an anderen Stellen des NT vor, 24 (bzw. 33) in LXX. 5 (bzw. 9) Wörter kommen nur hier vor; 24 (bzw. 27) Wörter finden sich nur hier und sonst nie im klassischen Griechisch.

f) Auch die *Theologie* ist trotz mancher anders gesetzter Akzente gleich. Zu erinnern ist an die im NT typische Spannung zwischen Gegenwart des Heils und der Zukunft: Die Christen sind jetzt schon Teilhaber der göttlichen Natur (1,4), sind aber erst eingeladen in das ewige Reich unseres

Herrn und Retters (1,11); dem Verderben sind sie schon entronnen (1,4; vgl. 2,8), doch im Glauben sollen sie die Tugend hinzufügen (1,5 ff).

g) Die *Beurteilung* des Apostels Paulus, die wir in 3,15 f finden, wäre im 2. Jh. undenkbar. Dort ist Paulus hoch angesehen als »heiliger Apostel«. Unvorstellbar wäre es in jener Zeit, ihn zu kritisieren und seine Schriften unter die übrigen Schriften einzureihen. Zu beachten ist auch die Selbsteinschätzung: Er sagt Gottes Wort (1 Thes 2,13; 1 Kor 2,13); sein Brief soll nach Laodizea weitergegeben werden (Kol 4,16); wer ihn ablehnt, soll exkommuniziert werden (2 Thes 3,14, vgl. 1 Tim 6,3.5).

h) Im 2. Jh. waren die gnostischen Schulen klar umrissen in bestimmte Richtungen: Karpokratianer, Severianer, Archontiker, Valentianer. Das im 2. Petrusbrief geschilderte bzw. getadelte Fehlverhalten weist in die Jahre um 50 n. Chr. (vgl. 1 Kor 1).

i) Die Anerkennung des 2. Petrusbriefes erfolgt zwar nicht sofort. Im Kanon Muratori (180 n. Chr.) findet er sich – wie gesagt – noch nicht. Aber der berühmte Bischof Origenes (185-254) kennt ihn, hält ihn aber für umstritten. Hieronymus (340-420) anerkennt ihn als echt. Zum Kanon gehört er seit 367 (Osterfestbrief des Bischofs Athanasius). Die Konzilien, die den Barnabasbrief und auch den Brief des Clemens von Rom verwarfen, nahmen den 2. Petrusbrief in das NT auf. Die Alte Kirche hörte aus ihm die Stimme ihres guten Hirten Jesus. Jedenfalls haben wir auf die Botschaft Jesu in diesem Brief zu hören als die Offenbarung Jesu durch seinen Boten, wie immer er hieß.

2. An wen wendet sich der 2. Petrus-Brief?

a) Wir finden in diesem Brief keinen Namen des/der Adressaten wie in den anderen Briefen, etwa bei 1 Tim 1,2 (Timotheus) oder Röm 1,7 (»allen, die in Rom sind«) oder 1 Petr 1,1 (»den auserwählten Fremdlingen der Diaspora in Pontus, Galatien, Kappadozien ...«).
In 2 Petr 1,1 heißt es nur kurz: »Denen, die den Glauben empfangen haben ...« Wir haben also keinen persönlichen Brief vor uns, sondern ein Rundschreiben an Christen, das ihnen die Grundlagen des christlichen Glaubens einschärfen soll (1,12).

b) Bei genauerem Lesen fällt ein Licht auf die Empfänger. Sie sind offensichtlich in ihrem Glauben an Jesus bedroht, und zwar von der Gnosis, zu deutsch »Erkenntnis«. Dieser Sekte geht es nicht um »den Weg« (vgl. Mt 7,13 mit Apg 18,25 u.ö.), d.h. um die Nachfolge Jesu, nicht um den Gehorsam, sondern um Ideen, um Erkenntnis. Sie liebten ein freieres, höheres Christentum. Gnosis ist ein Sammelbegriff für eine Reihe von Erlösungsreligionen, die lehren, wie sich der Mensch von seiner Erdgebundenheit und Vergänglichkeit befreien kann. Ihr Ziel ist die Vergöttlichung des Geistes (des Pneuma) im Menschen, während am Leib nichts liegt. Sie wollen Gott schauen und ekstatisch mit ihm eins sein.
Der Weg zu diesem Ziel ist das »Erkennen« (»die Gnosis«) von Wesen, Ursprung und Ziel der Welt und der Menschen. Dahinter steht die Gottesvorstellung: Gott ist Licht-Geist, während die Welt Dunkelheit-Materie ist. (Wir nennen das Dualismus.) Aus Gott strömt Licht in die Finsternis (Emanation), das es zu sammeln gilt. Dabei hilft der Seelenführer, der u.a. in den Mysterien Hilfe bietet.
In der christlichen Spielart dieser Weltanschauung ist Jesus Seelenführer, der aber nicht als historische Persönlichkeit (»wahrer Mensch«) wichtig ist. Die Fleischwerdung des Sohnes Gottes wird abgelehnt. Jesus hatte nur einen Scheinleib (Doketismus).

Die Folge war, daß die einen streng gesetzlich alles Materielle ablehnten (Kol; 1 + 2 Tim, Tit; Askese) und so mit den Judenchristen verwechselt werden konnten, während die anderen das Leben in vollen Zügen genossen, weil am Leib ja doch nichts liege (1 Kor; 2 Petr 2; Jud 4.8.16; Libertinismus).
Die Gnosis wurde damals durch (falsche) Propheten (Offb; 1 Joh) oder durch (falsche) Lehrer (Ignatiusbrief) in die Gemeinden getragen, also stets von Vertretern urchristlicher Pneumatiker. Sie lehren eine doketische Christologie und bieten keine Hilfen auf sittlichem Gebiet. Auch sie berufen sich auf die Schrift; darum ist die verbindliche Schriftauslegung so wichtig. Da sie sich der niedrigen Welt schon enthoben fühlen, verspotten sie die Christen, die auf die Zukunft hoffen. Sie haben schon alles. Sie erwarten nichts mehr. Dagegen betont Petrus die Sünde, die Gottes Gericht über die Welt und alle Kulturgüter nach sich zieht (vgl. 1 Kor 6 f; 15).
Gegen diese Irrlehrer wendet sich das NT und insbesondere der 2. Petrusbrief. Es geht den Christen um die Treue in der Nachfolge Jesu. Aber zu der Zeit, als Petrus seinen zweiten Brief schreibt, wurden viele Christen des Wartens müde (vgl. Mt 25). Um ihnen auf den rechten Weg zu helfen, verweist Petrus auf die schriftliche Botschaft von Jesus, d.h. auf das Neue Testament als Norm.
Ihnen ins Gewissen zu reden, sie zur Treue im Gehorsam zu rufen, so ihren Glauben zu stärken – und das alles auf der Basis der Hl. Schrift –, das ist der Auftrag der Botschaft im 2. Petrusbrief.
Dazu schreibt Luther in seiner Vorrede zum 2. Petrusbrief: »Diese Epistel ist wider die geschrieben, so da meinen, der christliche Glaube möge ohne Werk sein. ... Und fängt danach an, wider die Menschenlehre das Evangelium zu preisen, daß man dasselbige allein solle hören und keine Menschenlehre.«

Die Auslegung

1. Absender und Gruß (1,1-2)

1,1: **»Symeon Petrus, Knecht und Apostel Jesu Christi,** (ergänze: schreibt diesen Brief) **denen, die mit uns den gleich ehrenvollen Glauben empfangen haben durch die Gerechtigkeit unseres Gottes und Retters Jesu Christi:«**

Dem Stil seiner Zeit entsprechend nennt sich der Verfasser des Briefes zuerst und verbindet mit dem Absender gleich die Adresse des Empfängers.

»Symeon« war ein bei den Juden weit verbreiteter Name, der auf uns in der lateinischen Form »Simon« überkommen ist. Nach dem Jahre 70 n. Chr., der Zerstörung Jerusalems und der Loslösung der Heidenchristen von den Judenchristen, ist im griech. Sprachbereich der Name »Symeon« je länger je mehr undenkbar. In den Evangelien und in den Briefen des Paulus, die sich vor allem an griechisch Sprechende richten, ist darum nur von »Simon« die Rede. Manche Ausleger vermuten aufgrund dieses Namens, daß der Brief an Judenchristen gerichtet sei. Aber dann wäre der Beiname »Kephas« (Mt 16,18; Joh 1,42; 1 Kor 1,12; 3,22; 9,5; 15,5; Gal 1,18; 2,9) statt *»Petrus«* zu erwarten. Auch müßte sich diese These aus dem Inhalt ablesen lassen.

Jesus berief einen Symeon, den Bruder des Andreas (Mk 1,16), und nannte ihn *»Petrus«* (»Fels«), nachdem er ein Bekenntnis zu Jesus abgelegt hatte (Mt 16,18).

Von Natur aus war Petrus keineswegs felsenhaft, sondern eher wankelmütig: schnell mit der Zunge und im Denken, impulsiv, enthusiastisch (Mt 16,15 ff; 16,22 ff; Lk 5,8 ff; Joh 21,7; Lk 22,33). Wenn es darauf ankam, wich Petrus zurück (Schlaf in Gethsemane: Mt 26,37-41; aus Angst vor einem Dienstmädchen verleugnet er Jesus: Lk 22,56 f; theol. nachgiebig, um es allen recht zu machen: Gal 2,11-14). Jesus aber machte aus einem weichen einen felsenhaften Menschen.

Von Beruf war Petrus Fischer (Mk 1,16), vermutlich im gleichen Unternehmen wie die Zebedäussöhne, die als »Teilhaber« bezeichnet werden (Lk 5,10).

Nach der übereinstimmenden Überlieferung des NT hatte Petrus im Jüngerkreis der zwölf Apostel eine Sonderstellung. Er war mit Jesus auf dem Berg der Verklärung (Mt 17,1 ff) und im Garten Gethsemane, abseits der anderen bei Jesus (Mt 26,37); er war ihr Wortführer (vgl. Mt 16,13 ff; Apg 2,1 ff; 1 Kor 15,5); bezeichnend ist darum auch die Redeweise »Petrus und die Seinen« (Mk 1,36; Lk 9,32) für den Zwölferkreis. Selbst im Johannes-Evangelium, das den Lieblingsjünger Jesu betont, ist die führende Rolle des Petrus unbestritten (Joh 20,3; 21,3).

Auch nach Jesu Auferstehung ist Petrus zunächst in Jerusalem der führende Kopf: Er übt Kirchenzucht gegenüber Ananias und Saphira (Apg 5,1 ff); auch bei Simon dem Magier ist vorausgesetzt, daß Petrus die Entscheidung trifft (Apg 8,18 ff).

Solange Petrus noch in Jerusalem war, konnte er die verschiedenen Gruppierungen zusammenhalten: die Judaisten, die unter Jakobus sich zum Judentum und dessen Gesetzen hielten; die hellenistischen Christen, wohl Juden unter Stephanus, die aus der Diaspora stammten, griechisch sprachen und zum Glauben an Jesus gekommen waren; die Heidenchristen unter Paulus, der auf den neuen Bund und die Freiheit vom Gesetz Wert legte aufgrund der Erlösung durch den Kreuzestod Jesu. In den Spannungen um die hellenistischen Christen, die zur Berufung des Stephanus (Apg 6,1 ff) und zu deren Vertreibung nach Samaria (Apg 8,1 – nicht zur Vertreibung der »Zwölf«, d.h. der Judenchristen!) führte, stand Petrus auf deren Seite und vertrat ihre Theologie (Apg 8,16 ff).

Als Jakobus, der Bruder Jesu, auftrat, wurde er bald der Sprecher der Urgemeinde. Beim Apostelkonzil z.B. ist er der Versammlungsleiter (Apg 15,13 ff). Nun werden in der Urgemeinde drei »Säulen« genannt: Jakobus, Petrus und Johannes (Gal 2,9; vgl. Apg 15,7.13). Dennoch blieb die Führerrolle des Petrus bestehen, wenn sie auch auf den Bereich der Mission beschränkt war: Er taufte Cornelius (Apg 9-10) und verließ schließlich Jerusalem, um in der zweiten Hälfte seines Lebens in die Judenmission zu gehen (1 Kor 9,5), freilich unter Jakobus, dessen Leute er zu fürchten hatte (Gal 2,12), während Paulus für die Heidenmission zuständig war (vgl. Apg 15,12). Dabei stand Petrus dem Paulus gewiß näher als die anderen Judenchristen in Jerusalem und auf dem Missionsfeld. Ob hinter seiner Abreise theol. Spannungen stehen? Das ist nicht nur denkbar, sondern sogar wahrscheinlich. Stephanus hatte wegen seiner Ablehnung des Tempels (Apg 6,13), d.h. wegen seiner Ablehnung des Opfergottesdienstes, sein Leben lassen müssen. Petrus wird wegen seiner gesetzesfreien Haltung verhaftet (Apg 12,3), nicht aber Jakobus (Apg 12,17). Dahinter steht die Bedeutung Jesu und seines Todes als Sühnetod.

Nach Gal 2,11 ff war Paulus nicht Petrus unterstellt, sonst hätte er ihn nicht rügen dürfen.

Petrus hatte als Vermittler wohl den schwersten Stand in Jerusalem (vgl. das sog. Apostelkonzil in Jerusalem Gal 2,1 ff; Apg 15).

Nach Gal 2,11 ff wirkte Petrus in Antiochien, nach 1 Petr 1,1 in Kleinasien. Unsicher ist, ob er auf einer Missionsreise auch nach Korinth kam (die Apg sagt nichts davon, nach 1 Kor 3,6; 4,15 war Petrus an der Gründung der Gemeinde jedenfalls nicht beteiligt. Ob Petrus in Rom war, bleibt Vermutungen überlassen. In Apg 12,17 heißt es nur: »Er begab sich an einen anderen Ort.« Ist damit Rom gemeint, das aus Sicherheitsgründen nicht erwähnt wird? Immerhin hat Petrus die Jakobusleute aus theol. Gründen gefürchtet (Gal 2,12) und ihre Gesetzlichkeit respektiert (vgl. wie wichtig Paulus die Einheit der Kirche war: Er rief zu einer Sammlung für die verarmten Christen in Jerusalem auf, für die gesetzlichen Judenchristen unter Jakobus, obwohl er fürchten mußte, daß die Gabe aus theol. Gründen abgelehnt werden könnte; Röm 15,31). Als Paulus den Römerbrief schrieb, war Petrus jedenfalls nicht in Rom, sonst wäre er gegrüßt worden (Röm 16). Immerhin konnte die Entschuldigung, warum Paulus nach Rom kommt, obwohl er die Gemeinde nicht gegründet hat (Röm 15,20), ein – wenn auch sehr problematischer – Hinweis sein, daß Petrus in Rom schon gewesen war und die Gemeinde gegründet hatte. Vielleicht ist der Grund für den abrupten Schluß der Apg darin zu suchen, daß Petrus und Paulus zuletzt (als Verfolgte?)

in Rom zusammen das Martyrium erlitten haben, weil sie miteinander theol. Spannungen hatten, was Lukas taktvoll übergehen wollte? Dafür könnte ein Doppeltes sprechen:

a) Paulus wird von den (Juden-)Christen in Rom während der zweijährigen Gefangenschaft nicht besucht, sondern nur von »Juden und Griechen« (so einige Handschriften!).

b) Im Clemensbrief (um 96 n.Chr.) schreibt der führende Pfarrer Roms zum Frieden mahnend und erwähnt als abschreckendes Beispiel unter den vielen biblischen streitenden Brüderpaaren wie Kain und Abel auch Paulus und Petrus. Lukas hat vielleicht bewußt seine Apg abgebrochen und das wenig erbauliche Ende der beiden Apostel aufgrund von theol. Spannungen übergangen. Daß in der ältesten Christenheit theol. Unfriede bestand, ist jedenfalls eindeutig.

Trotz allem stand der Apostel Petrus dem Apostel Paulus theol. sehr nahe: Beide vertraten den Universalismus des Heils, d.h. nicht nur die Juden, sondern alle Menschen sind seit Jesus zum Heil in Jesus eingeladen. Der Tod Jesu als Sühnetod ist für beide grundlegend (schon in den Anfängen der Urgemeinde betont Petrus unter dem Stichwort »Jesus, der Knecht Gottes« [Apg 8,26 ff] in Apg 3,13 [vgl. Jes 52,13].26 und 4,25 f.30 das stellvertretende Leiden nach Jes 54). Nach Mk 8,32 war es gerade Petrus, der für den leidenden Gottesknecht kein Verständnis aufbrachte. Petrus war wohl der erste, der dann nach seiner Bekehrung (vgl. 1 Kor 15,5 mit 1 Petr 1,3) den Sühnetod Jesu predigte (vgl. 1 Petr 2,21 ff; 1,2 u.ö.).

Selbst wenn Petrus in Rom gewesen ist, kann nicht die Rede davon sein, daß er dort die Stellung des obersten Kirchenherrn innehatte. Der Gedanke entwickelte sich im Laufe der Geschichte, als sich die leitenden Bischöfe in Rom – der Welthauptstadt! – mehrfach auf die Seite der Theologen stellten, die später allgemein Anerkennung fanden, und in den Wirren der Völkerwanderungszeit, als die römischen Kaiser nach Byzanz umsiedelten und die römischen Bischöfe die kaiserlichen Rechte, die am Boden lagen, aufgriffen. Der Einfluß des germanischen Treuebegriffes und die Unterstellung des Bonifatius unter Rom tat dann das Seinige noch dazu.

»Knecht und Apostel Jesu Christi.« »Knecht« (oder besser: »Sklave«) wollte weder damals noch heute gerne jemand sein. Denn er ist einem Höheren unterstellt, gehört dem anderen mit Haut und Haar und ist von ihm völlig abhängig (Ps 123,2). Er muß gehorchen und hat keine Freiheit, über sich selbst zu bestimmen, sondern sein Lebenssinn ist, für den anderen da zu sein, ohne auf Anerkennung pochen zu dürfen (vgl. Lk 17,10), weil der Herr doch alles besser macht. Und all das sollte geschehen in der rechten Ehre vor dem Herrn. Knecht oder Sklave wird man zur Zeit Jesu nicht durch eigenen freien Entschluß – der sollte folgen! –, sondern durch die Macht des Höheren! Der vom Feminismus heute oft erhobene Vorwurf, der Mann habe auch im NT aufgrund seiner Herrschergelüste die Frau unterdrückt, muß bedenken, daß hier Petrus sich ganz eindeutig Jesus und Gott unterstellt.

»Apostel« ist ein Bevollmächtigter, der einen bestimmten Auftrag von Gott hat (1 Kön 14,6). Es gibt kein Apostolat im Sinne des unverlierbaren Amtes, nur den Auftrag. Nach Apg 1,21 ff ist Kennzeichen des von Jesus berufenen Apostels, daß er Augenzeuge Jesu von dessen Taufe bis zu seiner Auferstehung, besonders der letzteren, sein muß. Paulus verwendet den Begriff im Sinne des allgemeinen Priestertums auch umfassend. So werden Junias und Andronikus (Röm 16,7), Barnabas (Gal 2,1.9.13), Jakobus (Gal 1,19), auch Silvanus u.a. Apostel genannt. Zum Apostel macht man sich nicht selbst, sondern dazu wird man berufen. Wichtig an diesem Auftrag ist, daß der Apostel Stellvertreter Gottes und Jesu ist (vgl. Lk 10,16: »Wer euch hört, der hört mich ...«). In der Kirche hat nur Geltung, was apostolisch ist (Eph 2,20). Darum hat die älteste Christenheit auch nur die Hl. Schrift, die von den Aposteln geschrieben war (vgl. V. 21), als Gottes Wort anerkannt.

Das ganze NT ist sich einig, daß alles auf Christus bezogen ist. Darin unterscheidet sich der christliche Glaube vom Judentum. Die Christen leben von Jesus her auf Jesus hin. Diese Radikalität mag manchem zu schaffen machen, ist aber wesensmäßig.

Wer sind die Hörer, denen der Brief im Gottesdienst vorgelesen, danach der nächsten Gemeinde als Rundbrief weitergegeben wurde? Petrus nennt keine Namen von Personen (vgl. 1 Thes 1,1 u.ä.) oder Gemeinden (1 Petr 1,1), sondern er schreibt sein Testament (V. 14) bewußt an alle Christen, an die Christenheit. Aber beim genauen Hinhören fällt auf, daß er definiert, wer Christ ist.

a) Es geht um den *Glauben*

Im Deutschen kommt das Wort »glauben« von »geloben«. Wer an Gott glaubt, gelobt ihm die Treue. Zur selben Wurzel gehören die Worte »lieben« und »loben«; glauben und vertrauen gehören zusammen. Im Deutschen steht die subjektive Haltung des Menschen im Vordergrund.

Im Hebräischen bedeutet das Wort »glauben« »fest, tragend sein«; es hängt sprachlich mit dem »Türbalken« zusammen, auf dem die ganze Last des Mauerwerks oberhalb der Tür ruht; es geht im Glauben um die objektive Tat Gottes, seine Treue, auf die der Gläubige sich hingebend treu verläßt. – Das griech. Wort für »Glaube« meint das Vertrauen dessen, der von einer Sache überzeugt ist. Der Glaubende vertraut dem Schöpfer (Mt 6,30), der Gebet erhört (Mt 21,22), und dem Erlöser Jesus (Mt 9,28 f); der Glaubende bewährt den Glauben im Gehorsam (Röm 1,5; 10,16), in der Frucht (Mt 7,16 ff) und in der Liebe (Gal 5,6; 1 Joh 3,23 f).

Schließlich faßt »Glaube« die Frohe Botschaft von Jesus und die Lehre sowie das Leben der Kirche zusammen (Hebr 6,1).

b) Der *Glaube* wird *empfangen* (s. V. 18)

Er ist ein Geschenk so wie die Berufung. Gewiß wird aufgefordert: »Glaube an den Herrn Jesus!« (Apg 16,31), dennoch ist der Glaube kein eigenes Werk des Menschen, sondern die Wirkung des Hl. Geistes durch das Wort Gottes hindurch, der in uns den Wunsch zu glauben weckt (vgl. Apg 2, bes. V. 37; Phil 2,13; Röm 10,17). Der wahrhaft Glaubende ist nicht stolz auf seinen Glauben, sondern rühmt Gottes Liebe, die ihm seinen Glauben geschenkt hat. Das NT spricht selten von Bekehrung, mehr von »zum Glauben kommen« oder »gläubig werden« oder von »Wiedergeburt«.

c) *Durch die Gerechtigkeit unseres Gottes und Retters Jesu Christi*

Das dritte Kennzeichen des Glaubens ist die (ebenfalls empfangene) Gerechtigkeit, die Vergebung. Gottes Gerechtigkeit zeigt sich einmal in den Zehn Geboten, in denen er offenbart, was er für Rechtens hält. In ihnen zeigt er uns seinen reinen, guten Willen. Zum anderen zeigt sich Gottes Gerechtigkeit darin, wie er ihr sowohl im Gericht als auch durch die Vergebung zum Sieg verhilft. Die Gerechtigkeit kommt durch Jesus. An anderer Stelle erklärt Petrus, wie die Gerechtigkeit durch Jesus kommt, indem er darauf hinweist, daß Jesus der »Knecht Gottes« ist (Jes 53), durch dessen Wunden wir geheilt sind (1 Petr 2,21 ff; vgl. die Predigten des Petrus, Apg 3,13.26; 4,25.30). Petrus, der zunächst den Sühnetod Jesu rundweg ablehnte (Mk 8,32), hat ihn später besonders tief erfaßt.

Der Versuch, durch einige Taten vor Gott gerecht zu werden, ist für einen Christen nicht möglich. In seiner Dankbarkeit für die geschenkte Gerechtigkeit zeigt sich der wahre Glaube.

Wie der Glaube geschenkt wird, sagt hier Petrus nicht. Nach Röm 10,17 kommt er durch die Predigt. Die kath. Kirche läßt ihn auch durch die Taufe kommen und durch die Sakramente verstärkt werden. Wichtig ist in jedem Fall der Heilswille Gottes in Jesus.

Viel Kopfzerbrechen bereitet die Formulierung *»unser Gott und Retter Jesus Christus«.* Will Petrus sagen, daß Jesus »unser Gott und Retter« ist? An verschiedenen Stellen des NT finden wir diesen Gedanken teils ausdrücklich (Joh 1,1.18; 20,28 in der Anbetung des Thomas und Hebr 1,9 als AT-Zitat), teils nur andeutungsweise, weil nicht eindeutig (Röm 9,4 f »Christus ..., der da ist Gott über alles ...« oder »Christus ... Der da Gott ist über allem, der sei ...«; ähnlich Tit 2,13). Die Formulierung »Großer Gott« auf Jesus bezogen ist im NT einmalig (vgl. Phil 2,9!).

d) *»Retter Jesus Christus«*

Zum rechten Glauben gehört, daß wir Jesus als unseren Retter anerkennen. Wer gerettet werden muß, ist in Lebensgefahr und verdankt sein Leben seinem Retter. Das Wort »Retter« umschreibt im AT bisweilen Menschen (z.B. die Richter; so Ri 3,9), besonders aber Gott selbst (5 Mo 32,15; Jes 12,2; Ps 62,3.7), auch den Messias (Sach 9,9; Jes 49,6) als den Knecht Jahwes. In den Apokryphen wird nur noch Gott als Retter bezeichnet. Wenn der 2. Petrusbrief erst um 125 n.Chr. oder später geschrieben worden wäre, so wäre die Übersetzung Jesu als Gott eindeutig. Von 24 Stellen wird 16mal Jesus als Retter bezeichnet. Die Aufgabe Jesu ist nach Mt 1,21, »sein Volk von ihren Sünden zu retten«.

e) Die Bescheidenheit des Glaubenden drückt sich in den Worten des Petrus aus, der sich als Apostel mit den anderen Christen auf die gleiche Stufe stellt (vgl. 1 Petr 5,1 »Mitältester«!), indem er sagt, daß alle Christen *»den gleich ehrenvollen Glauben empfangen haben«*. Zwischen dem ersten Apostel und den anderen Christen ist kein geistlicher Rangunterschied (so wird das griech. Wort oft in der weltlichen Literatur verwandt). Der Glaube hat den gleichen Wert, alle Christen empfangen die gleiche Gerechtigkeit Gottes, die uns gerecht macht (Röm 1,17), alle müssen sie im Glauben annehmen (Röm 3,21-26). In dem gleichen Rang aller Christen besteht die Einheit des Leibes Jesu über alle Kirchengrenzen, über alle Zeiten und Orte hinweg (vgl. Apg 11,17; Röm 1,12).

1,2: **»Gnade und Friede erfülle euch in der Erkenntnis Gottes und Jesu, unseres Herrn.«**

Was wünscht Petrus den Christen?

a) *»Gnade«* (V. 2) ist im AT die Gunst Gottes, wie er für die Schwachen eintritt, damit sie Frieden (Schalom) finden bei ihren Feinden (1 Mo 39,21; 2 Mo 3,21) und Strafaufschub (2 Kön 13,23)

Für Paulus ist die Gnade der Inbegriff des Heilshandelns Gottes. Auch im 1. Petrusbrief (1,10) gipfelt Gottes Erlösungswerk in der Gnade. Wer sie empfangen hat, ist mit Gott so verbunden, daß er mit ihm leidet (1 Petr 2,19 f) und ihm zuliebe entsprechend lebt (1 Petr 1,13; 4,10; 5,10). Auf die Gnade, Gottes Wohlwollen, kommt im Glauben alles an.

b) *»Friede«* ist das zweite Ziel des Glaubens.

Friede ist zunächst einmal das neue Verhältnis zu Gott (vgl. die Trennung von Gott und Mensch, 1 Mo 3). Friede wirkt sich dann auch unter den Menschen aus (Apg 7,26; Eph 4,3). Er ist ein Geschenk Gottes, das an Jesus gebunden ist (Lk 2,14), ein Geschenk der Versöhnung (Röm 5,1; Kol 1,20). Er ist Christi Friede (Kol 3,15). Nur durch die Gemeinschaft mit Christus wird er gewonnen (Joh 16,33; Phil 4,7; 1 Petr 5,14). Er ist Frucht des Heiligen Geistes (Gal 5,22). Er muß in den Christen wachsen (1 Petr 1,2; 2 Petr 3,14). Jesus ist der Friede (Eph 2,14-18). Den Frieden abseits von Jesu Vergebung zu suchen und den Frieden der Welt zu bringen, wäre für den Christen genauso abwegig, wie sein eigenes Heil selbst wirken zu wollen. Das war schon damals die Gefahr, die die Christen bedrohte; darum betont Petrus, daß

c) die *»Erkenntnis Gottes und Jesu, unseres Herrn«* so wichtig ist. Dieser Gedanke geht über den Wunsch von 1 Petr 1,2 hinaus. Er erläutert, woher Gnade und Friede Jesu kommen.

»Erkenntnis« (s. V. 8) meint das intime, persönliche Vertrauensverhältnis, das Eins-Sein (Joh 15,3-5) im Hören und Fruchtbringen (vgl. 1 Mo 4,1). Gott erkennt den Menschen (5 Mo 34,10; Jer 1,5; 2 Petr 1,3.8; 2,20). Viele Menschen haben Jesus kennengelernt, ihn erkannt hat nur, wen er berufen hat. So sagt Schlatter: »Weil uns Gott durch Jesus beruft und begnadigt, darum ist die Erkenntnis Gottes eins mit der Erkenntnis Jesu.« Gnade und Friede kommen, ganz im Sinne des AT, aus der liebenden Hingabe Gottes an uns, der uns zuerst geliebt hat, und aus unserer Hingabe an Gott und Jesus. Aus der Liebe folgt die Einsicht, aus dem Gehorsam das Wissen (Joh 7,17; 1 Tim 2,4; 2 Tim 2,25; 3,7; Tit 1,1). Der Glaube ist freilich

kein Zustand. Die Liebesgemeinschaft mit Jesus vertieft sich, wächst, wird randvoll mit Gnade und Friede (3,18).

Vorschlag zur Bibelarbeit über 2. Petrus 1,1-2

---

1. Einleitung

Nach Vers 15 haben wir im 2. Petrusbrief die Abschiedsworte, das Testament des Petrus, des Augenzeugen (V. 16) und Apostels Jesu (V. 1), vor uns. Manches Argument spricht gegen die Verfasserschaft dieses Briefes durch Petrus, aber eine Fülle von Hinweisen legt uns nahe, in Petrus den Jünger Jesu zu sehen. Die alles entscheidende Frage ist aber nicht, wer den Brief geschrieben hat, sondern daß der 2. Petrusbrief eine Offenbarung Jesu an seine Gemeinde ist, die verbindlich sagt, was Jesus für seine Kirche für heilsnotwendig hält.

2. Durchführung

a) Wer ist ein Christ?

Als Kennzeichen des Christen werden genannt:

(1) Der Glaube als Vertrauen auf Gottes Treue und als Hingabe an Jesus (vgl. Petrus fühlt sich als Knecht Jesu, der ihm gehört, ihm dient, ihm gehorcht und ihn ehrt);
(2) der Glaube als ein Geschenk, das empfangen wird;
(3) die Gerechtigkeit, die Gott schenkt in seinen Geboten und in seinem Sohn;
(4) die Rettung durch Jesu Tod, durch den er uns seine und Gottes Vergebung schenkt;

(5) die Demut, die sich nicht auf ein Amt beruft, sondern an der Gabe Gottes hängt.

Kurz gesagt: Es gibt Kennzeichen, an denen ein Christ erkannt werden kann.

b) Was ist das Ziel des Glaubens?

(1) Die Gnade Gottes,
(2) der Friede Gottes;
(3) beides kommt aus der liebenden Hingabe Gottes an uns und unsere Liebe zu ihm.

Schluß

Unser Heil ist ein einziges Geschenk Gottes durch Jesus.

2. Gelebter Glaube (1,3-11)

1,3-11: **»Da uns die göttliche Kraft alles zum Leben und zur Frömmigkeit geschenkt hat, durch die Erkenntnis dessen, der uns berufen hat durch die eigene Herrlichkeit und Tugend.**
(4) Durch sie sind uns die kostbarsten und größten Verheißungen geschenkt, damit ihr durch sie Teilhaber der göttlichen Natur werdet und dem Verderben entflieht, das durch die Gier in der Welt ist.
(5) Und darum setzt allen Eifer ein und erweist in eurem Glauben die Tugend (d.h. Ruhmestaten Gottes), in der Tugend (d.h. in den Ruhmestaten Gottes) die Erkenntnis,
(6) in der Erkenntnis die Selbstzucht, in der Selbstzucht die Geduld, in der Geduld die Frömmigkeit,
(7) in der Frömmigkeit die Bruderliebe, in der die Liebe.
(8) Denn wenn diese bei euch vorliegen und sich mehren, dann werden sie euch nicht als Faule und Fruchtlose lassen im Blick auf die Erkenntnis unseres Herrn Jesus Christus.

(9) Denn wem dies fehlt, ist blind, weil er kurzsichtig ist, und hat vergessen, daß er die Reinigung seiner alten Sünden empfangen hat.
(10) Darum, Brüder, seid um so eifriger, eure Berufung und Erwählung festzumachen; denn wenn ihr dies tut, werdet ihr nicht irgend einmal straucheln.
(11) Denn so wird euch reichlich der Eingang gewährt werden in das ewige Königreich unseres Herrn und Heilandes Jesu Christi.«

Petrus beginnt seinen Brief mit Mahnungen. Wie alle neutestamentlichen Briefe verdankt auch dieser sein Entstehen den theol. Spannungen, der Irrlehre. Darum muß die Gemeinde ermahnt werden. Aber der Grund zur Mahnung liegt in dem Geschenk Gottes. Wie bei den Zehn Geboten (2 Mo 20,1) steht am Anfang Gottes Güte, die uns beschenkt. Darum hat Gott auch ein Anrecht, uns zurechtzuweisen. *»Leben und Frömmigkeit«* (V. 3) sind uns geschenkt. *»Leben«* umschreibt nicht nur das diesseitige Leben zwischen Geburt und Tod, sondern das erfüllte, sinnvolle, beglückende Leben (Joh 11,25; vgl. 1 Mo 2,17). Das ewige Leben beginnt hier mit dem Glauben und wird vollendet bei Jesus.

Die Fülle und die Freude dieses geistlichen Lebens hängt ganz eng mit der *»Frömmigkeit«* zusammen. In der griech. Umwelt wird damit die fromme Scheu, der Abstand von der Gottheit umschrieben, das, was Luther mit »Furcht« (»wir sollen Gott fürchten und lieben ...«) meint. Im AT kommt das Wort selten vor, weil es entweder mit »Furcht des Herrn« (Hi 28,28; Ps 19,10 u.ö.; Jes 11,2) oder mit dem Gehorsam ausgedrückt ist (Mi 6,8). Zu vergleichen sind die Anredeformen Gottes als »Herr Zebaoth« (Herr der himmlischen Heerscharen; 1 Sam 4,4; Ps 24,10 u.ö.) oder der »schreckliche Gott« (2 Mo 15,11; 5 Mo 7,21; Ps 76,12). Für Petrus ist es ein Kernwort (vgl. 2 Petr 1,6; 3,11; vgl. Apg 3,12; 10,2; – siehe auch zur Gottlosigkeit 2 Petr 2,5; 3,7; beachte Röm 1,18; 4,5). Damit niemand die Frömmigkeit im griech. Sinn nur als Ehrfurcht mißversteht, betont Petrus die *»Erkenntnis«* (s. 1,2!) *»dessen, der uns berufen hat«*. Zum wahren Leben und zur rechten Frömmigkeit gehört die Freude, von Gott erkannt, d.h. geliebt zu sein. Bei der Erkenntnis geht es nicht um Ideen, philosophische Gedankengebäude oder Spekulationen, sondern um die wechselseitige Liebe von Gott und zu Gott. Wer von Gott *»berufen«* ist, den hat Gott erkannt, und im Hören auf seinen Ruf erkennen wir Gott. Als geliebte Liebende nehmen wir dann auch Gottes Taten und sein Wesen wahr. *»Uns«* hat Gott berufen, schreibt Petrus, nicht »euch« (V. 2.4). Will Petrus damit bei seinen Brieflesern vorsichtig sein, weil nicht alle berufen sind, wie sich in ihrem Abfall zur Sekte zeigt? Unwahrscheinlich ist, daß Petrus hier auf sein apostolisches Amt und seine apostolische Aufgabe hinweist. Berufen sind wir durch Jesu *»eigene Herrlichkeit und Tugend«*. Nicht um unseretwillen, etwa wegen unserer Not oder gar Leistung sind wir von Jesus berufen, sondern um seinetwillen. Er hat die Herrlichkeit Gottes. Sie zeigt sich in der Art, wie Gott sich sehen läßt (vgl. 2 Mo 16,7.10; 5 Mo 5,24; Jes 40,5; 60,1) in seiner Schöpfung (Ps 19,2), in der Heilsgeschichte (2 Mo 14,7 f; Ps 96,3), in seiner Gegenwart im Heiligtum (2 Mo 40,34 f; 1 Kön 8,10 f), z.B. im Feuerschein (3 Mo 9,23 f; Hes 43,2). Gottes Herrlichkeit wird in der Endzeit erwartet (Jes 60,1 f; Hes 39,21 ff), so daß alle Heiden sich bekehren werden (Ps 96,3 ff; Sach 2,9 ff). Petrus bringt sie hier mit der *»göttlichen Kraft«* in Verbindung. Gottes Kraft zeigt sich an der Rettung Israels aus dem Schilfmeer (2 Mo 15,6.13; 5 Mo 3,24; 9,26.29; vgl. die Rettung auf dem Wasser, z.B. der Sintflut), die ein Abbild der Auferstehung Jesu ist (1 Petr 3,20 ff), an seiner Heeresmacht (Ri 5,31; 8,21; 1 Chr 13,8), an seiner Schöpfung (Jer 34,5; 39,17), im Kampf Jesu gegen den Teufel (Mt 12,22-30; Mk 6,2.5; Lk 19,37; Apg 10,38). Petrus erkennt die Herrlichkeit des auferstandenen (!) Christus im Vergleich zu seiner eigenen Sündhaftigkeit beim Fischzug (Joh 21,1 ff). *»Göttlich«* ist diese Kraft, weil Jesus Gottes Sohn ist. Petrus verwendet hier ein griech. Wort, das sonst im NT nur noch von Paulus in seiner Rede auf dem Areopag gebraucht wird (Apg 17,29), um seinen Hörern deutlich zu machen, wer Jesus ist.

Gleichzeitig bettet er die von ihm verwandten Begriffe ganz ins biblische Denken ein, um jedes Mißverständnis auszuschließen, als ob die göttliche Offenbarung in anderen Kulturkreisen anders als biblisch verstanden werden könnte. In diesem Zusammenhang ist auch der so schwierige griech. Satzbau zu verstehen, der aus dem Bemühen zu erklären ist, in einer fremden Sprache Menschen anderer Kultur das Geheimnis Jesu zu deuten.

Gott beruft – wie gesagt – durch seine Herrlichkeit, d.h. durch seine Machttaten in Jesus, die in dessen Auferstehung von den Toten gipfelt, und durch seine *»Tugend«*. Das Wort wird meistens in seinem griech. Sinn verstanden und soll damit beweisen, daß der 2. Petrusbrief ein spätes Schriftstück aus griech. Denkweise, d.h. frühkatholisch sei. Dann würde »Tugend« nach Platos Seelenlehre bedeuten: 1. das Maßhalten, die Besonnenheit, die vom 2. Eifrig-Mutigen angetrieben und von 3. der Tapferkeit ihre Kraft empfängt und der Weisheit unterstellt ist. Nur wo die vier Seelenkräfte in Harmonie zusammenstehen, gibt es Gerechtigkeit. Aber keines der vier Stichworte folgt in der daran sich anschließenden Aufzählung! Erst recht fehlt die Zuordnung der vier Kardinaltugenden auf die vier Stände: Bauern, Handwerker, Soldaten und Philosophen. Wir müssen, wenn wir Petrus recht verstehen wollen, das Wort *»Tugend«* von der Bibel her verstehen. In der griech. Übersetzung des AT umschreibt Tugend die Ruhmestaten Jahwes (Jes 42,8.12; 43,21; 63,7) und dessen Hoheit (Hab 3,3) sowie die des priesterlichen Messias (Sach 6,13). In 1 Petr 2,9 umschreibt sie ebenso nicht menschliche Tugend, sondern eindeutig die göttliche »Wohltat«, wie aus dem Zitat von Jes 42,21 zu ersehen ist. Der Zusammenhang in Vers 3 (»Herrlichkeit« und »Kraft«) weist ebenso darauf hin, daß das Wort *»Tugend«* im Sinn von Gottes Wesen und Tun zu erklären ist.

Fassen wir den Inhalt von Vers 3 zusammen: Der ganze Glaube als herrliche Verbindung mit Gott und dem auferstandenen Jesus ist ein Geschenk des gütigen Gottes.

»Durch sie« (V. 4), d.h. durch Gottes Herrlichkeit, seine Wohltaten (»Tugend«), kurz seine Machterweise, ist uns sichtbar schon jetzt etwas geschenkt: seine *»Verheißungen«* (2 Kor 7,1). Petrus bezieht sich auf die Heilsgeschichte. Gott will unter uns wohnen (Hes 37,27; Offb 21,3). Wir dürfen Gottes Söhne bzw. Kinder heißen (Jes 43,6; Jer 31,9; vgl. 2 Sam 7,14; Joh 1,12; Röm 8,14; 1 Joh 3,1); wir haben die Aussicht auf den

neuen Himmel und die neue Erde (2 Petr 3,13; Jes 65,17; 66,22; Offb 21,1 ff). Diese Verheißungen und die Hoffnung auf deren Erfüllung wurzeln nicht in unseren Wünschen – die wollen sofort, hier und jetzt erfüllt sein –, sondern in der göttlichen Offenbarung. Sie weckt erst ungeahnte Hoffnungen (vgl. 1 Mo 12,1 ff; Lk 23,42f!).

»Kostbar« sind die Verheißungen, weil sie unbezahlbar und durch menschliche Opfer nicht erreichbar sind; sie werden nur durch sein kostbares Blut uns erworben.

»Die größten Verheißungen« unterscheiden sich von den Verheißungen im allgemeinen (z.B. der an Noah und die Bewahrung der Schöpfung 1 Mo 8,21 f; vgl. 2 Petr 3,13!) und den großen Verheißungen (z.B. der »großen Freude« in Lk 2,10); beachte, daß bei Lukas »groß sein« gerne eine Umschreibung für den Hl. Geist ist (Lk 1,15; 7,16; Apg 8,9), der seinerseits »nur« eine Anzahlung ist auf die Fülle der Gottesnähe (Röm 8,23; 2 Kor 1,22; 5,5; Eph 1,14). Die größte Verheißung ist die volle Gottes-Gemeinschaft.

Petrus drückt dieses »große« Geheimnis (Eph 5,32) mit den Worten *»Teilhaber der göttlichen Natur«* aus. Gedacht ist nicht an eine neue Substanz oder einen vorweisbaren Verdienst, sondern an die Erneuerung der Gottesebenbildlichkeit (1 Mo 1,27). Der gefallene Mensch ist nicht mehr das Bild Gottes. Aber Gott will sich mit uns ganz neu durch seinen Geist verbinden, der nicht mehr von uns genommen wird (Ps 51,13). Bei der Wiederkunft Jesu wird uns das geschenkt werden (2 Petr 3,13). Denselben Gedanken finden wir bei Paulus, der auf dem Areopag in seiner Rede auf die (wie er es dort nennt) »Verwandtschaft des Menschen mit Gott« hinweist. An anderer Stelle betont Paulus, daß diese Verwandtschaft Gottes durch die Adoption des Menschen durch Gott zur Kindschaft führen wird (Röm 8,14; 1 Joh 3,1), wenn wir an ihn glauben und seinen Geist empfangen. Es geht hier nicht um die Vergöttlichung des Menschen, sondern um die Gottesnähe und die daraus folgende Heiligkeit (vgl. Mt 5,8). Alles liegt in der Zukunft. Die Verheißungen gehen in Erfüllung, wenn Jesus die Seinen auferwecken wird vom Tod (Phil 3,21). Dann wird in uns das Ebenbild Gottes in Reinheit wieder hergestellt sein.

Dann werden wir »ihm gleich sein« und »ihn sehen, wie er ist« (1 Joh 3,2; Röm 8,29).

Aber schon hier beginnt im Glauben, was uns für die Zukunft verheißen ist. Wer in Jesus bleibt (Joh 15,5), bringt viel Frucht. Wer in Jesus lebt, an dem wirkt sein Geist, so daß wir geheiligt werden (Joh 17,23; Gal 2,20). Der Prozeß der Heiligung beginnt hier, zum Ende mit Herrlichkeit kommt er bei der Auferstehung der Toten.

Dem *»Verderben«* werden wir *»entfliehen«*. Mit *»Verderben«* ist die sittliche Verderbnis samt der aus ihr folgenden Sterblichkeit (1 Mo 2,17) gemeint. Wie die Klugheit eine Folge des Glaubensgehorsams ist (Ps 111,10) und der Ungehorsam den Tod bringt, so folgt aus der Gemeinschaft mit Jesus das ewige Leben (1 Thes 1,10). Der Heilige Geist bringt in uns den Willen hervor, dem Verderben zu entfliehen. Um den Willen zu stählen, benutzt er das Wort der Hl. Schrift, die uns immer wieder auffordert, bestimmten Versuchungen zu entfliehen (1 Tim 6,11; 2 Tim 2,22). Beides gehört eng zusammen, und in dem Wort *»entfliehen«* steckt doppeldeutig: Wir entgehen dem Tod durch das Wirken Jesu, und wir gehen bewußt weg von dem, was den ewigen Tod dem bringt, der die rettende Gnade Jesu nicht annimmt.

»Durch die Gier in der Welt« kommt die Verderbnis. Die Gier ist der Hang zu den geschaffenen Gütern in der Welt. Das Gegenteil von Gier ist die Liebe zum Schöpfer im Himmel. Die Liebe macht uns froh, zieht uns nach oben, bindet uns an ihn, während die Gier sich an die vergänglichen Güter (»Fleisch«, 2,20) klammert und, je mehr sie entgehen, desto mehr nach ihnen gierig macht und dabei uns selbst zerstört. Vor der »Gier« warnt die ganze Hl. Schrift. Sie spricht von »gottlosem Begehren« (4 Mo 11,4; 5 Mo 9,22), warnt uns davor, uns nicht gelüsten zu lassen, nicht neidisch zu werden (2 Mo 20,17), statt dessen Gott zu lieben (5 Mo 6,5). Die Gier ist die Grundwesensart des Menschen. Erst der Hl. Geist bringt eine Gegenbewegung, wodurch der Kampf im Menschen zwischen seinem Geist der Gier und Gottes Heiligem Geist, dem Fleisch und dem Geist, entsteht (Gal 5,16; Eph 4,23; vgl. 1 Petr 2,11 mit 2 Petr 2,18.20).

Das Wesen der Gier ist die »Ausschweifung« (s. 2,2) und die »Befleckung« (s. 2,20).

Das Ziel der Gier ist die Herrschaft des Bösen. Dies aber zerstört den Menschen (Jak 1,15; Röm 7,5.10).

Noch einmal, aber mit anderen Worten als in Vers 3, betont Petrus, was Gott uns schenkt: die *»Verheißungen«*. Sie haben ein Ziel: *»damit«* wir *»Teilhaber der göttlichen Natur werden«*. Dieses Wort *»damit«* ist auffällig. Warum sagt Petrus nicht einfach: »Gott schenkt die Teilhabe an der göttlichen Natur« usw.? Für Petrus ist wichtig, daß Gottes Geschenk uns jetzt noch nicht zur Verfügung steht. Es ist uns verheißen. Er wendet sich gegen die Sekte der Gnostiker, die glaubten, in diesem irdischen Leben hätten wir schon die ganze Fülle der Heilsgaben (1 Kor 15,19). Anteil zu haben an der göttlichen Natur, d.h. mit Gott verbunden zu sein, führt nicht zur Weltflucht, sondern läßt uns dem Zwang dieser Welt entgehen, nur an sich zu denken, und macht uns frei, für Gott in dieser Welt zu wirken (vgl. Joh 17,15: *in* der Welt, nicht *von* der Welt).

»Und darum« (V. 5), weil uns so viel geschenkt und verheißen ist, sollen wir Gott unseren Dank abstatten und in der Welt tätig werden. Gott erwartet viel von uns, weil uns viel verliehen ist (Lk 12,48). Aus dem Zuspruch folgt der Anspruch, aus der Gabe die Aufgabe. Wem das Reich Gottes geschenkt ist, der hat auch entsprechend zu leben (Mt 4,17). So wächst aus der Dogmatik die Ethik (Röm 1-11 und 12-16; vgl. Mt 25,14 ff und die Gleichnisse vom Wachen Mt 24,42 f; Mk 13,34 f; Lk 12,37; 1 Thes 5,6 ff).

Außerordentlich stark betont Petrus den eigenen Einsatz: *»Setzt allen Eifer ein und erweist in eurem Glauben Tugend.« »Erweisen«* bedeutet in der griech. Sprache, daß einer auf eigene Kosten etwas herstellt oder ausrichtet, z.B. eine Theateraufführung. Mit unserem *»Glauben«* sollen wir tätig sein. Er gehört uns, weil wir ihn empfangen haben (2 Kor 6,1!). Das Wirken mit dem Geschenkten ist kein Widerspruch. Wir sollen arbeiten mit dem, was wir empfangen haben.

Unser Glaube bewährt sich in der *»Tugend«*. Viele Ausleger wollen dieses Wort von der griech. Denkweise her verstehen und begründen damit, daß Petrus, der Fischer vom See Genezareth, den 2 Petr nicht geschrieben haben könnte. Aber dieses Wort *»Tugend«* ist – wie schon in Vers 3 – nicht im ethischen Sinn zu verstehen. Die ganze folgende siebengliedrige Reihe ist nicht moralisch zu verstehen. Es geht auch hier – wie in Vers 3 – um Gottes Wohl- und Ruhmestaten, die wir weiterzuerzählen haben als Zeugen der Taten Jesu Christi (Apg 1,8; 2,32 u.ö.; 1 Kor 15,15; vgl. Ps 71,15) und die Jesus durch die Seinen wirkt, wie er es für richtig hält (vgl. Mt 28,18 ff mit 2 Kor 12,12; Röm 15,19; Hebr 2,4). Ganz gewiß zählt auch der Gehorsam, den Jesus durch seinen Geist in uns wirkt, zu seinen Ruhmestaten.

Eins entwickelt sich aus dem anderen, und eines bestärkt das andere: Der Glaube führt zu den Wohltaten Gottes, die wir bis hin zum Gehorsam bezeugen; daraus entsteht die *»Erkenntnis«* (Joh 7,17). Ihr Wesen ist die Liebe zu Gott, der uns zuerst erkannt und d.h. geliebt hat (vgl. Jer 1,5; 1 Joh 4,19). Wer Gott liebt, ist bereit, auf seinen Willen zu hören (Mi 6,8). Die Liebe erkennt, was Gott will (Röm 12,1 f; Phil 1,9 f). Sie kann die Vorgänge in der Gemeinde und Theologie richtig beurteilen, sieht, was nötig ist, kann recht raten.

Als nächstes nennt Petrus in Vers 6 die *»Selbstzucht«* oder Enthaltsamkeit. Dieses Wort umschreibt die Fähigkeit, seiner selbst mächtig und nicht von anderem getrieben zu sein. Meist dreht es sich um die Enthaltsamkeit von Ausschweifungen (Sir 18,15.30; 4 Mkk 5,34). In Apg 24,25 ist es ein Thema neben Gerechtigkeit und Gericht im Gespräch des Paulus mit Felix und Drusilla, deren Ehe durch Ehebruch zustande kam. Die Wortgruppe findet sich in 1 Kor 7,9; 2 Tim 3,3; Tit 1,8 und wehrt die sexuelle Freizügigkeit zum Schutz der Ehe ab (vgl. Tit 1,6 mit der Forderung, daß der Älteste verheiratet sein soll; vgl. auch 2 Tim 1,7). In Gal 5,22 f ist die Selbstzucht neben der Sanftmut als Gabe des Hl. Geistes aufgezählt. Ohne die Selbstzucht gibt es keinen Sieg (1 Kor 9,25).

Die *»Geduld«* (wörtl. das »Darunterbleiben«) ist im AT das Warten auf Gottes Eingreifen entsprechend seiner Bundestreue (Jer 14,8; 17,13; Ps 52,11; 129,4 ff). Es ist die Haltung des Frommen, der von der Zukunft her lebt, wann Gottes Treue sich sichtbar zeigen wird (Hab 2,3; Zeph 3,8; Dan 12,12). In den Evangelien bezeichnet es das Drunterbleiben, Beharren (Mk 13,13) in aller Trübsal (Röm 5,3 f), bis Jesus wiederkommen wird und seine Verheißungen in Erfüllung gehen werden (Hebr 10,36; 1 Tim 6,11; 2 Tim 3,10; Tit 2,12), wobei Kraft und Trost dazu aus dem Kreuz Jesu dem Christen zukommen (2 Kor 1,6; Röm 15,4). In der Geduld erweist der Apostel Paulus, daß er wirklich Apostel ist (2 Kor 12,12).

Die *»Frömmigkeit«* wird in Vers 3 ebenfalls wie Glaube und alle anderen Eigenschaften als Geschenk Gottes genannt. Dort aber erscheint sie als umfassende Grundhaltung des Glaubens. Das widerspricht nicht der jetzigen Aufzählung mitten unter anderen Aufgaben. Die Frömmigkeit als »Ehrfurcht« (s. V. 3) stärkt unseren Willen zur Geduld und zur (Bruder-)Liebe.

Die griech. Sprache kennt im Gegensatz zur deutschen und der hebr. Sprache mehrere Worte für *»Liebe«*. Drei Begriffe sind als Fremdworte ins Deutsche übernommen worden: *Philia* (in zusammengesetzten Worten wie Philo-sophie = Weisheitsliebe, Philo-logie = Sprachliebe, Phil-adelphia = (Stadt der) Bruderliebe usw.), *eros* und *agape.*

Philia umschreibt Neigung zu einer Sache oder einer Person. Sie ist auch die natürliche Liebe innerhalb der Verwandtschaft. Die *»Bruderliebe«* (*philadelphia*; V. 7) ist die Liebe der Christen untereinander als der Gottesfamilie, in der alle einander zu lieben haben (Gal 6,10; 1 Thes 4,9; 1 Petr 2,17; 3,8; 5,9).

Eros bezeichnet die strebende, besitzergreifende, egoistische Liebe. Sie kommt im NT nie vor. *Eros* und *eris* (= Streit) sind im Griechischen sprachverwandt!

Agape, ein Wort, das im außerbiblischem Griechisch nur ein einziges Mal vorkommt, bedeutet ursprünglich »in Ehren halten, dem anderen freundlich begegnen«. Das griech. Wort *agape* gibt zwei hebräische Wörter wieder: *Chaesed* (= urspr. »sich beschämen lassen«; Gottes Liebe und Gnade zu uns Menschen demütigt ihn: Mi 7,18; Ps 5,8; 5 Mo 5,10; bes. Jes 43,24 f) und *'aheba* (= »den anderen begehren«, z. B. die Frau: Hos 3,1; 4,18; Jer 2,25; Hes 16,37; Hoheslied; die Verwandten und Freunde: 1 Sam 18,1.3; 20,17; den Nächsten: 3 Mo 19,18;

Gottes Liebe zum Menschen: Hos 2,19 f. 23; 11,1 ff; Jes 54,4-8; Jer 2,1 ff; 31,3; vgl. 5 Mo 6,5; 7,6-11). So ist das Wort *agape* im AT geprägt worden als die einzigartige Liebe Gottes zum Menschen und dessen entsprechende Gegenliebe.

Die *»Liebe«* gilt allen Menschen, für die Jesus gestorben ist, und schließt auch die gesamte Schöpfung ein (Röm 8,22). Ihren Höhepunkt hat sie aber, wenn ihr Ziel Gott ist.

Es hat immer wieder in der christlichen Kirche Bewegungen gegeben, die bedeutenden Einfluß ausübten und Großes leisteten (Mt 24,24), wie z.B. die Gnosis, die es aber an der Liebe fehlen ließen. Die Wahrheit des Glaubens und die Liebe gehören zusammen (1 Joh 3,11-18; 1 Kor 3,1-4; 8,9-13; 13; Röm 14,15). Wie schlimm, wenn die geistigen Höhenflüge ohne Liebe und darum kalt sind! Die Liebe bewährt sich dort, wo Menschen sich verletzt und getrennt haben. Da bringt sie Vergebung, Geduld und Tragkraft. Aus uns kommt das nicht. Es ist die Frucht des Hl. Geistes (Gal 5,22; Röm 5,5b). Zwar beginnt die Liebe beim Nächsten, beim Bruder, wo es oft am schwersten ist zu lieben (Gal 6,10; 1 Joh 3,14), aber sie schließt dann auch die Ungläubigen, die nicht zur Gemeinde Gehörenden ein.

Der Glaube bewährt sich im Alltag. Davon spricht die Reihe (V. 5-7). Zu beachten ist, daß sie mit Gottes Wohltaten (»Tugend« in V. 5) beginnt und mit der umfassenden Liebe des Menschen (V. 7b) endet. Dabei darf nicht vergessen werden, daß alles, was Gott von uns fordert, zugleich von ihm geschenkt ist. Er fordert nichts anderes und nicht mehr, als was er schenkt. Das scheint ein Widerspruch zu sein. Aber in diesem scheinbaren Widerspruch steckt die frohe Botschaft. Jesus überfordert nicht (vgl. Mt 11,28 f mit Lk 11,4-6; vgl. auch Phil 2,12 f).

Die Gaben für die Aufgaben sind uns gegeben (V. 8). Das *»Wenn«* ist rein rhetorisch (vgl. Phil 2,1), denn die Gaben sind ganz gewiß gegeben und *»liegen vor«*, auch *»mehren«* sie *»sich«*. Freilich betont die Bibel überall, daß wir nur unter einer Voraussetzung nicht fruchtlos sind, d.h. Frucht bringen: Wenn wir mit der Kraftquelle Gottes verwachsen sind wie die Rebe mit dem Weinstock (Joh 15,2 ff), d.h. wenn wir mit Jesus eng verbunden sind, seinen Hl. Geist haben (Gal 5,22) und wenn wir auf sein Wort hören (Mk 4,19). Denn die Frucht, die wir bringen sollen, stammt nicht aus unserem Herzen, ist auch nicht von unserem Willen gesteuert. Sie ist Gottes Gabe an die Seinen (beachte »sie – die Gaben – mehren sich«; schon das AT gebrauchte das Wort »Frucht« im übertragenen Sinn für die »Tat«; Hos 10,13; Jer 6,19; 17,10; vgl. Mt 3,8). Das Wesen jeder Frucht ist, daß sie ihre Mutterpflanze fortsetzt. So soll auch die Glaubensfrucht Jesus bekanntmachen im Sinne der Mission (Mt 28,18 ff) und somit ihn ehren. Früchte sind also nicht irgendwelche gute Taten, wie meistens volkstümlich gemeint ist, sondern nur die Taten, die zur Ehre Gottes – nicht zur eigenen Ehre! – getan werden. Darum sagt Jesus: »Ohne mich könnt ihr nichts tun« (Joh 15,5). Wir erkennen den Christen an seinen Früchten (Mt 7,16), die zur Ehre Jesu beitragen. Der Frucht des Glaubens entspricht die Demut, die Gott allein die Ehre gibt (Mi 6,8: »demütig vor (!) deinem Gott«). Wahre Buße bringt die Frucht dadurch (Mt 3,8), daß sie den Vater preist (Lk 17,18).

Nicht ohne Tiefsinn steht neben den Fruchtbaren *»die Faulen«*. Sie sind jene untätig Schwätzenden. Sie laden eben nicht zu Jesus ein, und darum droht ihnen das Gericht (Mt 12,36!; 1 Tim 5,13) wie den Fruchtlosen (Mt 3,10).

Die Frucht hat aber nicht nur einen Sinn für Gott, sondern auch für die anderen, daß sie gerettet werden, und für uns selbst. Je mehr der Baum Frucht trägt, desto mehr Kraft benötigt er. Je mehr Frucht der Christ bringt, desto mehr sehnt er sich nach dem Einssein mit Gott und Jesus Christus als seiner Kraftquelle: Die Erkenntnis steht also am Anfang des Glaubens und ist dessen Ziel (Joh 17,11.21.22). Um dem Mißverständnis zu wehren, als ob die Erkenntnis (Gnosis), wie die Gnostiker meinten, eine Sache des Verstandes, der Vernunft sei, steht hier nicht *gnosis*, sondern *epignosis*. Was für uns nicht übersetzbar, nur umschreibbar ist: Eine *»Erkenntnis, die über das hinausgeht«*, was wir sonst unter Erkenntnis verstehen. Es geht nicht um das denkerische Erfassen einer Wahrheit, sondern um das liebende Umfassen einer Person. Es geht um das Erkennen Jesu (Joh 17,3: »Das aber ist das ewige

Leben, daß sie dich, den allein wahren Gott, und den du gesandt hast, Jesus Christus, erkennen«).

Petrus setzt voraus, daß es Christen in der Gemeinde gibt, denen *»dies«*, die Erkenntnis Jesu, *»fehlt«* (V. 9). Es gibt ein Christentum, das nicht zur Erkenntnis Jesu kommt. Es hält sich mit anderem, mit Randfragen des Glaubens auf. Der Gegensatz zur Erkenntnis (»Gnosis«) ist nicht Unkenntnis – sie kennen Jesus! –, sondern Blindheit. Petrus schränkt ein: Jene sind nicht einfach »blind«. Sie haben ihr natürliches Sehvermögen, und in der Gemeinde kann keiner ganz geistlich blind sein. Aber sie sind *»kurzsichtig«*. Sie sehen nicht, was in der Zukunft auf sie wartet (3,13; es fehlt ihnen die Geduld, auf die Wiederkunft Jesu zu warten und zu schauen, 1,6; vgl. 1 Kor 15,19).

Sie sehen sehr genau, wo es in der Gemeinde fehlt. Die Fehler haben sie wohl recht überheblich beim Namen genannt. Nicht gesehen haben sie Jesus, der gekommen ist, uns zu reinigen (Joh 13,10). Die *»Reinigung«* der *»alten Sünden«* dürfte in der Taufe geschehen sein. An sie erinnert das Wort »Reinigung« (Eph 5,26), das freilich auch ganz allgemein im Blick auf den sühnenden Kreuzestod Jesu gebraucht wird (Hebr 1,3). Jedenfalls geht es um die »kostbare Verheißung« (V. 4). Schon im AT wird der griech. Wortbereich (Reinigung, reinigen, rein) für die kultische Reinheit verwandt (3 Mo 5,3; 12,7 f; 15,24) und meint bisweilen nichts anderes als die Versöhnung (3 Mo 16,30).

Der Vorwurf, sie hätten vergessen, daß sie die *»Reinigung«* ihrer *»alten Sünden empfangen«* haben, ist hart. Schon David mahnt sich selbst: »... vergiß nicht, was er dir Gutes getan hat: Der dir alle deine Sünde vergibt« (Ps 103,2 f). Wer die Sündenvergebung vergißt, mißachtet als erstes Jesu und Gottes Liebe; der nimmt zum anderen Gottes Willen nicht ernst; schließlich steckt in diesem Wort die Mahnung, doch ja nicht vergebene Sünde neu in sich aufleben zu lassen bzw. alte (Lieblings-) Sünden, die eigentlich vergeben sein sollten, weiter mit sich zu tragen oder sich von ihnen beschweren zu lassen (1 Joh 3,19-21). Sowohl im Leben des einzelnen als auch der Kirche wird weder die Vergebung durch Jesus immer als das Wichtigste geglaubt noch alle vergebene Sünde abgelegt: Wie vieles hat die (kath.) Kirche an griech. Gedanken in sich aufgenommen und an heidnischen Gedanken übernommen, um in der Mission Menschen zu gewinnen! Auch ist die (ev.) Kirche heute noch in Gefahr, sich vom Zeitgeist sagen zu lassen, was wichtig sei, um die entchristlichten Zeitgenossen für die Kirche zu interessieren.

Auch diese Blindheit auf Teilgebieten des Glaubens ist ein Stück Gericht Gottes (5 Mo 28,28 ff).

»Eifrig« zu sein (V. 10) gehört zum Wesen des Glaubens: Der Christ soll eifrig bemüht sein um die Einigkeit (Eph 4,3), bei der Unterstützung der Brüder (Gal 2,10; 2 Kor 8,7 f. 16; vgl. 2 Petr 1,5.10 mit 1,7!). Die Hingabe (Röm 12,11) und die grundsätzliche Haltung des Glaubens steckt in diesem Wort (2 Tim 2,15; Hebr 4,11; 6,11; 2 Petr 1,5.10; 3,12.14). Es meint geradezu die Auswirkung der »ersten Liebe« (Offb 2,4). Darum wendet sich Petrus hier betont an die *»Brüder«* (und Schwestern), d.h. an die Christen (vgl. Mt 25,31 ff).

Menschen werden zu Brüdern und Schwestern nur durch die *»Berufung und Erwählung«*. Von der *»Berufung«* spricht vor allem Paulus. Gott ruft aus der Welt, um uns zu rechtfertigen und zu heiligen (Röm 8,29 f; 1 Kor 7,15). Er ruft aus freier, unergründlicher Liebe (Röm 9,11 f; Gal 1,6.15), abseits von unseren Werken (beachte 1 Thes 2,12; Gal 1,6; 1 Petr 1,15).

Die *»Erwählung«* drängt zur Tat (1 Thes 1,4; Kol 3,12). Die Erwählung ist kein Freibrief zum Sündigen. Auch unter den Erwählten kann ein Teufel sein (Joh 6,70). Umschreibt Jesus in dem Rätselwort Mt 22,14: »Viele sind berufen, aber wenige sind auserwählt« einen Anfang und Endpunkt des Glaubens? Oder empfangen wir mit der Berufung die Erwählung, wie Schlatter meint? Gegen eine unberechtigte Selbstsicherheit wendet sich das NT mit seinen Imperativen, den Aufforderungen zum Gehorsam.

Darum betont Petrus den Eifer, *»Berufung und Erwählung festzumachen«*. »Fest« ist ein Begriff der Rechtssprache und bedeutet »rechtskräftig« (vgl. Mk 16,20; Hebr 2,2 f; Phil 1,7). Die Heilsgewißheit beruht auf der rechtsgültigen Verheißung und im Wort Gottes (1 Kor 1,6.8; Hebr 6,16.19; 2 Petr 1,10.19).

Unsere Berufung können wir nicht in dem Sinn festmachen, daß wir etwas dazutun, sondern nur in dem Sinn, daß wir »den Glauben empfangen« (V. 1!). Wie das in unserem Leben dann aussieht, sagt Petrus nicht, deutet es nur an: Das Stichwort »eifrig«, »mit Eifer« findet sich in Vers 5, wo in den folgenden Versen eine Reihe von Gaben genannt sind, die wir nicht »vergraben« dürfen (vgl. Mt 25,14 ff). Ebenso begegnen wir diesem Stichwort in Vers 15, wo es um das Erinnern in der Wahrheit Jesu geht, der das Licht ist (vgl. V. 19 mit 1 Petr 2,9), das zu verkündigen ist. Einen Abschreiber befriedigte diese Andeutung nicht, so daß er ergänzte, wir sollten »durch gute Werke und Trost« unsere Berufung festmachen (Codex Alexandrinus aus dem 5. Jahrhundert).

»Irgend einmal straucheln« – das kann mehrfach gedeutet werden: Es könnte an einzelne sittliche Verfehlungen gedacht sein (Jak 2,10) oder an Anfechtungen wie in Gethsemane. Der Zusammenhang legt jedoch nahe, daß davor gewarnt wird, in Irrlehre bzw. geistliche Verführung zu geraten. Am wahrscheinlichsten ist bei *»irgend einmal«* (Mt 24,3; Mk 13,33; Lk 17,20) und bei dem folgenden Vers (»Eingang«) an die ewige Verdammnis zu denken.

Das *»so«* (V. 11) bezieht sich nicht auf ein Tun des Menschen, das ihm den *»Eingang«* gewährt, sondern auf das Geschenk Jesu (V. 3). Diese »evangelische«, ganz und gar »ungesetzliche« Sicht unserer Zukunft unterstreicht Petrus mit den Worten: *»Der Eingang wird gewährt«*, d.h. er geschieht auf seine eigenen Kosten (V. 3) durch Jesu kostbares Blut, z.T. auch durch die Vermittlung von Gemeindegliedern (Eph 4,16; Kol 2,19), und mit *»Jesus der Retter«*. Der Retter kommt nur dem zu Hilfe, der in Lebensgefahr ist. Gott ist der Retter (5 Mo 32,5; Jes 12,2; Ps 62,3.7), so, als er Israel aus Ägypten errettete und aus seiner Schuld erlöste (vgl. Röm 5,9; 1 Kor 3,15; 5,5; 1 Thes 1,10; 5,9). Auch der Messias ist der Retter (Sach 9,9; vgl. den Knecht Gottes, Jes 49,6); das Retten aus Sünden ist Jesu Auftrag (Mt 1,21). Darum ist im NT Jesus der Retter (2 Tim 1,10).

Es geht hier um den *»Eingang in das ewige Königreich ... Jesu Christi«*, der *»gewährt werden«* (Futur!) wird. Auffällig stark betont Petrus gegen die Gnostiker, daß all das in der Zukunft uns zuteil werden wird (zum einen steht das Verb in Futur; das entscheidende Stichwort ist *»ewig«*; und der *»Eingang«* ist für die jetzt Lebenden noch nicht betreten). Im *»Königreich«* dreht sich alles um den König, nicht um das Volk, das für den König da ist (freilich nimmt er sich dessen an!). Wo der König Jesus Christus ist, da ist auch sein Machtbereich (Lk 17,21), aber sein Königreich, das nicht von dieser Welt ist (Joh 18,36), kann und wird den Menschen wieder mit seiner Kreuzigung weggenommen (Mt 21,43). Petrus spricht nicht vom »Reich Gottes« wie noch Johannes der Täufer, sondern vom *»Reich ... Jesu«*, weil Jesus seit seiner Himmelfahrt die Königsherrschaft übernommen hat (vgl. Eph 5,5; Offb 11,15), und erst, wenn seine Herrschaft sich durchgesetzt hat, geht sie in die Gottesherrschaft über (Offb 5,10; 20,4.6; 22,5). Christus gibt also am Ende der Tage die vom Vater empfangene Herrschaft ihm wieder zurück (1 Kor 15,25-28).

Wo immer Menschen sich hier der Herrschaft Jesu unterstellt haben, da sind sie in seiner noch unsichtbaren und zugleich in seiner der ihn anbetenden Gemeinde sichtbaren Königsherrschaft. Paulus kann bisweilen auch sagen: Wir sind versetzt in das Reich Jesu (Kol 1,12; Hebr 10,19 ff). Aber noch beten wir um das Kommen seines Reiches, das uns in Herrlichkeit erwartet (3.19).

Für Petrus, der Jesus verleugnet hat, war der Gedanke, den Eingang offen zu haben und nicht draußen vor verschlossener Tür bleiben zu müssen, eine ganz besondere Freude (vgl. Jesu Gleichnisse Mt 25,10-13; Lk 13,25-27).

Vorschlag zur Bibelarbeit über 2. Petrus 1,3-11

---

1. Einleitung

Ein Kernwort des NT ist »das Geschenk« (V. 3 ff). Die Frohe Botschaft ist ein Geschenk.

2. Durchführung

a) Was ist uns von Jesus geschenkt?

(1) Das Leben (V. 3)
1. das irdische Leben
2. das geistliche Leben des Glaubens
3. das ewige Leben
Kurz: 4. Alles was zur Fülle des Lebens dient
(2) Die Frömmigkeit (V. 3), d.h. die Ehrfurcht vor Gott
(3) Die Verheißung (V. 4)
– ist kostbar (V. 4), d.h. sie bietet die Vergebung durch das kostbare Blut Jesu;
– schenkt die Teilhabe an der göttlichen Natur (V. 4), d.h. sie bietet uns an, Gottes Ebenbild und Gottes Kind zu werden;
– läßt uns dem Verderben entfliehn (V. 4), d.h. der Gier nach den geschaffenen Dingen dieser Welt, die uns selbst zerstört.
Kurz: Der neue Himmel mit der Nähe Gottes ist uns verheißen.
(4) Der Glaube (V. 5)

b) Wodurch wird uns alles geschenkt?

(1) Durch die Erkenntnis (V. 3), d.h. durch die Liebe Gottes, die uns erkannt hat und in uns die Gegenliebe weckt;
(2) durch die Herrlichkeit Jesu (V. 3), die sich in der göttlichen Kraft zeigt von der Errettung Israels aus Ägypten bis zur Auferstehung Jesu;
(3) durch die Tugend Jesu (V. 3), die seine Kraft einsetzt als Wohltat uns zugut.

c) Welche Folgen hat das Geschenk?

(1) den »Eifer« (V. 5.10), mit dem die Christen tun, was sie zu tun haben, d.h. in der rechten Liebe zu Jesus;

(2) die »Tugend« (V. 5), d. h. sie bezeugen Jesu Wohltaten;
(3) die »Erkenntnis« (V. 5), die Liebe zu Jesus, die ihn und seinen Willen versteht und bejaht;
(4) die »Selbstzucht« (V. 6), die sich besonders auf sexuellem Gebiet bewährt;
(5) die »Geduld« (V. 6), die drunten bleibt unter den Schwierigkeiten in der Gewißheit auf Jesu Wiederkunft;
(6) die »Frömmigkeit« (V. 6), d. h. die Ehrfurcht vor Gott;
(7) die »Bruderliebe« (V. 7) zu den Mitchristen, die zur Familie Gottes gehören;
(8) die »Liebe« (V. 7) zu allen Geschöpfen;
(9) nicht faul sein (V. 8), d. h. seine Zeit nicht mit Geschwätz zubringen;
(10) nicht fruchtlos sein (V. 8), d. h. aus der engen Verbindung mit Jesus Kraft schöpfen, um ihn zu ehren;
(11) seine Erwählung festmachen (V. 10), indem wir unsere Gaben für ihn nutzen und ihn verkündigen;
(12) nicht straucheln (V. 10), d. h. nicht verlorengehen.
Kurz: Der Glaube, den Gott schenkt, bewährt sich.

Schluß

So schenkt Jesus den Seinen Zutritt zu seinem Königreich, auf das wir uns freuen dürfen.

3. Die Offenbarung Gottes in seinem Wort (1,12-21)

1,12-21: **»Darum will ich euch immer daran erinnern, obwohl ihr es wißt und gestärkt seid in der gegenwärtigen Wahrheit.**
(13) Ich halte es für gerecht, solange ich in diesem Zelt bin, euch zu erwecken in Erinnerung.
(14) Weiß ich doch, daß der Abbruch meines Zeltes plötzlich geschehen wird, wie auch unser Herr Jesus Christus mir geoffenbart hat.
(15) Ich bemühe mich aber auch bei jeder Gelegenheit, daß ihr nach meinem Auszug dies im Gedächtnis haben könnt.
(16) Denn wir sind nicht ausgeklügelten Sagen (wörtl. ›Mythen‹) nachgefolgt, als wir euch die Macht und Wiederkunft (wörtl. ›Parusie‹) unseres Herrn Jesus Christus kundgetan haben, sondern wir sind Augenzeugen seiner Großartigkeit geworden.
(17) Denn er empfing von Gott, dem Vater, Ehre und Herrlichkeit durch eine Stimme, die ihm solches brachte von der prachtvollen Herrlichkeit: ›Mein Sohn, mein geliebter, ist er; an ihm habe ich Wohlgefallen!‹
(18) Und diese Stimme haben wir gehört, als sie vom Himmel kam und wir mit ihm auf dem Heiligen Berge waren.
(19) Auch haben wir das prophetische Wort noch gewisser. Ihr tut gut, euch daran zu halten als an eine Lampe, die an einem dürren Ort leuchtet, bis der Tag anbricht und der Morgenstern aufleuchtet in euren Herzen.
(20) Das erkennt als erstes, daß alle Prophetie der Schrift nicht selbst ausgelegt werden kann.
(21) Denn noch nie ist durch den Willen des Menschen Weissagung hervorgebracht worden, sondern vom Heiligen Geist getrieben haben Menschen von Gott her gesprochen.«

Mit starken Worten im Griechischen, die kaum übersetzbar sind, betont Petrus in Vers 12 seinen festen Willen und Vorsatz, von dem er sich nicht abbringen lassen will, die Gemeinden zu erinnern, auch wenn es ihnen gar nicht gefallen sollte. Auch die Apostel Paulus (Röm 15,15; vgl. 1 Kor 15,1 ff; 11,24 ff) und Johannes (1 Joh 2,20 f) sahen es für ihre Pflicht an, die Gemeinden an das zu erinnern, was ihnen verkündigt ist (vgl. Ps 103,2).

Alle Christen haben es nötig, ständig neu auf Jesus ausgerichtet zu werden. Denn von Natur aus haben wir eine ganz andere Vorstellung von Gott. Gottes Heilsplan, Gottes Urteil über diese Welt erscheint dem natürlichen Menschen als Torheit (1 Kor 1,21; 3,18-20). So entsteht in uns ein Kampf zwischen unserem natürlichen Denken und der geoffenbarten Wahrheit Gottes. In diesem Kampf bedürfen wir der *»Stärkung«* durch die Erinnerung an Gottes Offenbarung. Darum ist uns die öffentliche Predigt und persönliche Andacht so wichtig (Jud 5).

Zwar erinnert Petrus und die anderen Apostel an Offenbarung Gottes. Aber *»gestärkt«* werden wir letztlich durch Jesus selbst, der uns gerade dazu seinen Hl. Geist gesandt hat (Joh 14,26). So benützt er auch Apostel und andere Christen. Darum kann Petrus andererseits sagen, daß die Christen das alles *»wissen«* und es den Anschein hat, als benötigten sie die Erinnerung gar nicht. Sie haben das Wort bei sich, sind nicht vom Licht getrennt und haben den Hl. Geist. Die *»Wahrheit«* ist *»gegenwärtig«*.

Die *»Wahrheit«* ist nicht eine Idee, ist nicht das Christentum, sondern eine Person, ist Jesus Christus selbst als die leibhaftige Treue Gottes. Schon im AT meint das Wort *»Wahrheit«* die Bundestreue Gottes (Hos 2,19 f). Die Psalmen sind voll von dieser Treue (Wahrheit) Gottes, die sich in seiner Güte und Gerechtigkeit bewährt (be-wahr-heitet; vgl. Ps 36,6; 89,34; 96,13; 100,5; 119,75.90.137 f). So kann Gott kurz als »Gott der Wahrheit« (5 Mo 32,4) besungen werden. Jesus ist die fleischgewordene Wahrheit, d.h. Treue Gottes (Joh 14,6). *»Gegenwärtige Wahrheit«* ist Jesus, die Mensch gewordene Wahrheit (Jak 1,14 ff; beachte 2 Petr 1,16: »Wir sind gefolgt«: Jesus), aber auch sein Hl. Geist (Joh 14,26). *Was* uns der Hl. Geist lehrt, ist in Joh 16,7-15 deutlich gesagt: Er lehrt Jesus und sein Heilswerk. Dennoch bleibt beides zu beachten: Wir werden an die Wahrheit erinnert werden müssen, obwohl Gottes Wahrheit in uns ist. Erst bei der Wiederkunft Jesu und der

Vollendung bedürfen wir nicht mehr, belehrt zu werden (vgl. 2 Mo 18,20; auch 5 Mo 4,1; Ps 119,7; mit Jer 31,34; Hes 39,29; s. auch 2 Tim 1,10; Kol 1,5).

»Gerecht« zu werden in seinem Amt, daran liegt Petrus viel. Seine wie jedes Christen Aufgabe ist die Mission (Mt 28,19 f) und die Zurüstung der Gemeinde (3,1). Die Gemeinde bedarf es, *»erweckt«* zu werden, weil auch sie in Gefahr ist, müde und schläfrig zu werden, ja einzuschlafen (Mt 25,1 ff). Die ganze Gemeinde, Kirche schläft bisweilen. Dann bedarf sie der Reformation. Wenn die Gemeinde mit der Welt schläft, kommt der Teufel und sät auf dem Acker Unkraut (Mt 13,25). In der Stunde der Anfechtung ist die Gefahr zu schlafen besonders groß (Mt 26,40) wie auch die zu sündigen (Eph 5,11-14; 1 Thes 5,6-10). Wach und nüchtern sein gehören zusammen (1 Thes 5,6 ff; vgl. 1 Petr 1,13; 4,7; 5,8). Der biblische Begriff der Erweckung bezieht sich auf schläfrige Gemeinden und Christen, die schon einmal bekehrt waren!

Es liegt geradezu ein göttlicher Zwang auf dem Apostel, die frohe Botschaft zu verkünden, dem er sich aber gerne unterzieht (1 Kor 9,16). *»Solange«* er auf Erden lebt, hat er zu predigen. Im Himmel kommt dann das Lob an die Reihe. Zwar dürfen wir Gott hier loben. Aber unser klarer Auftrag hier auf Erden ist die Mission (Mt 28,19 ff) und die Betreuung der Gemeinde (Joh 21,15). Es ist uns kein einziges Wort aus dem Munde Jesu überliefert, das uns auffordert, Gott zu loben. Die Gemeinde tut es auch unaufgefordert (Lk 24,53), darf im Überschwang ihrer Gefühle aber nicht ihre Aufgabe vergessen!

Lange hat Petrus nicht mehr zu leben. Er vergleicht seinen Leib mit einem *»Zelt«*, das abgebrochen wird. Wie Paulus (2 Kor 5,1 ff) vermeidet auch Petrus das Wort »Leib«, weil es von den Griechen und von all denen, die im griechischen Denken leben, mißverstanden werden muß. Für sie ist der Leib nicht, ebenso Gottes gute Schöpfung wie die Seele und alles, was Gott geschaffen hat, sondern der Inbegriff des Minderwertigen; nur der Geist gilt etwas. So denkt auch Petrus ganz alttestamentlich, wenn er vom Leib als »Zelt« spricht.

Heute hört man oft, daß beim Tod Leib und (!) Seele sterbe. Dahinter steckt ein kleines Körnlein Wahrheit: Der Mensch hat mit Leib und Seele als Ganzheit gesündigt. Darum müßte er auch als Ganzheit sterben. Aber in seiner Güte holt Jesus die Seinen zu sich. So sagt er zum Schächer: »Heute wirst du mit mir im Paradiese sein« (Lk 23,43); so freut sich Paulus zu sterben, um »bei Christus zu sein« (Phil 1,23). Auch vermeidet er den Begriff des Sterbens in 2 Kor 5,1-10 und umschreibt das Sein des fromm Gestorbenen, der bei Christus sein darf, mit den Worten »nackt sein« (2 Kor 5,3). Die leibliche Auferstehung folgt bei der Wiederkunft Jesu (1 Kor 15). Es ist Jesu Liebe, daß er die Seinen nicht durch den Tod von sich trennen läßt (Röm 8,38 f).

Jedenfalls müssen die Christen immer wieder aufgeweckt werden, daß sie nicht müde und schläfrig werden (Röm 13,12; 1 Thes 5,6-8).

Petrus weiß, daß er *»plötzlich«* bzw. »ganz bald« (so kann das Wort auch übersetzt werden) sterben muß (V. 14). Woher weiß er das? Hatte er jüngst eine Offenbarung wie Paulus (2 Tim 4,6; vgl. Apg 21,10 f)? Jedenfalls traten am Anfang der christlichen Gemeinde öfters Propheten auf (Apg 11,27-30). Oder war Petrus durch Beobachtung der Zeit anhand der Zukunftsaussagen Jesu (Mt 24) zu der Einsicht gekommen? Oder war ihm Jesu Ankündigung (Joh 21,19) so gegenwärtig, daß er aufgrund der neronischen Regierung die Christenverfolgung im allgemeinen und seinen Tod im besonderen ahnte? Sicher hatte Jesus dem Petrus mehr über dessen Nachfolge, Tod und ewige Hoffnung gesagt als wir heute wissen (vgl. Joh 13,37!). Aus dem Munde des Petrus hören wir keine Klage. Für ihn ist der Tod keine Last, sondern der Eingang in die ewige Heimat zu Gott.

Das Wort *»Abbruch (des Zeltes)«* ist im Griechischen vieldeutig und umschreibt nicht nur den »Abbau des Zeltes«, sondern auch das »Einrenken« eines verrenkten oder zerbrochenen Gliedes. In diesem Wort schwingt der Gedanke vom Christen als Glied am Leibe Jesu mit (Röm 12,4 f; 1 Kor 12,12-27; Eph 5,30). Jesus aber überläßt seine Glieder nicht dem Tod (Röm 8,38 f). So bekommt der bevorstehende Tod für Petrus bei allem Schrecklichen auch etwas Tröstliches.

Ganz in diesem Sinn spricht er in Vers 15 vom *»Auszug«* (griech. *exodus*), dem Fachausdruck für die Rettung des Volkes aus Ägypten, als Gott es herausführte aus dem »Knechtshaus«, um sie ins Gelobte Land zu bringen (2 Mo 19,1; das 2. Buch Mose heißt im Griechischen »Exodus« = Auszug; 4 Mo 33,38; Ps 105,38; Hebr 11,22). Schon Lukas hat den Tod Jesu im Blick auf seine Auferstehung »Auszug« genannt (Lk 9,31). Petrus hat sich *»jederzeit«* (das Wort kann sich sowohl auf des Petrus Bemühen als auch auf seine Hörer beziehen) *»bemüht«*, die Worte und Taten Jesu, sein Heilswerk, zu verkünden. Zunächst tat er es mündlich in der Predigt, dann aber auch schriftlich (z.B. in seinen beiden Briefen). Nach altkirchlicher Überlieferung hat er auch dafür gesorgt, daß Markus, sein Dolmetscher, das Evangelium niedergeschrieben hat. Das Amt des Apostels ist zeitlich auf die Anfangszeit beschränkt (Eph 2,20). Aber die Erinnerung der Gemeinde ist von allergrößter Bedeutung. Der Kampf des Bösen in uns, der krasse Widerspruch zwischen der Tat Jesu samt seiner Auferstehung und dem Augenschein der Gegenwart mit ihrer Glaubensanfechtung erfordern, daß wir laufend erinnert und so im Glauben an Jesus gestärkt werden. Darum betont Petrus dreimal mit verschiedenen Worten, daß es sein Auftrag ist, Jesu Werk in Erinnerung zu halten. Dieser Auftrag ist um so dringlicher, als sein Tod naht.

In allen Völkern und Religionen gibt es Mythen oder *»Sagen«*, in denen von Göttern und ihren Taten erzählt wird. Teils sind diese Göttergeschichten klug erfunden, teils mögen sie eine Ahnung von den bösen Mächten (unter Gott: Röm 8,38 f) widerspiegeln. Mit »Sagen« wird die Dichtung umschrieben, in denen die Völker ihre tiefsten Gedanken über die Natur und ihre Weltanschauung niedergelegt haben. Sich mit ihnen zu beschäftigen, verbietet Paulus (1 Tim 4,7).

Gegen die Mythen stellt Petrus in Vers 16, was die Apostel mit Jesus erlebt haben:

a) Sie sind *»Augenzeugen«*. Das griech. Wort bezeichnet den »Aufseher« und »Betrachter«. In 1 Petr 2,12; 3,2 gebraucht Petrus das Wort, wo er vom genauen Beobachten spricht. Nach 1 Kor 15,5 ist Petrus der erste, der Jesus, den Auferstandenen, sah. Sonst wird das im NT nicht berichtet, es sei denn im vielleicht verlorengegangenen Schluß des Markus-Evangeliums.

Für Petrus war seine Begegnung mit dem auferstandenen Christus umwerfend. Darum formulierte er: »Wiedergeboren durch die Auferstehung Jesu« (1 Petr 1,3; vgl. dazu aber 1 Kor 15,3).

Während sich die Gnostiker auf Visionen beriefen, beruft sich Petrus wie andere Gläubige der Urgemeinde darauf, Augenzeuge Jesu zu sein (Apg 1,8.22; 5,32). Sie wehren sich dagegen, Mythen und Märchen zu erzählen (1 Tim 1,4; 2 Tim 4,4; Tit 1,14). Sie haben das nicht nötig.

b) Jesu *»Großartigkeit«* haben sie erlebt. Gedacht ist an die großen Taten (Apg 2,11; vgl. Joh 1,14; 1 Joh 1,3). Petrus erinnert an die Verklärung Jesu (Mk 9,2 ff); sie wurde für die Ostkirche der Inbegriff der christlichen Hoffnung als Vorwegnahme der Auferstehungsherrlichkeit, während im christlichen Abendland die Auferstehung Jesu von den Toten unsere Zukunftshoffnung nährt. Für die drei ersten Evangelien, die Synoptiker, gehören die Verklärung Jesu und seine Auferstehung zusammen: In beiden offenbart sich Gottes Herrschaft und Jesu Herrlichkeit.

Von der ganzen Begründung, wie wichtig für den Verfasser des 2. Petrusbriefes es ist, Augenzeuge des Geschehens Jesu zu sein, Selbsterlebtes – nicht Erdachtes – *»kundzutun«*, wäre es schwer verständlich und mit seinem Wahrheitsbegriff schwer in Einklang zu bringen, wenn er dann sein Augenzeugnis erfunden hätte.

Petrus bezeugt Jesus als *»unseren Herrn«*, dem er Gehorsam leisten will, weil er die Macht hat und seine Wiederkunft in Aussicht steht.

a) Die *»Macht«* Jesu haben die Apostel erlebt in Predigt und Heilung (Mt 4,22). Sie können sie nicht verschweigen (Joh 1,14; Apg 4,20). Jesus ist der verheißene Gesalbte (hebr.: der Messias, griech.: der *»Christus«*; vgl. 2 Sam 7,12 ff; Jes 61,1 f).

b) Die *»Wiederkunft« (Parousia)* Jesu predigen sie (3,4.12). Das Wort parousia kommt im NT 24mal vor. Sechsmal wird mit diesem Wort die Anwesenheit eines Menschen ausgedrückt. Siebzehnmal bezeichnet es die Wiederkunft Jesu (Mt 24,3; 1 Thes 4,15; 1 Kor 15,23, wo die Auferstehung des verstorbenen Jesus und seine Wiederkunft miteinander gedanklich verbunden sind). Im 2. Petrusbrief wird mehrfach (3,4.12) ebenfalls mit diesem Wort Jesu Wiederkunft erwähnt. In diesem Sinne muß es auch hier verstanden werden.

Schon in der griech. Übersetzung des AT (LXX) wird die Ankunft Gottes mit diesem Wort »Parusie« offenbart (2 Mo 15,18; Ps 24,7 ff; 95,3 f) und die des Gesalbten geweissagt (Sach 9,9 f; vgl. 1 Mo 49,10).

Die Verkündigung des Apostels Petrus und der anderen Apostel ist für die Christenheit unentbehrlich. Die Apostel hatten das Amt, Augenzeugen zu sein. Dieses gibt es nur am Anfang. »Darum gibt es für die Apostel keine Nachfolger und für ihre Schrift keinen Ersatz. Deshalb hat die Kirche am NT ihr Fundament« (Schlatter).

Über dem Zeugnis der Augenzeugen steht das Bekenntnis Gottes zu Jesus (V. 17). Auf dem Berg der Verklärung (Mt 17,1 ff) empfing Jesus den Zuruf Gottes: *»Mein Sohn, mein geliebter ...; an ihm habe ich Wohlgefallen.«*

a) *»Mein Sohn«* sagt Gott zu Jesus. Gott hat viele Geschöpfe, die Menschen, und viele Kinder, seine Gläubigen (Röm 8,14). Aber er hat nur einen Sohn: Jesus Christus. Zwar wird im AT bisweilen das von Gott erwählte Volk Israel von Gott »mein erstgeborener Sohn« (2 Mo 4,22; Jer 31,9) genannt. Aber grundlegend ist die Weissagung 2 Sam 7,12-16: Von dem besonderen Nachkommen Davids, der ein ewiges Königreich haben wird, verheißt Gott: »Er soll mein Sohn sein« (vgl. Ps 84,4 ff)! Jes 9,1-5 und 11,1-9 sind Weissagungen auf die Inthronisierung dieses Königs, des Sohnes Gottes. Jesus nennt Gott – das ist einzigartig im Gegensatz zum AT – »Abba« (»Vater«; Mk 14,36; vgl. Gal 4,6; Röm 8,15). Er allein versteht den Vater recht (Mt 11,27). Bei der Taufe Jesu hat Gott sich zu Jesus als seinem Sohn bekannt (Mk 1,11). Jesus hat des öfteren andeutungsweise von seinem besonderen Verhältnis zum Vater gesprochen: in seinem Lobpreis (Mt 11,25-27), im Gleichnis von den bösen Weingärtnern (Mk 12,1-12), im Vorbehalt des Vaters, wann Jesus wiederkommen wird (Mk 13,32), und im Taufbefehl (Mt 28,19). Ferner ist hinzuweisen auf Jesu Selbstzeugnis im Johannesevangelium: 3,35 (vgl. Mt 11,27); 5,19.22.26; 12,49; 17,11 f; 20,31 (vgl. Apg 8,37); 1 Joh 1,3.7; 4,15; 5,5; Offb 2,18. Die Geburtsgeschichte offenbart uns das Geheimnis um Jesu Geburt (Mt 1,18 ff; Lk 2,1 ff). Die älteste Christenheit bekennt sich zu Jesus als dem Sohn Gottes; Paulus scheint urchristliche Bekenntnisse zu zitieren: die Inthronisation Jesu (Röm 1,3 f); die Sendungsaussage Jesu: (Gal 3,4 f; Röm 8,3); Jesu Dahingegebensein (Röm 4,25; 8,32; vgl. Joh 3,16); der Kreuzesinhalt der Missionspredigt (1 Thes 1,9 f; vgl. Mt 3,7; Röm 5,9); die Wiederkunft Jesu (1 Kor 15,23-28); das alte Christusbekenntnis: Phil 2,5-11).

Ganz nachdrücklich bekennt auch der Hebräerbrief Jesus als Sohn Gottes, als Erbe (1,2.8; 3,6; 5,8; 7,28), in urchristlichen Taufbekenntnissen (4,14; 6,6; 7,3; 10,29); zurückhaltend wird Gottes Vater-Würde beschrieben (1,5; 12,7.9). In der Urgemeinde wurde wohl bei jeder Taufe auf Jesus als Sohn Gottes hingewiesen (Apg 8,37 [siehe die Lesart in den versch. u.a. altlateinischen Handschriften]; 9,20; 13,33; vgl. Röm 1,3 f).

b) *»Mein Geliebter«*: Dies Wort hat eine alte Geschichte. Gott sagt zu Abraham, er solle den Sohn opfern, »den du lieb hast« (1 Mo 22,2; vgl. Jes 42,1). Es ist der einzige, der zudem einzigartig geliebt ist als der Verheißungsträger, an dem die ganze Zukunft liegt (1 Mo 12,2 f). So ist Jesus der von Gott einzigartig Geliebte, den er für unsere Sünde zur Sühne opfert.

c) *»An ihm habe ich Wohlgefallen«*: Dieses Wort erinnert an Gottes Gnade und Segen (Ps 5,13; 51,20; 89,18). Gott erwählt (Lk 2,14; 12,32). Das Gegenteil des Wohlgefallens Gottes ist die Verwerfung (Hebr 10,6.8.38; vgl. Hab 2,4). Bei der Taufe Jesu (Mt 3,17) und bei seiner Verklärung (Mt 17,5) ertönt Gottes Erwählungsruf, der Jesus in der Öffentlichkeit bestätigt. *»Von der prachtvollen Herrlichkeit«*, d.h. von Gottes Wesen und Macht empfängt Jesus Anteil. Jesus hat eine einzigartige Stellung zu Gott.

Man fragt sich, warum Petrus nicht die Herrlichkeit Jesu an seiner Auferstehung verdeutlicht. Natürlich denken wir bei dem Wort »Macht« (V. 16) auch daran, wie an seine Wunder. Aber Petrus verweist auf die Verklärung Jesu. Der Grund ist wohl ein doppelter: Zum ersten fragen sich die Empfänger des Briefes, ob Jesus wiederkommt oder ob mit seiner Auferstehung (wie immer die Sektierer sich diese auch vorstellten) alles schon erfüllt sei. Die Verklärung Jesu zeigt Jesu einzigartige Stellung zu Gott und gibt einen Einblick in die Ewigkeit, wo die Frommen bei Gott sein dürfen; Mose und Elia sind schon im Vorgriff Teilhaber der göttlichen Herrlichkeit, die auch auf uns wartet.

Zum zweiten ist Jesus bei seiner Verklärung schon geoffenbart, daß er zur Sühne für die Erwählten sterben wird. Im Widerspruch zur Sekte der Gnosis liegt aber Petrus alles an dem Erlösungswerk Jesu. Anders ausgedrückt: Das Heilswerk Jesu, die frohe Botschaft, ist nicht die Beschreibung der künftigen Herrlichkeit des auferstandenen Christus, sondern sein Leben auf Erden, sein Wirken in Berufung, Predigt und Heilung bis zu seinem Sühnetod am Kreuz. Gerade auf diesem Weg Jesu liegt Gottes Wohlgefallen.

Noch einmal betont Petrus in Vers 18, was ihm so am Herzen liegt: Er ist unmittelbarer Ohrenzeuge, wie Gott sich zu Jesus bekannte. Mit diesem Auftrag steht er nicht allein (vgl. 1 Joh 5,9).

»Wir haben diese Stimme gehört.« Mit *»wir«* stellt sich Petrus in die Gemeinschaft der zwölf Apostel bzw. der drei von Jesus gewürdigten Zeugen seiner Verklärung (Johannes und Jakobus). Das entspricht dem Wesen des christlichen Glaubens, daß wir Christen als Zeugen nicht allein stehen sollen, sondern in der Gemeinschaft. Nur in seltenen Fällen stehen Christen als Jesu Boten allein wie die Propheten. Bekannt sind Elia vor Ahab und Luther in Worms, wo jeder in seiner Lage sich zwar allein fühlte, es aber nicht war: Zur Zeit Elias hatten 7000 ihre Knie nicht vor Baal (1 Kön 19,18) – auch wenn für Elia nicht sichtbar – gebeugt, und auch Luther stand vor dem Kaiser nicht allein, wie sich zeigte. Auch an anderen Stellen sehen wir, wie wichtig den Jüngern Jesu die sie tragende Gemeinschaft ist. So läßt Paulus sich senden (Apg 13,1-3) und bittet

die christliche Gemeinde in Rom um seine Aussendung nach Spanien (Röm 15,22-23). Nur wenn es um den Glaubensgehorsam geht, kann der Christ in die Lage der Einsamkeit geraten; das ist für ihn eine besondere Anfechtung.

Für uns moderne Menschen ist diese Beweisführung nur schwer verständlich. Wir möchten die Wahrheit an uns erfahren – im eigenen Gefühl, geliebt zu sein, und im eigenen Erlebnis, gestärkt zu sein. Wir sehnen uns nach Wundern der Heilung von Krankheit oder der Veränderung der Menschen unter dem Einfluß des Glaubens. Wir möchten selbst mit der eigenen Kraft des – wenn auch – geschenkten Glaubens und der göttlichen Liebe wirken. Alles ist auf uns, unsere Sinne, unsere Beobachtung, unser Denken bezogen. Dagegen geht Gott einen anderen Weg bei Petrus und auch bei uns. Er will wirken, wann und wie er mag, auch verhüllt vor unseren Augen. Selbst bei der Himmelfahrt Jesu glaubten nicht alle dem, was sie sahen (»etliche zweifelten«, Mt 28,17). Nur wem Gott sich offenbaren will, der kann ihn erkennen.

Somit kommt Petrus auf das Wesen der Offenbarung zu sprechen. Ohne das Wirken des Heiligen Geistes (V. 21) könnten weder wir die Aussagen der Augenzeugen verstehen noch hätten sie das Geoffenbarte wahrnehmen können.

»Wir haben das prophetische Wort« (V. 19). Es ist wie ein Jubelruf über den Einblick, den Gott uns in sein Wesen und in seine Pläne gegeben hat (Ps 103,7), als er zu den Propheten sprach. Petrus spricht zunächst vom AT. Wie wichtig es ihm und dem ganzen NT ist, zeigt sich daran, wie häufig es zitiert wird. So greift vor allem Paulus immer dann auf das AT zurück und zitiert es, wenn er Gedanken vertritt, die unserem natürlichen Denken widerstreben (vgl. bes. Röm 9-11); Matthäus schreibt sein Evangelium und zieht dauernd die Linie Verheißung – Erfüllung; die Offenbarung des Johannes können wir nur verstehen, wenn wir das AT gut kennen und so für die atl. Anspielungen die richtige Erklärung haben. So ist das AT für uns Christen unentbehrlich.

Petrus spricht vom »prophetischen *Wort*« (*logos;* vgl. Joh 1,1 ff). Jesus ist das wahre Wort Gottes. Er spricht zu uns am klarsten von Gott (Mt 11,27). Schon bei der Offenbarung des AT war Jesus mitbeteiligt wie bei der Schöpfung (Joh 1,3).

Wir haben das prophetische Wort *»noch gewisser«*, d.h. es ist »rechtsgültig« (s. V. 10!). Das NT spricht häufig von der Gewißheit der Verheißung (Röm 4,16), die uns durch Jesu Tod geschenkt ist (Röm 15,8); es ist uns durch die Engel (d.h. durch den Hl. Geist) offenbart (Hebr 2,2), hat also göttl. Ursprung. Das gilt auch für das gepredigte Wort: »Wer euch hört, der hört mich«, sagt Jesus (Lk 10,16). Darauf beruft sich Paulus für seine Predigt (1 Thes 2,13), ebenso wie die Apostel (Apg 4,29). Gottes Wort ist mächtig (Apg 19,20). Davon geht Petrus auch in seinem ersten Brief (1 Petr 4,11) aus.

Das *»prophetische Wort«*, das AT, haben wir seit Jesus *»gewisser«*, weil es nur die Verheißung war, während wir die Erfüllung haben. Bei der Verklärung Jesu z.B. erfüllte sich in Herrlichkeit, was die Propheten des AT nur beschreiben und ersehnen konnten (vgl. Lk 2,29-32). Darum ist es heilsnotwendig, daß wir uns *»daran halten«* und die Bibel gründlich lesen; das Forschen in der Bibel wurde seit eh und je gelobt (Apg 17,11).

Petrus gebraucht hier das Bild von der *»Lampe«*, das in seiner Bild- und in seiner Sachhälfte von Bedeutung ist.

Die *»Lampe«* ist zunächst die (für unsere Verhältnisse) armselige Ölfunzel, die so dringend notwendig in dunkler Nacht ist, weil man sonst überhaupt nichts sehen kann. In der Welt ist es Nacht. Wir wissen nicht, was Gott von uns haben will, wenn er uns unserer »Gier« (V. 4), unseren Wünschen und Trieben ohne seine Offenbarung überließe. Petrus nennt unsere Welt einen *»dürren Ort«* (so wörtlich; findet sich in diesem Wort die Anspielung auf Jesus, der uns das lebendige Wasser [Joh 4,10-15; 7,38; vgl. Jer 2,13] schenkt, so daß wir nicht nur erleuchtet sind, sondern auch die Lebenskraft haben?). Wenn wir nicht vorsichtig mit dem Lämpchen umgehen, verlischt es und verliert seine Leuchtkraft für uns. Einem anderen wird es leuchten können, nur uns nicht mehr.

Die Ölfunzel mag uns sehr unbefriedigend klein vorkommen. Wir hätten gerne noch mehr gewußt und unsere Neugier befriedigt. Aber wir haben genauso viel Licht, wie wir brauchen, und soviel an Erleuchtung, wie Gott für uns für nötig hält. Darum sollen wir uns nur an diese Lampe halten und können zugleich froh sein, daß sie unser Leben erhellt. (Denken wir allein an ein Trostwort wie Jos 1,9!) Gleichzeitig sollten wir die Sachhälfte des Bildwortes von der *»Lampe«* bedenken. Jesus ist das Licht der Welt (Joh 8,12), wie er auch das Wort Gottes (s.o.) ist. Wir sollen uns letztlich an ihn halten; er steht über der Hl. Schrift. Denn er ist nicht nur eine Lampe, sondern das Licht.

Zwar haben wir jetzt das Licht Jesu nur über die Lampe der Hl. Schrift, des AT wie auch des NT. Aber es kommt der Tag, an dem Jesus wiederkommen wird. Dann zeigt sich das Licht in Fülle mit seinem ganzen Glanz.

Jesus ist der *»Morgenstern«* (einige wenige Handschriften überliefern die Lesart: »Morgenröte«). Jesus wird mit dem Planeten Venus verglichen, der immer nur in engster Nähe mit der Sonne zu sehen ist. Petrus greift ein atl. Bild vom Stern auf (Jes 60,1f; Sach 3,8; 6,12; (LXX); Jer 23,5 (LXX); 4 Mo 24,17 [Jesus der Stern aus Jakob]; vgl. auch, was über die Lehrer als Stern gesagt wird [Dan 8,10; 12,3]). Diesen Gedanken finden wir auch im NT: Jesus ist das herrliche Licht aus der Höhe (Lk 1,78; vgl. »Morgenröte«), der einzigartige Stern (1 Kor 15,41). Beachte auch die Aussagen in der Offenbarung (2,28; 22,16): Es ist der helle Morgenstern, der den anbrechenden Tag ankündigt, an dem das Licht in Fülle uns umgeben und die Herrlichkeit der Erlösung in Vollendung bringen wird.

Petrus spricht hier von der Wiederkunft Jesu, da er sein Licht uns rein und klar schenken wird. So lange müssen wir noch warten.

Wenn Jesus wiederkommen wird, dann bedürfen wir der Belehrung durch AT und NT nicht mehr. Dann wird Jesus uns inwendig erleuchten *»in (unseren) Herzen«* (1 Joh 3,2; vgl. aber Eph 3,17).

Petrus weiß sehr wohl um die Gefahr, wenn die Bibel ausgelegt wird (V. 20). Wer sie verstehen will, bedarf der göttlichen Erleuchtung. Ohne den Hl. Geist können wir Gottes Wort nicht recht verstehen, sondern werden sehr schnell zu eigenmächtiger Auslegung kommen, so daß wir nur noch unsere

Lieblingsgedanken hören und die Bibel nicht mehr sagen lassen, was sie uns sagen will. Israel kann ohne den Hl. Geist die Verheißungen des AT auf Jesus als den Messias nicht erkennen; ebenso ist die Kirche ständig in Gefahr, Gottes Wort umzudeuten in eine rein existentiale Interpretation oder als soziale (nicht diakonische) bzw. politische Anweisung oder als Verinnerlichung ohne Gehorsam. Es gibt vielerlei Spielarten, wie wir das Wort der Hl. Schrift umdeuten oder zurechtstutzen, bis es nur noch das sagt, was wir gerne hören.

Darum warnt Jesus vor den falschen Propheten, denen die Liebe zu Gott, Jesus und den Menschen fehlt (Mt 24,11), und fordert von uns, daß wir die Völker »lehren« (Mt 28,20).

»Alle Prophetien der Schrift« – diese Wörter umschreiben das AT im Hinblick auf ihre prophetischen Aussagen (vgl. Offb 22,7). Auch sonst ist mit der *»Schrift«* das AT gemeint (Joh 2,22; 5,39; 13,18; 1 Petr 2,6;), oder das AT heißt »die Schriften« (Mt 21,42; Lk 24,27). Sowohl Lukas als auch Paulus gebrauchen Einzahl und Mehrzahl wechselweise (Apg 1,16 – 17,2.11; 18,24; oder Röm 4,3; 9,17; – 1,2; 15,4; 16,26; oder Gal 3,8; 2 Tim 3,16 – 1 Kor 15,3). Der Umfang der Schriften, die zum AT gehören, d.h. der Kanon des AT wurde im Judentum vom Synhedrium, dem Hohen Rat, erst auf der Synode von Jabne um 90 n.Chr. festgelegt.

Die Kirche Jesu, wenn sie wirklich seine Kirche ist, ist Geschöpf seines göttlichen Wortes. Darum müssen wir uns hüten, daß wir nicht irgendeine Auslegungsmethode als den einzigen Schlüssel zur Hl. Schrift erklären oder Ideologien und Theorien über die Hl. Schrift stellen. Ohne Erleuchtung durch den Hl. Geist können wir die Hl. Schrift nicht verstehen.

Sie *»kann nicht selbst ausgelegt werden«*: Jesus deutet seine Gleichnisse selbst (Mk 4,34). Das AT, das vom Hl. Geist eingegeben ist (Apg 28,25; 2 Tim 3,16), bedarf auch seines Beistandes bei der Auslegung, wie er auch (den Aposteln) eingibt, was zu predigen ist (Apg 2,1-6; bes. V. 4).

Bisweilen wurde schon ein Gegensatz zwischen Paulus und Petrus erdacht, weil Petrus davon redet, daß die Bibel als Gottes Wort vom Hl. Geist eingegeben, d.h. inspiriert sei, während Paulus sagt, daß der Buchstabe tötet (2 Kor 3,4-11). In Wirklichkeit zitiert Paulus die Hl. Schrift ganz unbefangen und mißt ihr Weisungsbefugnis zu. Nur wehrt er sich gegen eine Auslegung, die nicht vom Hl. Geist gewirkt ist, sondern eigenmächtig das Wort Gottes im Widerspruch zu sich selbst deuten will. Die Kirche lebt von den Zeugenaussagen, bei denen Schrift und Hl. Geist verbunden sind (Joh 5,39; 14,26; Röm 1,2; 1 Kor 14,37 f).

»Weissagung ist nie durch den Willen des Menschen hervorgebracht« (V. 21a). Mit diesem Satz wendet sich Petrus gegen die Vorstellung, daß Menschen, etwa religiöse Persönlichkeiten, aufgrund ihrer Gefühle ihre Gedanken zu Papier gebracht hätten und daß so die Bibel entstanden sei. Die Bibel ist kein Buch, das die religiösen Gefühle oder das eigene Glaubensdenken oder Glaubenszeugnis enthalte. Die Bibel ist Gottes Offenbarung. Nicht der eigene Wille, etwas zu schreiben, sondern Gottes Befehl, seine Worte niederzuschreiben, steht am Anfang (Jer 36,2.28); Jeremia bekam nur Ärger mit dem geschriebenen Wort Gottes wie Amos mit dem gepredigten: Am 7,12 f). Als Ergriffene haben die Propheten das Wort ergriffen (Jer 15,10-20; Apg 4,20; 20,7-9).

Zu aller Zeit mußte die Gemeinde prüfen, ob das, was gepredigt wurde, vom Hl. Geist eingegeben ist oder selbst erdacht (vgl. Jeremias Ringen mit Hananja; Jer 28). Im AT gibt es eine Reihe von Maßstäben, an denen echte Prophetie geprüft werden kann: z.B. das Reden von Gericht und Strafe für den Unbußfertigen (Jer 28,8 f), die Erfüllung des Gesagten (Jer 28,9), Träume ohne Wirkkraft (Jer 23,28 f; Jes 55,11), eingetretene Wunder mit dem Hinweis, man solle andere Götter, neue, geistlich scheinende Ideen aufnehmen ohne Gehorsam gegenüber dem Wort (5 Mo 13,1-6).

Im NT ist der Maßstab die Hochachtung Jesu (1 Kor 12,3); das Wort muß geprüft werden (1 Joh 4,1), indem etwa mehrere weissagen (1 Kor 14,29) und ihre Aussage anhand der Hl. Schrift geprüft wird (Apg 17,11) und indem darauf geachtet wird, ob in prüfbereiter Demut (1 Kor 14,29), in Ordnung und Unterordnung (1 Kor 14,30-33) gepredigt wird (vgl. auch 1 Thes 5,20 f).

Ferner bringt Gottes Wort auch Scheidungen hervor (Hebr 4,12); *von Gott* reden die wahren Propheten; bei ihnen steht nicht der Mensch im Mittelpunkt, wie wir es gerne haben und was auch nach Nächstenliebe aussieht, sondern bei dem wahren Wort Gottes steht der Allmächtige im Mittelpunkt.

Wie oft stellen Menschen andere Themen vorne an! Da redet man von der Ethik, der Weltverantwortung, von Natur und der Zukunft des Menschen, vom menschlichen Wohlergehen. Vielleicht kommt auch Gott dabei vor, aber das Herz schlägt nicht für Gott. Das ist die höchste Alarmstufe. Denn für den Glaubenden und damit für alle Propheten dreht sich alles um Gott. So verkündet auch der Hl. Geist nur Jesus Christus (Joh 16,7-15).

Offensichtlich taten sich einige Abschreiber damit schwer, daß die Propheten nicht stärker herausgehoben wurden. Darum fügten sie in verschiedenen Handschriften das Wort »heilige« ein: heilige *»Menschen«*. Aber Gott wählt sich die Seinen aus, wie er will. Oft sind es gerade Einfache, Schwache, Vergebungsbedürftige (1 Kor 1,27), zu junge Menschen (Jer 1,3 ff), Schuldbewußte (Jes 6,5; vgl. die Aussage über Elisabeth in Lk 1,6: »fromm« mit der über Maria, die Mutter Jesu, wo jeglicher Hinweis auf ihren Glauben fehlt, Lk 1,26 f). Die Bibel wird nicht zu Gottes Wort durch die Frömmigkeit ihrer Schreiber, Leser oder Prediger. Die Bibel ist göttlich, weil sie von Gott eingegeben ist.

Vorschlag zur Bibelarbeit über 2. Petrus 1,12-21

1. Einleitung

Petrus hat den Tod vor Augen, als er seinen Brief als geistliches Testament (V. 14) schreibt über den Auftrag des Apostels und jeden Christen: die Offenbarung Gottes in seinem Wort.

2. Durchführung

a) Was ist der Auftrag des Christen?

(1) Die Christen sind zu erinnern an Jesus, die Wahrheit (V. 12). Denn jeder hat seine eigene Vorstellung und Wünsche, die ihn von Jesus wegführen.
(2) Die Christen sind zu erwecken (V. 13), denn jeder ist in Gefahr, müde zu werden. Je näher Jesu Wiederkunft, desto größer ist die Versuchung, im Kampf des Glaubens zu erlahmen.
(3) Die Christen haben ein bleibendes Wissen (V. 15).
Kurz: In der Bibel ist der Auftrag der Christen niedergelegt.

b) Was ist der Inhalt der Bibel?

(1) Nichts selbst Ausgedachtes,
keine eigene Glaubenserfahrung,
keine Urahnung aus Mythen,
keine Gedanken aufgrund der Weltanschauung (V. 16).
Kurz: Wir können viel sehen, hören und denken und nehmen doch wenig wahr.
(2) Jesus Christus
- seine Macht (V. 16)
- seine Verklärung – der Hinweis auf seinen Sühnetod (V. 17 f)
- seine Wiederkunft (V. 16)
- er ist das Licht (V. 19)
- er ist unser Herr (V. 16) – wir gehorchen ihm

(3) Gott (V. 21)

c) Woher weiß die Bibel um Gott und Jesus Christus?

(1) Von den Augenzeugen
- Petrus hat Jesu Verklärung miterlebt (V. 16).
- Petrus hat erlebt, wie Gott selbst sich zu Jesus bekannte (V. 17).

– Die Erfüllung in Jesus bestätigt die AT-Verheißung (V. 19).

(2) von den alttestamentlichen Propheten (V. 19); das AT ist wie eine Lampe, die uns Gottes Wege erleuchtet.
(3) Nicht die Frömmigkeit des Menschen, sondern Gottes Erwählung macht den Propheten (V. 21).
(4) Die Schreiber der Bibel waren vom Hl. Geist erfüllt (V. 21). Sie mußten oft predigen, wenn und obwohl es ihnen schwerfiel.

d) Wie verstehen wir die Hl. Schrift recht?

(1) Der eigene Verstand, der Fleiß im Lesen, der Wille zu verstehen und die eigenen Überlegungen helfen nicht, auch wenn sie wertvoll sind (V. 21).
(2) Nur der Hl. Geist öffnet uns das Verständnis für die Hl. Schrift (V. 21).

Schluß

Wer an Jesus glauben will, muß sich an sein Wort halten (V. 19).

4. Die Verführung durch menschliche Worte (2,1-3)

2,1-3: **»Es waren aber auch falsche Propheten im Volk, wie auch unter euch Lügenlehrer sein werden, die Spaltungen des Verderbens einführen und den Herrn, der sie freikaufte, verleugnen werden; sie werden sich ein rasches Verderben zuziehen.**
(2) Und viele werden ihren Ausschweifungen folgen, deretwegen der Weg der Wahrheit gelästert wird.
(3) Und aus Habsucht werden sie euch mit erdichteten Worten erkaufen. Das Gericht über sie ist seit alters nicht müßig, und ihr Verderben schläft nicht.«

Petrus wird in Vers 1 deutlicher: Die Gefahr für die Gemeinde kommt von innen heraus. Wie zur Zeit des AT kommt auch jetzt die Verführung der Gemeinde aus ihrer Mitte, aus dem *»Volk«*. Damals waren es die *»falschen Propheten«* (z.B. z.Zt. Elias: 1 Kön 18 f [hier Baalspropheten genannt]; Jes 28,7 ff; Jer 6,13 ff; 28; Hes 13; 5 Mo 13,2-4). Sie übernahmen in den wahren Glauben heidnische, zeitgemäße Ideen; dementsprechend lehrten sie einen anderen Sündenbegriff, so daß dem Menschen geschmeichelt wurde und er kein Gericht Gottes mehr fürchten mußte. Auch deuteten sie die Liebe Gottes und seine Treue so, daß sie nur noch »Frieden« predigten (Jer 6,14).

Auch Jesus warnte vor den falschen Propheten (Mt 24,4.24; vgl. Mt 7,15).

In der frühen Christenheit waren weder die falschen (Lügen-)Propheten (nur 1 Joh 4,1; Apg 13,6; Offb 16,13) noch die *»falschen (Lügen-) Lehrer«* (nur 2 Petr 2,1) ein Problem. Jesus warnt vor ihnen; Petrus spricht von ihnen als von etwas Zukünftigem. Aber offensichtlich fing das Problem damals an.

Manche Ausleger deuten es anders: Die Zeit der falschen Propheten sei von der der *»falschen Lehrer«* abgelöst worden; der 2. Petrusbrief stamme aus der Spätzeit. Aber dafür sind die Belege (wie aufgezeigt) zu gering. Eher liegt die Antwort darin, daß Petrus, der Apostel und Augenzeuge, der so großen Wert auf die »Erinnerung« (Kap. 1) legt, großes Interesse an der Lehre hat. Er, der Jesus begleitet hat, sieht in Jesus den Lehrer schlechthin. So stellen uns auch die Evangelisten Jesus vor: von den 59 Stellen, an denen das Wort »Lehrer« vorkommt, ist 41mal Jesus gemeint. Das Amt des Lehrens ist in der Urgemeinde neben zwei anderen das Wichtigste! So schreibt Paulus von drei Ämtern der Gemeinde: »Apostel, Propheten, Lehrer« (1 Kor 12,28). In einer späteren Zeit nennt Paulus fünf Ämter: »Apostel und Propheten«, fügt dann Evangelisten und Hirten ein, schließt die Reihe aber wieder mit den Lehrern ab (Eph 4,11). An anderen Orten ohne Apostel sind Propheten und Lehrer tätig (Apg 13,1). Wie hoch Paulus das Lehramt schätzt, zeigt sich an zwei Stellen, 1 Tim 2,7; 2 Tim 1,11, wo er sich »Herold und Apostel und Lehrer (der

Heiden)« nennt. Andererseits liegen Propheten und Lehrer nicht so weit auseinander, weil die Propheten keine Wahrsager sind, sondern den Willen Gottes kundtun sollen und gleichzeitig für den Fall des Ungehorsams das bevorstehende Gericht ankündigen (1 Tim 4,1; Apg 20,28).

Ein Amt, das so hoch geachtet ist, muß gefährdet sein. Wo Petrus lebte, konnte er wohl Schlimmeres verhüten. Aber in der Ferne (*»unter euch«*) werden sie Einfluß suchen. *»Im Volk«* treten sie auf. Sie haben ihren Rückhalt also in der breiten Masse, finden dort auch Anklang. Sie sind nicht so eng und leben nicht so zurückgezogen. Ob sie auch so in der Gemeinde leben, wie sie sich unter den Leuten bewegen?

Was lehren die *»falschen Lehrer«* Falsches?

Als erstes nennt Petrus, daß sie *»den Herrn, der sie freikaufte, verleugnen«*.

Für *»Herr«* hat Petrus ein sehr starkes Wort gewählt (*despotes*). Es bezeichnet (a) den Hausherrn im Gegensatz zu dem Sklaven, (b) den unumschränkten Gebieter (in Sparta den aristokrat. Rat), (c) die Götter.

Die falschen Lehrer leugnen also Jesus als ihren Gebieter.

Zum anderen bestreiten sie, daß Jesus sie *»freigekauft«* hat. Nach allem, was wir aus dem NT erfahren, hat Jesus für uns gebüßt, oder (anders ausgedrückt) mit seinem kostbaren Blut unsere Schuld bezahlt (1 Petr 1,2.19; vgl. 2 Petr 1,4). Daß wir Christen von Jesus *»freigekauft«* sind, wird oft im NT gelehrt: freigekauft durch sein Blut (1 Kor 6,20; 7,23; Offb 5,9; 14,3.4). Mit diesem Bild ist das Heilswerk Jesu umschrieben. Wer das leugnet, bestreitet nicht nur die Rettung durch Jesus, sondern auch die Schuld des Menschen und seine Erlösungsbedürftigkeit. Hier liegt das theol. Problem jener falschen Propheten: Sie bestreiten, daß es um den Menschen so schlecht stehe. Damit verleugnen sie Jesus. Hier geht es um das Mark des Glaubens.

Auch wir haben uns immer wieder zu fragen, was uns an Jesus das Wichtigste ist (seine Friedenslehre? sein diakonischer Auftrag oder nur die davon abgeleitete soziale Gesinnung?) und anhand der Hl. Schrift zu prüfen, was Jesus am Herzen lag.

Was tun die *»falschen Propheten«* Falsches?

»Sie führen Spaltungen ein.« Damit tadelt Petrus ein Doppeltes. In dem Wort *»einführen«* (vgl. Gal 2,4) steckt ein Vorwurf: Die falschen Lehrer sind nicht offen vorgegangen. Sie haben ihre eigenen Gedanken geschickt vorgetragen. Wahrscheinlich haben auch sie – wie es noch öfters in der Kirchengeschichte geschehen ist – biblische Worte gebraucht, aber etwas ganz anderes damit gemeint. Wir wissen darüber nicht viel. Denn weder Paulus noch Petrus haben es für richtig gehalten, die falschen Aussagen noch einmal vorzutragen und dann zu widerlegen. Sie sprachen wohl von Christen, die aber ganz anders von Christus dachten als die Gemeinde (vgl. die stete Betonung von »wertvoll«, 1,4, oder »erkaufen« doch wohl mit dem teuren Blut Jesu, 2,1; vgl. 1 Kor 6,19 f). Sie gebrauchten biblische Begriffe, deuteten sie aber um. Petrus wirft ihnen vor, die Sektierer hätten heimlich andere Gedanken in die christliche Gemeinde eingeschmuggelt.

Der zweite Vorwurf betrifft die *»Spaltungen«* (*hairesis*). Das griech. Wort hairesis meint ursprünglich »die Wahl«, später dann auch Irrlehre (Häresie). Menschen wählen sich ihre eigenen religiösen Wunschvorstellungen, lassen sich aber nicht rufen von dem sie erwählenden Jesus Christus. Sie gehen nicht mehr den »Weg« (V. 2; Apg 9,2; 16,17; 18,25; 24,14) des Gehorsams in der »Nachfolge« Jesu (V. 2). Lukas nennt die Gruppen Pharisäer und Sadduzäer »Partei« (*hairesis;* Apg 5,17; 15,5; 26,5). Nach ihm wurden auch die Christen von den Juden »Spaltung-Partei« genannt (Apg 24,5.14; 28,22).

Die christliche Gemeinde nannte sich *ekklesia*, d.h. die aufgrund der Erwählung Gottes herausgerufene Schar (Röm 8,29 f; vgl. Röm 1,6 f; 1 Kor 1,2). Sie ist die »Gemeinde Gottes« (1 Kor 1,2; 11,16.22; 2 Kor 1,1; Gal 1,13; 1 Thes 2,14; 2 Thes 1,4; beachte: nur zweimal heißt es »Gemeinde in Christus«: Gal 1,22; Röm 16,16). Weil Gott die Gemeindeglieder aus der Welt in seine Gemeinschaft gerufen hat, darum ist sie seine Gemeinde/Kirche.

Die Gemeinde ist immer eine greifbare Größe (z.B. 1 Kor 1,2; 2 Kor 1,1; die Gemeinde in Korinth). Wesentlich ist das Zusammenkommen (1 Kor 11,18). Gemeinde ist sie trotz der in ihr versagenden Christen (vgl. 1 Kor 5: sexuelle Verfehlung; 6: Prozesse; 15: Beurteilung der leiblichen Auferstehung). In der Gemeinde bricht die Gottesherrschaft an. Zur Kirche gehören alle Berufenen; das unterscheidet sie von der Sekte, die sich ihre Leute selbst auswählt nach Sympathie und Interessen. Die »Spaltungen«, »Gruppen«, »Sekten« haben dagegen etwas Privates, Eigenmächtiges an sich. Darum gehören diese zu den Werken des Fleisches (Gal 5,20). Wer die Gemeinde spaltet und in Parteien auflöst, zerteilt den Christus, dessen Leib (1 Kor 12,27) die Gemeinde ist (1 Kor 1,10 ff; 11,18 ff). Meist geht es bei allen Spaltungen um das eigene Ich einer starken Persönlichkeit, die sich nicht unterordnen kann.

Die Gemeinde hat von Jesus den Auftrag, gegen die Spaltungen vorzugehen (Mt 18,15 f; vgl. 2 Joh 10), z.B. den ketzerischen Menschen zu meiden (Tit 3,10). Andererseits sind die Spaltungen im Heilswerk Jesu eingeplant. Sie dienen zur Klärung in der Gemeinde (1 Kor 11,19).

»Sie werden sich ein rasches Verderben zuziehen.« Die Sünde trägt die Strafe in sich. Das Wort *»Verderben«* umschreibt im AT die Vernichtung einer Stadt oder eines Volksstammes (4 Mo 16,33), die Ausrottung aus Gottes Volk (3 Mo 20,3.5.6; vgl. 5 Mo 28,20.22.24; 30,18), die Gott selbst besorgt (4 Mo 14,12; 5 Mo 8,20). Jesus spielt auf dieses Gericht Gottes an (Lk 15). Damit wir nicht *»verderben«,* ist er gekommen, um uns zu retten. Menschen können verlorengehen (1 Kor 1,18; 2 Kor 2,15; 4,3). Seit Jesu Erscheinen gibt es nur noch zwei Gruppen von Menschen: Gerettete und Verlorene! Ohne Buße (3,9; Lk 13,3.5) gibt es keine Errettung.

Auf der einen Seite spricht Gott von seiner Geduld (Ps 103,8.11), andrerseits weiß der Fromme, daß Gott bisweilen furchtbar schnell, *rasch* das Gericht bringt (Ps 90,7). Wir haben es nicht in der Hand, wann wir gerettet werden wollen.

Das Wort vom Verderben steht bisweilen im Zusammenhang mit den Taten, aufgrund deren es kommt: wenn Menschen auf die irdischen Dinge aus sind und ihr Gott ihr Bauch ist (Phil 3,19; Röm 16,18). Davon spricht Petrus im nächsten Vers:

»Viele werden ... folgen« (V. 2). Einerseits spricht Petrus von der Verführung (V. 1), andrerseits folgen viele auch bereitwil-

lig. Ob sie die Ideen der Gnosis verstanden haben? Es war genügend Anziehendes da (schmeichelnde Worte und Anerkennung von Menschen: 1 Thes 2,5 f; süße Worte und prächtige Reden: Röm 16,18); auch dürfen die Worte von der Freiheit nicht unterschätzt werden: die Predigt von der Freiheit vom Gesetz (Röm 8,2.21; Gal 3,28) hatten die Gnostiker offensichtlich radikalisiert. In der Praxis sah das dann so aus:

»Ausschweifungen« waren an der Tagesordnung (Röm 13,13; Gal 5,19; 1 Petr 4,3). Es ging dabei fast immer um die Freiheit vom sechsten Gebot, um unsittliches Verhalten. Statt Jesus folgten sie Frauen nach. Die Sektierer werden das anders gesehen haben: Veränderte, »zeitgemäße« Sittlichkeit, Abkehr von einer »überholten« Moralvorstellung. Gottes Wort aber verbietet solches unabhängig von unseren Wünschen. Das Recht (Hos 2,20; Ps 113) ist ein Segen.

Durch solch ein Leben wird *»der Weg der Wahrheit* (s. 1,12) *gelästert«*. Es geht im Glauben an Jesus auch um den Gehorsam, um die Nachfolge, wie Jesus das nennt. Diesen *»Weg«* haben wir zu gehen (vgl. Mt 7,13 f; Apg 9,2; 24,14.22). Jesus ist der Weg (Joh 14,6). An der Wahrheit freut sich schon der Fromme im AT (Ps 119,30) in der Vorahnung Christi. Es ist der Kummer Gottes, daß durch den Ungehorsam seines Volkes er selbst entehrt wird (Jes 52,5; vgl. Hes 36,22.32). Wenn Christen sich so verhalten, erregen sie nur Ärgernis und stoßen andere von sich und von der Gemeinde ab. Der Glaube ist nicht eine Weltanschauung, keine Idee oder Theorie. Er dreht sich nicht um eine Sache, sondern um eine Person: um Christus. Wir sollen kommen (zu ihm) und ihm nachfolgen und in die Welt zur Mission gehen.

»Habsucht« spielt bei den falschen Lehrern außerdem eine große Rolle (V. 3). In der damaligen Zeit reisten viele durchs Land, um leicht Geld zu verdienen, sei es als Künstler – die Leute sehen und hören zu allen Zeiten gerne etwas; in Zeiten des Wohlstandes haben sie auch genug Zeit –, sei es als Philosoph – besonders die Griechen freuten sich an wohlgesetzten, klugen Worten (1 Kor 2,1; 2 Kor 10,10) –, sei es als religiöse Führer. Damit konnte man zu allen Zeiten Geld verdienen. Je größer der Kreis, desto gesicherter die Stellung. Anhänger ge-

ben gerne Geld oder Geschenke. Paulus mußte sich gegen den Vorwurf wehren, es gehe ihm ums Geld (1 Kor 9,4-11). Darum wollte er trotz der Erlaubnis Jesu kein Geld annehmen und lieber seinen Lebensunterhalt als Teppich/Zeltmacher verdienen (Apg 18,3; 1 Thes 2,5.9; 2 Thes 3,6 ff; 1 Kor 9,12; 2 Kor 11,7-9; 12,13; Phil 4,15 ff). Wer dann auch noch eine künstlerische (so wörtl. *»erdichtete«*) Sprache hat, der kann die Leute hinter's Licht führen, sie betrügen, d.h. *»sie erkaufen«* (das Wort stammt aus der Kaufmannssprache und spricht vom Geschäfte machen!). Von Jesus wollen sie sich nicht »freikaufen lassen« (V. 1), aber von raffinierten, religiösen Verführern lassen sie sich aufkaufen. Jene haben für die Menschheit nichts getan, nur für ihr Wohlergehen, während Jesus sich für uns geopfert hat. Wer versteht nicht Gottes Klage (Jer 2,13!)?

Mancher Christ, der im Kampf des Glaubens (Phil 1,30; Kol 2,1; 1 Tim 6,12; 2 Tim 4,7; Hebr 10,32; 12,1) müde geworden ist und schläfrig zu werden droht (1,13), mag neidvoll auf das leichte Leben der Gnostiker geschaut haben. Die Verführung lauert. Petrus aber warnt. Während manche Christen schlafen, *»schläft das Verderben nicht«*, und *»das Gericht ist nicht müßig«*. Schon *»seit alters«*, d.h. schon im AT gab es diese Versuchungen, und das Gericht kommt so, wie es schon ansatzweise kam: über Sodom u.a.

Vorschlag zur Bibelarbeit über 2. Petrus 2,1-3

---

1. Einleitung

Seit eh und je ist die Gemeinde bedroht (Verfolgung von außen, Irrlehre von innen).

2. Durchführung

a) Es gibt falsche Lehrer

(1) Die Bibel legt großen Wert auf die rechte Lehre (vgl. 2 Petr 1: »erinnern«; beachte die vielen Bekenntnisse im NT, z. B. Mt 16,16; 1 Kor 15,3 ff; Phil 2,6 ff; bedenke die Mahnung, »treuer Zeuge« sein zu sollen: Mt 24,45; Lk 12,42; 16,10; 1 Kor 4,2; Kol 1,7).

(2) Dagegen steht der falsche Zeuge, der die Gemeinde verführt. Je näher es der Wiederkunft Jesu entgegengeht, desto mehr falsche Zeugen treten auf.

b) Was lehren sie Falsches?

(1) Nur *einen* Gedanken nennt Petrus: Sie lehnen Jesus als den Herrn ab, der sie von ihren Sünden freigekauft hat:
   a) Sie lehren falsch über Jesus:
      - sie lehnen die Sündenvergebung im allgemeinen und
      - die durch Jesus im besonderen ab.
      - Sie haben ein anderes Menschenbild, kennen nicht den von Sünde abhängigen Menschen.
      - Darum lehnen sie auch Gottes Gericht ab.
   b) Sie lehnen Jesus als uneingeschränkten Gebieter ab.

(2) Warum nennt Petrus nur diesen einen Lehrpunkt? Waren die Irrlehrer sonst mit den treuen Lehrern einer Meinung?
Es gibt nur eine Antwort: Der springende Punkt ist Jesus und sein Kreuzestod. Daran scheiden sich die Geister. Alle anderen Gedanken sind Randfragen. An Jesus, dem Retter, entscheidet sich alles.

c) Was tun sie Falsches?

(1) Sie sind nicht offen und ehrlich in dem, was sie denken und sagen (nebenbei führen sie ihre Irrlehre ein, V. 1!).

(2) Sie kaufen sich die Leute durch schöne Worte und kluge Ausführungen (V. 3). Übrigens haben sie Erfolg: Viele folgen ihnen (V. 2).

(3) Sie spalten die Gemeinde (V. 1). Die Einheit der Kirche ist ein hohes Gut.
(4) Sie leben ausschweifend (V. 2). Sie nehmen es vor allem mit dem 6. Gebot nicht so ernst.
(5) Sie sind aufs Geld aus (V. 3). Sie sind nicht uneigennützig. Es fehlt die Nächstenliebe und die Opferbereitschaft.

Zusammenfassung

Durch das Verhalten der falschen Lehrer wird Gott verlästert. Ihr unguter Lebenswandel schreckt vor der Gemeinde und vor Gott ab. Gott wird nicht mehr geehrt, nur der Mensch gilt etwas.
Aber die Frommen sollen sich nicht entmutigen lassen. Gott sitzt zu Gericht, wann er es für Zeit hält.

5. Gott droht das Gericht an (2,4-11)

2,4-11: **»Denn wenn Gott die sündigenden Engel nicht schonte, sondern sie in Ketten der Finsternis in die Unterwelt (oder ›sie in Höhlen der Finsternis, in die Unterwelt‹) stürzte und sie dahingab, um sie für**
(5) das Gericht aufzubewahren, und (ergänze: ›wenn Gott‹) die alte Welt nicht schonte, sondern (ergänze: ›nur‹) Noah, den Prediger der Gerechtigkeit, zu acht (d.h. mit sieben anderen) bewahrte, als er die Sintflut über die Welt der Gottlosen brachte,
(6) und (ergänze: ›wenn Gott‹) die Städte Sodom und Gomorra, indem er sie einäscherte, zum Untergang verurteilte, und indem er sie zum Beispiel für künftige Gottlose setzte,
(7) und (ergänze: ›wenn Gott‹) den gerechten Lot, der von dem Wandel der in Ausschweifung Gesetzlosen erschöpft war, errettete;
(8) denn durch das, was er mit ansehen und mit anhören mußte, ließ sich der Gerechte, der unter ihnen wohnte, Tag für Tag die gerechte Seele durch ungesetzliche Werke prüfen;

(9) der Herr weiß, Fromme aus der Versuchung zu erretten, Ungerechte aber auf den Tag des Gerichtes, um sie zu strafen, zu bewahren,
(10) vor allem aber die, die hinter dem Fleisch in schmutziger Gier (wörtl. ›in Gier der Befleckung‹) nachgehen und die die Herrschaft (ergänze: ›Jesu‹) verachten.
Dreist, eigenwillig zittern sie nicht (die göttliche Macht oder die kirchliche Gewalt [so einige Handschriften]), die Herrlichkeiten zu lästern,
(11) wo doch die Engel, die mehr Einfluß und Macht haben, kein Verdammungsurteil beim Herrn vortragen.«

Wir spüren Petrus die innere Erregung an, die ihn bei der Offenbarung Gottes erfaßt hat (vgl. Hes 4): Er bringt den Satz, der in Vers 4 beginnt, nach Vers 7 nicht zu Ende. So erregt ihn der Gedanke des Gerichtes, das gerade über die Gemeinde hereinbricht. Denn die falschen Lehrer kommen ja aus der Gemeinde, die schläft (1,13), heraus! Das Gericht beginnt am Hause Gottes (1 Petr 4,17). Diese Erregung aus Leiden mit dem vom Gericht Bedrohten ist typisch für alle Propheten (vgl. 2 Mo 32,11 ff).

Gleichzeitig hat dieser »Wenn«-Satz, dem der Hauptsatz fehlt, den Sinn der Warnung.

Zum anderen finden sich in diesen Versen Wörter, die sonst im NT nicht vorkommen und die auf bestimmte Vorgänge in der Gemeinde anspielen, die wir nicht kennen, so daß wir nicht alles verstehen. Der Gesamtsinn des vom Hl. Geist Eingegebenen ist aber klar.

Schließlich finden sich gleiche Gedanken im Judasbrief (V. 5-10), nur ausführlicher, so daß manche Erklärung dort nachzulesen ist. Es liegt nahe, die Übereinstimmung beider Abschnitte damit zu erklären, daß Petrus und Judas in regem geistlichem Austausch standen. Wenn Petrus – wie manche Ausleger annehmen – diesen Abschnitt vom Judasbrief abgeschrieben und sogar bewußt aus sachlichen, sprich: theol. Erwägungen bestimmte Anspielungen auf apokryphe Schriften (Henoch, 3. Makkabäer) ausgelassen hätte, dann hätte er diesen Satz sicher sprachlich geglättet.

Die Verse 4-6 zeigen, daß auch von Gott reich Beschenkte nicht unbedingt dem Gericht Gottes entgehen. Judas und Petrus sprechen beide im Auftrag Jesu von Menschen in (!) der Gemeinde, die falsche Lehrer, also Gelehrte(!), sind (Petrus) und die »die Gnade Gottes in Ausschweifung verdrehen« (Jud V. 4) und über die Gott das Gericht bringt. Nur angenommene (1,1) Gnade rettet den Menschen. Jesus zeigt Petrus, daß Gott neben dem Gericht über die Gottlosen sich der Glaubenden erbarmt, wenn sie nur in aller Anfeindung treu bleiben (vgl. 2 Tim 4,7). Darum führt Petrus das Beispiel von Noahs Rettung an (V. 5), während Judas mehr das Gericht betonen muß, so daß er warnend statt von Noah von der Wüstengeneration Israels schreibt.

Petrus (V. 4 f) und Judas (Jud 6) sprechen von den *»Engeln, die gesündigt haben«*, nur schreibt Petrus nicht, was deren Sünde war. Er nimmt die Gedanken der Apokryphen, d.h. der jüd. Erbauungsliteratur der Zeit Jesu nicht auf. Unsere Neugier soll nicht befriedigt, aber unser Gewissen geschärft werden.

Wenn wir das Wort *»Engel«* hören, denken wir an die guten Boten Gottes. Sie gehören zu seiner himmlischen Gemeinde (Hi 1,6) und sollen ihn loben (Jes 6,2; Offb 5,11; 7,11). Es sind Hunderttausende (Dan 7,10). Genannt werden in der Bibel die Cherubim (1 Mo 3,24; Hes 1; 10,19; 11,22; Ps 18,11), die Seraphim (Jes 6,2), der Erzengel (1 Thes 4,16; Jud 9; vgl. Offb 8,2.7 f. 10.12; 9,1.13; 11,15) Gabriel (Dan 8,16; 9,21; Lk 1,19) und Michael (Dan 10,13.21; 12,1; Jud 9; Offb 12,7). Paulus kennt Engelklassen (Röm 8,37 f; 1 Kor 15,24; Eph 1,21). Engel sind Zeugen der Schöpfung (Hi 38,7), Mittler der Offenbarung Gottes (Sach 1,9.11 ff; 2,2 ff; Hes 40,3), Wächter über Schicklichkeit (1 Kor 11,10; Dan 4,10.14) und Schutzengel: (Mt 18,10; Apg 12,15). Es gibt Unheilsengel (Ps 78,49), Würgeengel (2 Mo 12,23), Todesengel (Hi 33,22; Spr 16,14; Ps 78,49; 91,11; 103,20), Gerichtsengel (Apg 12,23). Engel begleiten Jesus zu seinen Lebzeiten (Mt 1,20; 2,13.19 f; 28,2.5) und bei seiner Wiederkunft (Mt 13,49; 16,27; 25,31; 2 Thes 1,7 f; auch handeln sie zugunsten der Apostel (Apg 5,19; 12,7 ff) und tun Gottes Willen kund (Apg 8,26; 10,3 ff; 27,23; vgl. Gal 1,8; z.B. am Sinai: Gal 3,19; vgl. Apg 7,53; Hebr 2,2; auch als Offenbarungsträger: Offb 7,1; 8,2 f; 9,1.13; 11,15 u.a. Ferner nehmen sie teil am Leben der Menschen (Lk 15,10; bes. der Frommen, z.B. der Apostel: 1 Kor 4,9) und tragen die Seele der Frommen ins Paradies (Lk 16,22).

Von allen zu unterscheiden ist der »Engel des Herrn«, unter dessen Erscheinung Gott selbst kommt und den Seinen hilft (2 Mo 14,19; 4 Mo 22,22; Ri 6,11 ff; 2 Kön 1,3 f); so wahrt Gott seine Erhabenheit (1 Mo 18; 2 Mo 23,20 ff).

An drei Stellen werden Menschen als Gottes Engel bezeichnet (Lk 7,24; 9,52; Jak 2,25; vgl. Mt 11,10: Johannes der Täufer).

Die Engel sind Geschöpfe Gottes und darum auch nicht fehlerfrei (Hi 4,18; 15,15). Angedeutet wird, daß es gefallene Engel gibt (1 Mo 6,1 ff; 1 Petr 3,19; 2 Petr 2,4; Jud 6), die vielleicht zu Satans Engeln geworden sind (Mt 25,41; 2 Kor 12,7). Gott *»schonte«* selbst die Engel nicht, die von manchen Gnostikern verehrt wurden in einer Weise, die ihnen nicht zusteht. So ernst nimmt es Gott mit dem Gericht, daß ihm auch die Engel verfallen, wobei die Heiligen an ihm teilnehmen werden (1 Kor 6,3). Gott stürzte sie in die *»Unterwelt«* (griech. Tartarus), den finsteren Ort der griech. Sage, wo kein Sonnenstrahl hinkommt, den Abgrund, der ebenso tief unter der Totenwelt, dem Hades ist, wie die Erde unter dem Himmel. Aber sie sind dort noch nicht in der Hölle. Sie wird von Gott erst beim Jüngsten Gericht geschaffen. Im Tartarus sind sie *»aufbewahrt«* (V. 5), daß sie dem Gericht nicht entgehen. Dort ist es für die Umkehr zu spät. Wie sie dort zurückgehalten werden, ist umschrieben mit dem Wort *»in Ketten«* oder *»in Höhlen«*. Das griech. Wort ist verschieden überliefert; da es sehr ähnlich klingt *(sirois, seirois* und *seirais)*, ist ein Schreibfehler verständlich. Ob mit der *»Finsternis«* die andere Seite der Erde gemeint ist, die der Sonne abgekehrt ist? Jedenfalls sind sie dem Gericht Gottes vorbehalten.

Auch die *»Welt«* (V. 5), seine Schöpfung, hat Gott dem Gericht nicht entzogen (3,6; Mt 24,38; 1 Petr 3,20; 1 Mo 7,13; 8,18), als er die Strafe für notwendig hielt. So ernst ist Gott zu nehmen (Gal 6,7). Aber der Zorn Gottes ist nur die eine Seite. Zu gleicher Zeit ist Gott um Rettung der Seinen bemüht. Das gehört zu seiner Gerechtigkeit. *»Noah«* wurde gerettet. Er fand Gnade vor Gott (1 Mo 6,8). Dadurch wurde er »ein frommer Mann und ohne Tadel« und »wandelte mit Gott« (1 Mo 6,9). Der Hebräerbrief drückt das so aus: »Er hat ererbt die Gerechtigkeit, die durch den Glauben kommt« (Hebr 11,7). Noah hat Gott in allem gehorcht, sowohl im Bau der Arche – auf dem Festland ein Schiff! – als auch in der Ankündigung des Gerichts: Er war ein *»Prediger* (griech. *kaeryx*-›Herold‹) *der Gerechtigkeit«*. Nach der Sprache seiner Zeit ist der Herold ein hoher Begleiter eines Fürsten, der Bote (nicht der Gesandte, der verhandeln darf!), der mit lauter Stimme die Anordnungen seines Herrn zur Geltung bringen muß, ohne einen Verhandlungsspielraum zu haben; so versteht sich Paulus (1 Tim 2,7; 2 Tim 1,11), der Herold und Apostel. Noah hat also dem verderbten Volk wie ein Prophet den Willen Gottes sagen und den Unbußfertigen das Gericht ankündigen müssen. Den Seinen, der ihm – sicher unter Schmerzen – gehorchte mitten unter Spöttern, errettet Gott durch die Flut, die zugleich den Gottlosen den Tod brachte. Er wird mit den Seinen gerettet: *»zu acht«*. Es ist ein Geheimnis, daß Gott einerseits sagt, jeder soll für seine eigene Schuld geradestehen (Jer 31,29; Hes 18,2), andererseits aber Menschen rettet wegen ihrer Verbindung mit Frommen (z.B. Lot um Abrahams willen: 1 Mo 19 f; der ungläubige Ehemann ist durch seine fromme Frau geheiligt: 1 Kor 7,14). Der *»Gottlose«* ist das Gegenstück zu dem, der »fromm« ist (s. 1,3).

Das dritte Beispiel für das Gericht Gottes ist in Vers 6 der *»Untergang«* (griech. »Katastrophe«) Sodoms und Gomorras. Jede Katastrophe im eigentlichen Sinn ist ein Gericht Gottes. So lehren es Amos (3,7) und Jesaja (54,16). Auch die entsetzlichen Nöte gehen nicht an Gott vorbei, als ob er ihnen nicht wehren könnte. Er gebraucht sie, um seine Welt durchs Gericht hindurch zu retten. Jedes Unheil soll zugleich die Überlebenden warnen, daß sie zu Gott zurückkommen. Es ist ein *»Beispiel«* nicht nur für die Generation, die gerade lebt, sondern auch *»für künftige Gottlose«*. Darum liegt den Frommen so viel daran, Gottes Taten den kommenden Generationen weiterzusagen (Ps 71,18).

Für den Frommen ist es ein großer Trost, daß Gott neben dem Gericht auf die Rettung der Seinen bedacht ist (V. 7). Zu den Seinen werden wir nicht durch eigenes Wollen, sondern durch Gottes Willen. Er offenbart seinen Willen und schärft das Gewissen, so daß etwa Lot *»erschöpft«* war von den Ausschweifungen (2,2) der Gottlosen. Dem natürlichen Menschen macht das Böse Spaß (1 Mo 3,6). Erst durch die Wirkung des Hl. Geistes erhalten wir die Einsicht für das, was Sünde ist (Joh 16,8 f). Erschöpft war Lot in Trauer über so viel Böses und im Kampf gegen die Macht der Verführung.

Gleichzeitig *»läßt sich«* der Fromme mitten im Anblick und im Anhören des Unrechts *»prüfen«*, ob er zu Gott hält oder nicht (V. 8). Diese Prüfung kann lange anhalten und uns Tag für Tag, ohne Unterbrechung, auferlegt sein. Je treuer, aber auch je selbstbewußter wir sind, desto schwerer werden wir angefochten. Gerade Auge und Ohr benützt der Böse, um unsere *»Seele«* zu gewinnen. Wenn er sie hat, fällt ihm auch der Leib zu. Durchhalten können wir aus eigener Kraft nicht, nur wenn Gott bei uns ist (2 Mo 33,14; Jos 1,9) und wenn wir Jesu Geist haben (2 Tim 1,7). Die Prüfung ist nichts Leichtes. Dazu gehört (so der Sinn des griech. Wortes), verhört zu werden, mit massiven Mitteln vielleicht, ja gequält und geängstet zu werden. Der Fromme erlaubt Gott, ihn zu prüfen (Hi 1,21; 2,10; Ps 139,23), darin unterscheidet sich eine gefühlsselige, bequeme Frömmigkeit von der wahren. Die *»ungesetzlichen Werke«* sind ein Zeichen der Endzeit (Mt 24,7). »Ungehorsame« gibt es zu allen Zeiten. Aber vor der Wiederkunft Jesu steigert sich die Prüfung. Eine neue Art der Anfechtung kommt auf: Die Gesetze zerbrechen; sie werden grundsätzlich in Frage gestellt und abgelehnt. Gründe gibt es, wie wir heute erleben, viele: Das Verbot reize zu dessen Übertretung; das Gesetz widerspreche der Freiheit, aufgrund deren allein die echte, freie Entscheidung für Gott möglich sei; das Gesetz enge ein, verhindere die Entfaltung der Persönlichkeit, ja, verhindere die Reife. Da fällt es Christen ganz besonders schwer, Gott treu zu bleiben, wenn der Begriff des Gehorsams verpönt ist und alle auf die uneingeschränkte, von Gesetzen nicht eingeengte Freiheit pochen. Einer Welt, die dementsprechend auch alle

Autorität und Macht, die für die Einhaltung der Gesetze eintreten, abschaffen will, ist geoffenbart, daß erst Jesus ganz zum Schluß, wenn er dem Vater das Reich wieder übergibt, die irdischen Autoritäten abschaffen wird (1 Kor 15,24). So lange halten wir die Gesetze Gottes hoch.

Für die Abseitsstehenden scheint es unbegreiflich (V. 9), daß Gott überhaupt die Seinen prüft (warum auch, meinen sie!) und wie die Menschen angesichts so schwerer Schicksalsschläge durchhalten können. Aber Gott weiß, warum er prüft und wie lange. Auch hat er viele Möglichkeiten, die Seinen im Glauben zu erhalten. Bewährt werden wir nur durch Gottes Hilfe, ans Ziel kommen wir nur durch seinen Beistand (vgl. Offb 3,10; 2 Tim 4,18; Jud 6). Die Gottlosen sollen sich aber nicht in Sicherheit fühlen, wenn Gott die Seinen prüft. Für sie ist diese Zeit Gnadenzeit, weil Gott das Gericht noch nicht bringt. Sie gilt es zu nützen. Sonst ist es eine Zeit der Bewahrung für das Gericht. Manche Ausleger vermuten, daß sich Vers 10 gegen die Führer der Sekte richtet. Das muß aber nicht so sein. Angesprochen ist vielmehr eine Sünde, die besonders gewichtig ist: *»hinter dem Fleisch nachzugehen in schmutziger Gier«*. Gemeint sind die sexuellen Verfehlungen, mit denen die älteste Christenheit besonders zu ringen hatte und die sie auch besonders leidenschaftlich bekämpfte (1 Kor 6; 2 Kor 12,21; s. zu V. 14!).

Man hat der Kirche bisweilen vorgeworfen, sie nehme es mit dem 6. Gebot besonders genau, während sie die sozialen Gebote, die sich gegen Diebstahl, also gegen die Ausbeutung des anderen wenden, nicht so ernst nehme, obwohl doch alle Zehn Gebote gleich ernst zu nehmen seien. Wie so oft ist ein Körnchen Wahrheit an dem Vorwurf, daß die Kirche sich in früheren Jahrhunderten besonders gegen sexuelle Sünden wendete. Das hat aber seinen biblischen Grund. Die Ehe als unlösbare Gemeinschaft von Mann und Frau ist nach Gottes Aussage das Abbild seiner unverbrüchlichen Treue zu seinen Erwählten (vgl. Hos 2,20 f; Eph 5,32; vgl. Jesu Brautgleichnisse wie Mt 25,1 ff; Joh 3,29; Offb 21,2.9; 22,17). Weil die Bibel die Ehe als Bild für Gottes Treue so hochschätzt, hat die kath. Kirche die Eheschließung zum Sakrament erhoben. Wenn sie damit auch über Jesu Aussagen hinausgeht, so bleibt doch, daß eheliche Sünden in bibl. Sicht besonders gewichtig sind (vgl. 1 Kor 6,13.18-20 mit 2 Kor 6,16).

Wer nicht bereit ist, auf Jesu Gebot der Reinheit zu hören (z.B. Mt 5,28), der *»verachtet die Herrschaft«* Jesu. Das Wort *»Herrschaft«* kann in der Mehrzahl bisweilen auch die Engelmächte bezeichnen (Kol 1,16; Eph 1,20 f), über die Jesus der Herr ist. Es geht um den Herrschaftsanspruch Jesu über unser Leben, der weder antiautoritär, d.h. *»eigenwillig«*, noch ehrfurchtslos, d.h. *»ohne zu zittern«* vor Jesu Herrlichkeiten verachtet werden darf. Mit den *»Herrlichkeiten«* dürfte seine Heilstat auf Golgatha gemeint sein, die sich in vielen Einzeltaten, die alle auf die Erlösung hinzielen, erwiesen hat (s. V. 1 u. 2!). Andere Ausleger deuten die *»Herrlichkeiten«* (nach Jud 8b-10a) auf Menschen wie Mose, die Herrlichkeiten, d.h. Ansehen bei Gott haben.

Die Engel *»haben mehr Einfluß und Macht«* als die Gnostiker, die sich so hoch erhaben dünken (V. 11). Dennoch greifen sie dem Gericht Gottes nicht vor, greifen auch nicht in Gottes Richteramt ein, freuen sich erst recht nicht am Fall der Sünder oder am Gericht des Gefallenen. Petrus spricht hier von der geistlichen Haltung aller Frommen, die unter der Sünde der anderen leiden wie Noah, Lot und die Propheten, wie Mose. Auch wir sollen bei aller Klarheit, mit der wir das Unrecht erkennen und beim Namen nennen, Mitleid mit den Sündern haben. Diese Haltung sehen wir am deutlichsten an Jesus, der als der Reine und Herrliche den Willen Gottes einzigartig erkannte und vertrat, dennoch für die Sünder büßte, um sie zu retten. Unser Auftrag ist, die Sünder zur Buße zu rufen (2 Kor 5,20).

Vorschlag zur Bibelarbeit über 2. Petrus 2,4-11

1. Einleitung

Die innere Erregung des Petrus ist seinem Stil (abgebrochener Satz: V. 4-7!) abzuspüren. Die Offenbarung nimmt ihn mit: Gott kündigt ihm das bevorstehende Gericht über die Gemeinde an.

2. Durchführung

a) Gott meint es ernst

An drei Beispielen deckt Gott seinen Gerichtsernst auf:
(1) Die gestraften Engel (V. 4).
Wie reich beschenkt waren sie! Aber sie haben gesündigt.
(2) Die gestrafte Schöpfung (V. 5).
(3) Die gestraften Gottlosen (V. 6).
Kurz: Gott bewahrt zum Gericht auf. Warum kommt es nicht sofort? Die Katastrophen der Vergangenheit sind eine Warnung für künftige Generationen.

b) Gott meint es gut

Mitten im Gericht ist Gott auf die Rettung der Seinen bedacht. An zwei Beispielen erkennen wir seine Güte:
(1) Noah wird gerettet (V. 5).
Er war »Prediger«. Die Familie Noahs wird ebenfalls gerettet.
(2) Lot wird gerettet (V. 6 f).
Er ließ sich prüfen. Er litt unter dem Unrecht und machte nicht mit.

c) Bewährung ist Gottes Sache

(1) Nur der, dem Gott Erkenntnis seines Willens sowie seiner Liebe und den Willen zum Gehorsam schenkt, hält in der Prüfung durch.
(2) Prüfungszeiten der Frommen sind Gnadenzeiten der Gottlosen – sie sind noch nicht bestraft, sondern noch bewahrt.

Schluß

Wir können nur in uns gehen und Gott bitten: Erbarme dich unser.

6. Die Kennzeichen der Verführer (2,12-22)

2,12-22: **»Diese aber sind wie die unvernünftigen Tiere, die als Teile der Natur dazu geboren sind, gefangen und gefressen zu werden. Sie lästern, was sie nicht verstehen. Die werden auch in ihrer Verderbnis verderben.**
(13) Sie erleiden den Lohn des Knechts. Sie halten es für Freude, am Tage zu schlemmen; Schandfleck und Schimpf; sie schwelgen in ihren Betrügereien, wenn sie mit euch schmausen.
(14) Sie haben Augen voll von der Ehebrecherin und unermüdlich in der Sünde; die verführen ungefestigte Seelen; sie haben ein Herz, geübt im Übervorteilen; verfluchte Ausgeburt (›Kinder des Fluches‹).
(15) Sie verließen den richtigen Weg, gingen in die Irre, sie folgten dem Weg Bileams, des Sohnes Beors, der den Lohn des Unrechts liebte.
(16) Er empfing aber die Zurechtweisung für seine Gesetzwidrigkeit; ein stummes Lasttier redete mit Menschenstimme und wehrte dem Wahnsinn des Propheten.

(17) Diese sind Quellen ohne Wasser und Nebelwolken, vom Sturm getrieben; denen ist das finsterste Dunkel vorbehalten.
(18) Denn sie tönen geschwollen Sinnloses, verführen mit fleischlicher Lust durch Ausschweifung, die kaum entronnen waren, die sich im Irrtum bekehrten.
(19) Sie versprechen ihnen Freiheit, obwohl sie selbst Sklaven des Verderbens sind. Denn wem einer unterliegt, dem ist er versklavt.
(20) Denn wenn sie den Befleckungen der Welt durch die Erkenntnis unseres Herrn und Retters Jesu Christi entflohen sind, dann aber von diesen wieder verstrickt und überwunden werden, dann ist es mit ihnen am Ende schlechter geworden als am Anfang.
(21) Denn es wäre für sie besser gewesen, daß sie den Weg der Gerechtigkeit nicht erkannt hätten, als ihn zu kennen und sich abzuwenden von dem ihnen anvertrauten heiligen Gebot.
(22) An ihnen hat sich die Wahrheit des Sprichwortes bewiesen: ›Ein Hund wendet sich wieder zu dem, was er selbst erbrochen hat‹ und ›die gewaschene Sau wälzt sich im Schlamm‹.«

Das Wesen der *»unvernünftigen* (wörtl. ›wortlos‹) *Tiere«* ist, daß sie ohne Sprache, ohne Geist, abseits von Jesus, dem wahren Wort, stehen (V. 12). Ihr Los ist, verbraucht zu werden, der Tod, nicht ewiges Leben. Jene Irrlehrer erweisen sich zwar als wortgewaltig (V. 18), aber sie haben nichts zu sagen; sie haben den Geist Gottes nicht, den sie zu haben vorgeben. Das zeigt sich an ihren Lästerungen. Sie rühmen sich tiefer Einsichten und übersehen, daß sie es nicht mit Fleisch und Blut zu tun haben, sondern mit satanischen Mächten (Eph 6,10-13). Die Folge ist, daß ihre Sitten, ihre *»Verderbnis«* sie *»verdirbt«*. Das Böse straft sich selbst. Darum betont die Bibel immer wieder, daß Sünde Dummheit ist (Ps 111,10; Spr 9,10). Die Sünde zerstört.

Ihr Kennzeichen ist eine besondere Art der *»Freude«* (V. 13). Der Christ nützt den Tag zur Arbeit, um selbst das Nötige für sich zu haben und um anderen helfen zu können; das ist der christliche Sinn der Arbeit (vgl. 2 Thes 3,11 ff, bes. V. 12.13!). Statt dessen feiern sie fröhlich. Vermutlich wehrt sich Petrus gegen eine gut gemeinte christliche Sitte, die aber offensichtlich von vielen mißbraucht wurde: die sog. Agapen, die Liebesmahlzeiten (davon spricht an dieser Stelle auch eine Handschrift). Ihr Sinn war, daß jeder nach eigenem Vermögen zu Essen und zu Trinken mitbrachte, was er konnte, um den Hungrigen (es gab damals kein Netz der sozialen Sicherheit) zu helfen. Der Gedanke kam vom AT her (5 Mo12,7.12 alle!; 14,22-29: die sozial Schwachen!). Er wurde in der Urgemeinde eingeführt (vgl. Apg 6,1 ff). Aus Korinth erfahren wir von solchen Liebesmahlzeiten, die völlig ihren Zweck verfehlten: Die einen aßen zu viel und zu gut und waren betrunken, während die anderen hungerten (vielleicht Sklaven, die nicht rechtzeitig zu der Feier von der Arbeit wegkamen; vgl. 1 Kor 11,20-23). Und das unter dem Zeichen des Gottesdienstes und der Liebe! *»Sie schwelgten«*. Dabei mag es wie zu allen Zeiten Schlauberger gegeben haben, die wohl etwas hätten mitbringen können, aber lieber auf Kosten anderer *»schmausten«*: Das waren *»Betrügereien«*. Statt in Liebe anderen zu helfen, genossen die Egoisten ihre Feiern. Statt Gott zu danken, dachten sie nur an sich. Hoher Geistesflug und materielle Gesinnung!

Die erste Hälfte des Verses 13 ist schwer zu übersetzen: »Sie erleiden Unrecht« müßte eigentlich dem griech. Wortlaut nach passivisch übersetzt werden. Aber das gibt keinen Sinn.

Wer andere betrügt, betrügt sich selbst. Denn Gott bringt das Gericht. Wer meint, schlau zu sein, wenn er Unrecht tut, erlebt den »Betrug der Sünde« (Hebr 3,13).

Bei solchen Gelegenheiten ließen offensichtlich gerade die »Verführer« ihre *»Augen«* schweifen (vgl. Jesu ernstes Wort Mt 5,28). Die Frauen müssen nicht unbedingt *»Ehebrecherinnen«* gewesen sein, obwohl sicher manche Dirne zum Glauben gekommen war, vielleicht frisch bekehrt (V. 18). Aber mit dem Spiel der Augen fing es an. Da konnte das Fest, der Gottesdienst nicht lange genug dauern. So schnell ermüdeten sie nicht, bis sie andere *»verführt«* hatten.

Petrus bekümmert es wie jeden rechten Seelsorger (vgl. Paulus Apg 20,31), daß gerade die *»ungefestigten Seelen«* (in der Seele fängt das Unrecht an, wirkt sich am Leib aus und zerstört die Seele) *»verführt«* wurden, d.h. die Neubekehrten (V. 18). Zum Glauben gehört, fest zu werden (Apg 11,23; Röm 4,16; 1 Kor 15,58; Kol 1,23; 1 Petr 5,9; Hebr 3,6.14; das Festwerden ist ein Geschenk Jesu: 1 Kor 1,8) und zu wachsen (Apg 12,24; Eph 4,15; Kol 1,10; 2 Thes 1,3; 2 Petr 3,18; auch das Wachsen im Glauben ist ein Geschenk Gottes: 2 Kor 9,10). Die Ungefestigten sind besonders gefährdet (Eph 4,14; Hebr 13,9; vgl. Gal 1,6), und vor allem sie bedürfen des Schutzes der Gemeinde (vgl. Mt 18,6 ff). Aber auch hier zeigt es sich, daß die Gnostiker nicht unempfänglich für die Reize der Frau und des Geldes (Übervorteilen) waren. Beides sind die gefährlichsten Sünden. Vielleicht ahnten sie gar nicht, wie gefährdet sie waren – unter dem Stichwort »Freiheit« (1 Kor 1,7-13) und »stark sein« (Röm 15,1 ff).

Das Wesen der Mission ist, einzuladen und zu überzeugen, nicht zu verführen. Die modernen Methoden des Einladens und Werbens müssen unter diesem Gesichtspunkt gründlich und kritisch bedacht werden. So mancher mag weder damals noch heute merken, wie nahe er ist, zu den *»Kindern des Fluches«* (vgl. Eph 2,3; 2 Thes 2,3) zu gehören.

Petrus hat in den Versen 15 f nur eins der drei Beispiele für Sünde aufgenommen, die Judas erwähnte: Kain, Bileam und Korach (Judas 11), nämlich das des Bileam, über das er freilich ausführlicher berichtet. Bileam (4 Mo 22-24; 31,8.16) war eine zwielichtige Gestalt. Einerseits betete er (4 Mo 22,10 ff) zu Jahwe (!V. 8) und wollte anscheinend Gott gehorchen (13 f), andererseits war er wohl nicht unempfänglich für Geld und Ehre (V. 17 ff. 40), sonst hätte er die Antwort Gottes (V. 12) gehorsam weitergegeben. Auch war sein verlockender Rat (4 Mo 31,15), die israelitischen Männer durch midianitische und moabitische Frauen zu verführen (25,1-9; vgl. Offb 2,14), übel. Auch sonst gehorchte er Gott nicht; z. B. entzog er sich Barak nicht, als er merkte, daß jener von ihm verlangte, daß er Israel verfluchen sollte (4 Mo 22,12.19.35; 23,8.13 ff. 25 ff). Nachdem er Gott nicht von seinem auserwählten Volk Israel mit Hilfe des Fluches trennen konnte, versuchte er mit Hilfe von heidnischen Festen (vgl. 4 Mo 25,1 f mit 31,16!), das Volk von Gott zu trennen. Viermal hat Gott ihn einer Offenbarung gewürdigt (4 Mo 23,8-10.19-24; 24,4-10.17); viermal gehorchte er nicht ganz. Gott verbot ihm, mit Barak zu gehen (4 Mo 22,12); er aber gehorchte nicht (V. 19). Gott hat ihn dann ein

Stückweit seinen eigensüchtigen Weg gehen lassen. Aber der hoch gefeierte »Prophet«, der sich selbst als der Erleuchtete bedeutsam vorkam und anderen durch Segen oder Fluch deren Schicksal zuteilte, wurde von einem Tier, einer Eselin, gewarnt (4 Mo 22,21-33). Bileam hat wohl wie Simon (Apg 8,18 f) aus geistlichen Gaben einen Profit ziehen wollen. Das nennt Petrus *»Wahnsinn«*. Bileam ist der Inbegriff des falschen Lehrers (Offb 2,14), des Verführers. So wie Bileam haben auch die falschen Lehrer *»den richtigen Weg«* verlassen (V. 2), d.h. sind nicht Jesus nachgefolgt. Es geht ihnen ums Geld. Solche Leute dürfen sich nicht wundern, wenn sie dann *»in die Irre gehen«*. Sie verlieren Jesus, und ihnen erschließt sich Gottes Offenbarung dann nicht; Gott bleibt für sie stumm (so schwieg Gott auch gegenüber Abraham 13 Jahre lang, als dieser ihm nicht gehorchte, 1 Mo 16,16-17,1; siehe auch Am 8,11 f). Statt Jesus *»folgten sie dem Weg Bileams«*, d.h. sie sind von Jesus abgefallen, obwohl sie von ihm einmal erleuchtet waren. Sie waren zwar Jesus nahe, aber nicht mit ihm so eng verbunden; sie hörten nicht auf ihn, so daß Jesu Verheißung ihnen nicht galt: »Niemand wird sie mir aus meiner Hand reißen!« (Joh 10,27-29). Der *»richtige Weg«* ist die Nachfolge Jesu. Alles andere führt in die Irre. Folgerichtig bekommt der Irrlehrer seinen Lohn (im Griech. ist es immer der verabredete, also bekannte Lohn). Das sollte eigentlich jeder Christ wissen: Das Unrecht, das wir tun, bringt die Strafe gleich mit. So hat es Gott klar geregelt (Röm 6,23). Wer das Böse liebt, liebt auch dessen Lohn. Darum nennt die Bibel den Gehorsam dem Wort Gottes gegenüber »Klugheit« (Ps 119); Ungehorsam ist dagegen Dummheit oder *»Wahnsinn«*.

Petrus schildert die Irrlehrer nicht so bilderreich. Ihm kommt es jetzt weniger auf ihr Tun an, nachdem er in den Versen 13 f davon schon gesprochen hat. Das Verhalten sollte bei christlichen Lehrern vorbildlich sein, aber auch sie bedürfen der Vergebung. Ihm geht es in Vers 17 um das Zentrum, um ihre Botschaft. Diese aber ist nichtig:

1. *»Quellen ohne Wasser«* sind etwas Widersinniges; denn eine Quelle hat an sich immer Wasser, im Gegensatz zur Zisterne

(vgl. die Klage Gottes, daß sein Volk seinen Durst nicht bei ihm, dem lebendigen Wasser [Joh 4,10 f; Ps 42,2] stillt, sondern an löchrigen Zisternen, Jer 2,13!). Die Zisterne versiegt eher als die Quelle; das ist das Notvolle an den Irrlehrern, daß man sich von ihnen etwas mit Recht erhofft.

2. Wie *»Nebelwolken«*, die *»vom Sturm getrieben«* sind und die Sicht ins Land nehmen, so vernebeln die Lehrer die Klarheit, die sie ihren Hörern bringen sollten.

Dementsprechend ist auch Gottes Gericht über sie. Die Lehrer, die »leuchten sollten wie des Himmels Glanz« (Dan 12,3), die »licht« werden sollten (Jes 60,1), die werden ins *»finsterste Dunkel«* gestoßen (vgl. 2,4). Das ist ihnen *»vorbehalten«* (vgl. 2,3 u.ö.), auch wenn sie so tun, als komme Jesus nie wieder und als ob auch das Gericht vergeblich auf sich warten ließe. Es kommt! Es ist wohl verwahrt, bis es für sie von Jesus herbeigebracht wird.

Das Dunkel ist auch der Ort, wo Jesus, das Licht der Welt (1,19), nicht ist. Die Hölle ist der Ort, wo Gott und Jesus nicht ist. Dieses Gericht ist den Irrlehrern aufbewahrt.

Petrus sagt nicht, daß die Lehrer selbst dunkel seien. Sie sind von Jesus gelehrt und erleuchtet. Sie wissen es besser. Sie sind Quellen, geben aber das Wasser nicht. Sie könnten das helle Sonnenlicht scheinen lassen, aber sie verbreiten Nebel. Sie tragen die volle Verantwortung. Sie wissen, was sie tun (vgl. 1 Joh 2,18 ff).

»Sie tönen geschwollen Sinnloses«: Was verheißen die Gnostiker nicht alles! Die Christen, die ihnen folgen, seien schon geistlich auferstanden und müßten nicht bis zur Wiederkunft Jesu warten, weil ja hier sich schon alles ereignet habe (aber: 1 Kor 15); sie lebten im Geist und hätten darum schon alle Erfahrung und darum den Glauben längst hinter sich (aber: 2 Kor 5,7); sie hätten mit der Vergebung den Zustand der Sündlosigkeit erlangt (aber: 1 Joh 1,8).

»Sinnlos« ist dieser »christliche Glaube«, der alles angeblich schon hier in dieser Welt hat und nichts mehr von der Wieder-

kunft Jesu erwartet (1 Kor 15,19). Denn das Schönste kommt noch.

Mit dieser Lehre werden alle Gedanken auf das Heute, auf das Diesseits gelenkt, weg von Gott und Jesus, hin zu den materiellen Gütern, zu *»fleischlicher Lust«* (1,4), die durch *»Ausschweifung«* (2,2) genährt wird. Sie *»verführen«* , ködern mit den Freuden dieser Welt. Gefördert wurde diese Lehre, weil die Christen aus einer heidnischen Umwelt kamen, wo ganz andere Wertmaßstäbe herrschen. Andrerseits sind sie so jung im Glauben, *»kaum entronnen«*, »ungefestigte Seelen« (V. 14), die noch so leicht in ihre alte Lebensgewohnheit zurückfallen. Aber auch bewährte Christen müssen sich vorsehen, daß sie nicht fallen.

Wer weiß, wie schwer es ist, sich im Irrtum zu *»bekehren«*, so daß man sich nur freuen kann, wenn einer dem Unglauben *»entronnen«* ist, der weiß, wie weh es dem Seelsorger Petrus zumute ist, daß gerade diese Menschen verführt und in den Unglauben zurückgestoßen werden. Das ganze Glück des Glaubens an Jesus, der uns liebt, geht ihnen verloren.

Zu allen Zeiten wird der Ruf nach *»Freiheit«* gern gehört und ist verführerisch. Die Menschheit sehnt sich nach Freiheit. Darum kann mit dieser Parole auch alles gerechtfertigt werden. Der Begriff »Freiheit« ist ein unsteter Geselle, der sich für alles mißbrauchen läßt. Die Irrlehrer verkündigen als frohe Botschaft die »Freiheit«, obwohl sie ihre Zuhörer in Sklaverei verführen. Sie verdrehen die Freiheit, Kind Gottes zu sein (Röm 8), um Menschen zu Zuchtlosigkeit und Ungehorsam zu verlocken; gleichzeitig stellt man die Frommen als »gesetzlich, eng, kleinlich, lieblos, kopfhängerisch« hin. Die Freiheitslosung: »Alles ist erlaubt« (1 Kor 6,12) dient nur der Ichsucht, die alles haben will (1 Petr 2,16). Paulus hatte oft von der Freiheit gesprochen (Gal 5,1), aber er verstand die Freiheit nicht darin, alles tun und lassen zu können, also in der Willkür, sondern von Christus in seine Gemeinschaft berufen zu sein, wo nicht mehr die Sünde diktiert und kassiert, sondern Jesu Liebe uns vergibt und so Mut macht, aus Dankbarkeit ihm zu dienen.

Das Wesen des *»Sklavens«* oder Knechtes ist, daß er tun

muß, was er nicht will. Der Ungläubige verrät seine Abhängigkeit darin, daß er gar nicht glauben und Jesus keine Freude machen will.

Der Mensch ist immer irgendwie *»befleckt«*: Zunächst sind wir es durch unser Tun, dessen Dreck auf uns spritzt (*»Beflekkung«* ist im Griech. das Wort für »Mord«, wenn das Blut des Ermordeten den Mörder bespritzt!); wer zum Glauben an Jesus gekommen ist, ist besprengt mit dem Blut Jesu, das uns reinigt von allen unseren Sünden (vgl. die Auslegung zu 1,4; s. 1 Petr 1,2; Hebr 10,22; 12,24).

Heraus aus der Verstrickung der Sünde kommen wir nicht durch den Automatismus einer kirchlichen Handlung, sondern *»durch die Erkenntnis«* (1,2.8), d.h. durch die Liebe Jesu zu uns und die unsere zu Jesus. Unsere Erkenntnis Jesu ist ein Geschenk von ihm, das angenommen sein will. Im Glauben erkennen wir, wer Jesus ist: Er ist unser Retter (1,11) und unser Herr, d.h. Bestimmer. Es geht im Glauben um die Rettung und das neue Leben. Wer das nicht lehrt, redet falsch von Jesus.

Die Erkenntnis erlangen wir nicht in ruhiger Gelassenheit. Es muß aber auch nicht immer ein Bußkampf vorausgehen. Aber es ist ein *»Entfliehen«* fern aller Gemütlichkeit, es ist eine entschiedene Um- und Abkehr. Irgendwann wird deutlich, ob wir glauben wollen oder nicht. Der Schritt ist meist eindeutig spürbar.

Wer zurückfällt, wird in den alten Lebenswandel und in das Wesen der Welt wieder *»verstrickt«*, der fällt als Bekehrter nicht mehr in den alten Zustand zurück (Hebr 6,4-8), sondern da bricht das Böse dieser Welt mit Macht herein (Mt 12,45). Deren Ende ist schlimm.

Noch einmal warnt Petrus eindringlich (V. 21), ja nicht abzufallen vom *»Weg der Gerechtigkeit«* (vgl. Mt 21,32), d.h. die Nachfolge Jesu aufzugeben. *»Abwenden«* ist das Gegenteil von »bekehren«; so heilsam das eine ist, so tödlich ist das andere. Die Gemeinde bedarf dringend der Warnung, weil die Gefahr so groß ist (Hebr 6,6; 10,26). Die Verführer trifft eine besondere Verantwortung (Mt 18,6).

Der Grund für die ernste Mahnung liegt in dem von Jesus *»anvertrauten heiligen Gebot«*. Bei dem *»Anvertrauten«* geht es um die christliche Überlieferung (lat. Tradition). Wir können sie als anvertrautes Gut nicht lässig übergehen.

Häufig spricht das NT vom anvertrauten Glaubensgut im Sinne des Glaubensbekenntnisses (1 Kor 15,3). Meist sind kurze Glaubensaussagen gemeint. »Herr ist Jesus« (1 Kor 12,3; Röm 10,9; Phil 2,11) oder später »Jesus Christus ist in das Fleisch gekommen« (1 Joh 4,2). Denkt Petrus hier an solch ein Bekenntnis, wenn er von dem »Gebot« (sing.!), nicht von Geboten spricht? Paulus verwendet den Begriff auch in dem Sinn von »überliefertes Glaubensgut« (1 Tim 6,14.20). Für Johannes ist das Halten der Gebote das gleiche wie das Halten des Wortes Jesu (1 Joh 2,4 f.7). Genauso mehrschichtig gebraucht auch Petrus dieses Wort. Die Liebe zu Jesus und der Gehorsam, die Erkenntnis und die Tat gehören zusammen. In der Nachfolge, im Gehen »des Weges der Gerechtigkeit« lebt der Glaube. Es geht nicht nur um einzelne Taten, sondern um die Lebenshingabe. Dabei erinnert Petrus an das Gebot des AT, an die Weisung Gottes durch die Propheten (3,2). Jede Zeit – wir könnten auch sagen: jede Sekte – hat ihre eigenen Lieblingssünden. Die Gefahren des Judentums waren (in der Reihenfolge, die Jesus nennt): »Du sollst nicht töten; du sollst nicht ehebrechen; du sollst nicht stehlen; du sollst kein falsch Zeugnis reden; du sollst deinen Vater und deine Mutter ehren, und du sollst deinen Nächsten lieben wie dich selbst« (Mt 19,18 f);

Im Hellenismus lauern andere Gefahren, die Gottes Offenbarung nennt: »Unzucht, Unreinigkeit, Schwelgerei, Götzendienst (= Aberglaube), Giftmischerei (›Abtreibung‹, nach altkirchl. Auslegung), Feindschaft, Streit, Eifersucht, Zorn, Zank, Entzweiung, Spaltungen, Mord, Süchte, Gelage« usw. (Gal 5,19 f). Zu der Zeit der Christenverfolgung stehen an erster Stelle: »Feige, Ungläubige, Frevler, Mörder, Unzüchtige, Giftmischer (s.o.: Abtreibung), Götzendiener (d.h. Abergläubische), Lügner« (Offb 21,8). (Weitere solche Aufzählungen finden sich in Mt 15,19; 1 Kor 5,11; 6,9 f; 2 Kor 6,4 ff; 1 Thes 4,1 ff; 1 Tim 1,9 f; 2 Tim 3,1-13; Tit 1,7 f; Hebr 10,22 ff; 13,1 ff; Jak 3,17).

Mit zwei griech. Sprichworten (V. 22) bekräftigt Petrus, daß Abgefallene letztlich nicht mit Jesus wahrhaft verbunden waren (Joh 10,28; 1 Joh 2,19): Hund bleibt Hund, Schwein bleibt Schwein. Auch wenn es eine Zeitlang anders ausgesehen hatte: Sie schienen von ihrer »Befleckung« (V. 20) *»gewaschen«*. Aber das schien eben nur so: Es war äußerlich. Es fehlte die innere Umkehr. Wer wirklich von Jesus bekehrt ist, der wendet sich vom Bösen ab. Er bereut. Er leidet darunter.

Vorschlag zur Bibelarbeit über 2. Petrus 2,12-22

1. Einleitung

Seit Anfang der christlichen Gemeinde gibt es Irrlehrer oder falsche Propheten. Jesus hat ihnen großen Zulauf, Erfolg und Wunder vorausgesagt (Mt 24,24). Sie scheinen fromm. Sie hatten eine Christuserkenntnis (V. 20). Dennoch sind sie gefährlich und gehören letztlich trotz allen Augenscheins nicht zu Jesus und nicht zu seiner Gemeinde.

2. Durchführung

a) *Woran sind die falschen Lehrer, die Verführer zu erkennen?*

(1) An ihrem zuchtlosen Lebenswandel (V. 10), nämlich an
- ihrer Lebensgier (V. 10)
- ihrem sexuellen Verhalten (V. 14)
- ihrem Ehebruch (V. 18)

(2) An ihrer grundsätzlichen Ablehnung Jesu:
- Er darf nicht über sie herrschen (V. 10).
- Seine Herrlichkeit wird nicht anerkannt (V. 10).

(3) An ihrer Unvernunft (V. 12):
Sie lästern, was sie nicht verstehen.

(4) An ihrer Ichsucht (V. 13):
- Das Liebesmahl Jesu wird zum Sättigungsmahl.
- Sie bieten irdisch-materiellen Genuß (vgl. 14), verbrämt mit großartigen, tiefsinnig scheinenden Worten (V. 18).
- Es geht ihnen ums Geld (V. 15 f).

(5) An ihrer Verführung:
- Sie wenden sich an die, die jung im Glauben und noch ungefestigt sind (V. 14.18).
- Sie trennen die Menschen von Gott (V. 15.17).
- Sie bieten Freiheit an und verdrehen, was wahre Freiheit ist (V. 19).
- Mit großen Worten lassen sie die Menschen leer: sie bieten kein Wasser, stillen den Durst nicht (V. 17); sie bringen keine Klarheit, vernebeln nur (V. 17).

Kurz: Es fehlt ihnen an Liebe zu Jesus und am Willen, ihm zu gehorchen. Die einzelnen Fehler müssen nicht alle an ihnen zu finden sein.

b) Welche Folgen hat ihr Wirken?

(1) Die Verführer gehen irre (V. 15):
- Gott zieht sie ganz besonders zur Verantwortung, weil sie erleuchtet waren (V. 20).
- Sie können sich nicht bekehren, dann abkehren und noch einmal bekehren (V. 20; eine Diskussion mit ihnen, um sie zu gewinnen, ist nicht sinnvoll).
- Auf sie wartet als Lohn das Gericht (V. 15).

(2) Ihre Anhänger gehen leer aus:
- Sie können ihren Lebensdurst bei jenen nicht löschen (V. 17).
- Sie finden keine Klarheit für ihren Lebensweg (V. 17).
- Sie finden nicht Jesus als Retter und Herrn (V. 20).

Zusammenfassung

Wie kann die Gemeinde sich vor falschen Lehrern schützen? Indem sie sich an das »anvertraute Gebot« (V. 21), an die Weisung und Offenbarung der wahren Propheten des AT (V. 21) und die Zeugen des NT hält.

7. Das Warten auf die Vollendung (3,1-13)

3,1-13: **»Dies ist schon der zweite Brief, ihr Lieben, den ich euch schreibe, in denen ich euren lauteren Sinn erwecke, indem ich euch erinnere,**

(2) daß ihr euch erinnert an die Worte, die früher von den heiligen Propheten gesprochen wurden, und an das Gebot des Herrn und Retters, das von euren Aposteln (erg.: ›verkündet wurde‹).

(3) Denkt vor allem daran, daß in den letzten Tagen Spötter mit Spott kommen werden, die in ihren eigenen Gelüsten wandeln

(4) und sagen: ›Wo ist seine verheißene Wiederkunft? Denn seit dem (erg.: Tag), da die Väter entschlafen sind, bleibt alles so von Beginn der Schöpfung.‹

(5) Denn denen, die das wollen, ist verborgen, daß es von alters her Himmel gab und Erde, die aus Wasser und durch Wasser (nur) durch das Wort Gottes bestand.

(6) Durch sie ist die Welt damals im Wasser überspült und vernichtet worden.

(7) Aber die jetzt bestehenden Himmel und Erde werden durch das gleiche Wort wie ein Schatz für das Feuer gehütet und aufbewahrt auf den Tag des Gerichtes und der Vernichtung der ungehorsamen Menschen.

(8) Eins aber sei euch nicht verborgen, Geliebte, daß ein Tag bei dem Herrn wie tausend Jahre ist und tausend Jahre wie ein Tag sind.

(9) Gott zieht die Verheißung nicht in die Länge, wie einige es für In-die-Länge-Ziehen halten, sondern er hat Geduld mit euch; er will nicht, daß einige verlorengehen, sondern daß alle den Platz wechseln zur Buße.

(10) Es wird aber der Tag des Herrn kommen wie ein Dieb. Dann werden die Himmel zergehen mit Zischen, die Elemente aber werden brennend zerschmelzen und die Erde; auch die Werke auf ihr werden gefunden werden.
(11) Wenn dies alles aufgelöst wird, wie müßt ihr dann dastehen in heiligem Wandel und Gehorsam,
(12) ihr, die ihr wartet und eilt auf das Kommen des Tages Gottes, an dem die Himmel brennend vernichtet werden und die Elemente glühend zerschmelzen.
(13) Auf neue Himmel und neue Erde warten wir nach seiner Verheißung, in welchen Gerechtigkeit wohnt.«

Das Thema des zweiten Kapitels des Briefes, die Antwort, woran man die falschen Lehrer erkennen kann, ist abgeschlossen.

Das dritte Kapitel wendet sich einem neuen Thema zu: der Wiederkunft Jesu. Oft ist zu hören, daß die Urgemeinde in große Glaubensanfechtung geraten sei, als sie merkte, daß Jesus noch immer nicht wiederkommt. Aber von einer Enttäuschung oder gar Krise des Glaubens wegen Jesu Ausbleiben ist weder hier noch sonst im NT etwas zu spüren. Dazu hat Jesus zu oft betont, die Gemeinde solle wachen (Mt 24,42 f; vgl. Mt 25,1 ff u.a. Gleichnisse; Mk 13,37; Lk 12,37; vgl. 1 Kor 16,13; 2 Kor 6,5 u.ö.; beachte auch die Mahnungen, nüchtern zu bleiben: 1 Thes 5,6; 1 Petr 1,13; 5,8).

Petrus wartete auch jetzt, während andere offensichtlich die Wiederkunft Jesu ablehnten, und wollte seine Gemeinde vor dem gefährlichen geistlichen Schlaf bewahren und aufwecken (V.1). Ebenso haben Jesu Worte, in denen er seine plötzliche und überraschende Wiederkunft mit dem Kommen des Diebes verglichen hatte, deutlich genug gewarnt, sich Jesu Kommen zu einfach vorzustellen. Auch hatte Jesus nachdrücklich betont, daß nicht einmal er wisse, wann der Vater im Himmel ihn wiederkommen lasse (Mt 24,36). Nur am Rand erfahren wir, daß die Gemeinde angegriffen wurde, weil Jesus noch immer nicht gekommen sei (Jak 5,8 f; Hebr 10,36-39; 1 Thes 5,23; 2 Thes 1,11).

Mehr zu schaffen machte die innergemeindliche Spannung, daß Sektierer in der Gemeinde auftraten, die alle Hoffnung auf

Jesu Wiederkunft ablehnten, weil alles Heil hier schon da sei und die Christen nichts mehr von der Zukunft zu erwarten hätten. Sie haben offensichtlich mit Spott Andersgläubige abgetan (V. 3 f).

Petrus spricht seine Gemeindeglieder in Vers 1 mit *»Geliebte«* an, weil sie Sorge haben könnten, er entziehe sich ihnen, wenn er im folgenden eine zweite Mahnung an sie richtet. Gerade weil er sie liebt, läßt er sie nicht laufen (vgl. Ps 94,12; Spr 13,24).

So wichtig ist Petrus, daß die Gemeinde nicht einschläft, sondern wach (1 Petr 1,13) und im Glauben treu bleibt, daß er einen zweiten Brief schreiben muß (vgl. den Überblick auf S. 180 ff, wo die gemeinsamen Grundgedanken beider Briefe aufgezeigt sind). Aufzu*wecken* (1 Petr 1,13; 2 Petr 1,13) und zu *»erinnern«* hält Petrus für sehr wichtig. Auch die Liebe wird müde und erkaltet, ebenso erschlafft der Glaube. Die Umwelt stürmt mit ihrem Zeitgeist oder schleicht mit ihren geheimen Erziehern und Verführern auf die Gemeinde zu. Dann verrutschen die Maßstäbe. Der *»lautere Sinn«* wird müde von der Abwehr fremder Gedanken, die dem Wort Jesu widersprechen. Denn wie können die Christen künftig so radikal noch leben, wenn Jesus noch lange nicht kommt? Waren nicht viele Weisungen Jesu so leidenschaftlich (z.B. die Bergpredigt), daß nur derjenige wörtlich nach ihnen leben kann, der mit dem baldigen Ende dieser Welt rechnet?

Da mit jedem Jahr die Welt mit ihren Gedanken in die Kirche stärker eindringt, muß die Gemeinde um so treuer auf das *»Wort«* Gottes durch die *»Propheten«* und auf das Wort *»Jesu«* hören. Zweimal betont Petrus, wie wichtig das *»Erinnern«* (V. 1 f vgl. 1,19) ist. Darum legt die evang. Kirche auch so großen Wert auf die Verkündigung in Gottesdienst, Bibelstunden und Andachten. Die Kirche ist bis heute in Gefahr, das Wort Gottes zu übergehen. Die *»Propheten«* werden *»heilig«* genannt, nicht, weil sie fehlerlos gewesen wären, sondern weil sie von Gott geheiligt sind und ihm gehören (3 Mo 11,44; Jes 6,3.5 ff; Eph 1,4; nach Eph 3,5 sind auch die Apostel heilig). Sie haben Gottes Wort empfangen, um es weiterzusagen.

Ebenso verkündigten auch die *»Apostel«* (s. 1,1) Gottes Wort, oder besser gesagt: *»das Gebot des Herrn und Retters«*. Mit dem *»Gebot«* sind sowohl die Zehn Gebote des AT und das Liebesgebot Jesu als auch sein Wille, daß die Menschen durch seinen Tod am Kreuz gerettet werden (2,21), gemeint: Er ist der *»Herr«,* dem wir zu gehorchen haben, indem wir sein Heil annehmen und ihm als seine Erlösten Freude machen; er ist der Retter (s. 1,11). Das *»Gebot«* ist also das, was wir sonst mit »Evangelium« bezeichnen. Um den lebensrettenden Ernst des Evangeliums zu betonen, spricht Petrus hier von *»Gebot«*. Diese Botschaft von Jesus ist wesentlich Botschaft des wiederkommenden Herrn (V. 3 ff. 11-13!).

Warum sagt Petrus betont: *»eure Apostel«*? Dann hätte der Verfasser sich ausgeschlossen und wäre kein Apostel. Schon einige frühe Handschriften haben sich daran gestoßen und schreiben »unsere Apostel«. Petrus nennt sie *»eure«* Apostel, weil wohl mehrere Apostel in dieser Gegend wirkten und sich um diese Gemeinden mühten. Apostel und Gemeinde hatten ein besonderes Verhältnis der Verantwortung und Dankbarkeit. Denkbar wäre auch, daß mit *»Apostel«* die »Boten Gottes« im allgemeinen Sinn gemeint wären wie Röm 16,7 (vgl. den Dienst des Epaphras, Kol 1,7).

»Denkt vor allem daran« (V. 3): Der Hauptangriffspunkt jener Sektierer war die christliche Hoffnung. Man könnte auch sagen: Die Hauptsache des christlichen Glaubens ist die Wiederkunft Jesu. Gerade weil sie von so großer Bedeutung ist, greifen die Ungläubigen und die Sektierer hier an. Bis zum heutigen Tag ist eine, wenn nicht *die* Front des christlichen Glaubens diese: Alle Hoffnungen sind auf das Diesseits, auf diese Welt gerichtet; der Blick auf die Zukunft Jesu wird als Vertröstung abgetan. Aber die christliche Gemeinde wartet auf Jesu Wiederkunft und damit auf den Tag, an dem er so regieren wird, daß alle ihm gehorchen wollen.

Wann *»die letzten Tage«* (2 Tim 3,1) beginnen, ist unklar. Gewiß ist seit Jesu Himmelfahrt eine neue Epoche angebrochen, so daß die Christen schon damals zu Beginn der letzten Tage lebten und deren Anfechtung zu erleiden hatten. Aber je näher das Ende kommt, desto schwerer werden die Anfechtungen: *»Spötter mit Spott«* sind die gleichen wie in 2. Petrus 2. Dort wird ihr verwerflicher Lebenswandel, hier ihr verwerfliches Denken aufgezeigt. Gott schenkt Petrus in der Offenbarung den klaren Blick, das Wesentliche zu erkennen. Gerade weil den Christen Jesu Wiederkunft so wichtig ist, darum setzt der Angriff an dieser Stelle an. Das Notvolle für die Christen ist, daß gerade aus ihrer Mitte die Spötter kommen (2 Petr 2,17; 3,4). Darum beginnt auch das Gericht am Hause Gottes (1 Petr 4,17). *»Spott«* ist eine ganz besondere Waffe, weil er den anderen lächerlich macht, so daß eine sachliche Erwiderung nicht mehr möglich ist. Gerade weil den Jüngern Jesu ihr Herr und seine Wiederkunft so am Herzen liegt, sollen sie mit dem Spott im Mark getroffen werden. Ihre Gegner wollen aber – das deckt hier Gottes Offenbarung auf – im tiefsten Grunde Gott nicht gehorchen; er soll ihren Lebenswandel nicht stören. Sie wollen *»ihre eigenen Gelüste«* ausleben. Der Unglaube ist letztlich auf einen einfachen Nenner zu bringen: Der Mensch will sein eigener Herr sein!

Der Angriff gegen Gottes *»Verheißungen«* (V. 4) ist uralt. Schon Jeremia (18,15) und Hesekiel (12,22), *»die Väter«*, haben darunter gelitten. Die Spötter berufen sich auch noch auf Jesu Wort (Mk 9,1; beachte aber Mt 24,48), daß nicht alle von seinen Zuhörern sterben werden, ehe sie nicht sein Reich in Macht sehen werden. Jesus dachte an seine Verklärung (so die Fortsetzung: Mk 9,2 ff), die durch seine Auferstehung noch überhöht wurde. Aber wer sich dem Willen Jesu entziehen will, der wird Gründe suchen und finden, und sei es, daß er Jesu Wort umdeutet.

Gewiß bedeutet es eine Anfechtung für alle Christen, wenn Stephanus stirbt und andere Christen (1 Thes 4,13.15) und Jesus immer noch nicht kommt. Auch wenn das Ausbleiben der Wiederkunft Jesu keinen Schock in der christlichen Gemeinde auslöste, brachte es doch Probleme mit sich: Die Gemeinde wurde müde (Mt 25,1 ff); das geistliche Leben und die Nachfolge erschlafften (Hebr 3,7-4,13); die Christen murrten wie Israel in der Wüste (Hebr 12,1-13); der Abfall war näher als die Gemeindemitglieder vermuteten (Hebr 3,12 f); es bestand die Gefahr, wie Esau sein Erstgeburtsrecht zu verschenken (Hebr 12,16 f; vgl. Mt 24 f). Aber Jesus hatte die Seinen immer gewarnt, sich nicht täuschen zu lassen (Mt 24,48). Er kommt plötzlich. Scheinbar *»bleibt alles (beim alten) so von Beginn der Schöpfung«*: Wir ahnen etwas von der »Welt-Anschauung« und dem aus ihr entspringenden Atheismus; für Gottes Handeln ist kein Platz, jedenfalls spürt man nichts davon. Es ändert sich nichts. Die Majestät und Großartigkeit der Natur mit ihren scheinbar »ehernen« und »ewigen Naturgesetzen« einerseits und die Zuchtlosigkeit (V. 3) andererseits lähmen die Dienstfreude und die Hoffnung.

Tatsächlich gibt es den *»Himmel«* (V. 5) seit *»alters«*. Er wird nicht im selben Atemzug mit der Erde genannt. Darum denkt Petrus bei ihm wohl nicht an die Atmosphäre und auch nicht an das Weltall. Andernfalls wäre an die Atmosphäre (1 Mo 1,6) gedacht. Die *»Erde«* aber ist keineswegs so fest, wie wir Menschen meinen. Allein die Güte Gottes ist es, die den sicheren Bestand unserer Welt garantiert (Kla 3,22). Das Schöpfungs- und Macht-*»Wort Gottes«* ist das Fundament unserer Welt insgesamt. Sonst hätte der Regen, das Grundwasser und die Meere schon längst die Erde, die Kontinente aufgeweicht. Denn das *»Wasser«* umgibt die Erde vollkommen. Die Festigkeit, mit der die Erde umgeben scheint, liegt nur am Willen Gottes, der die Erde erhalten will und nicht jedes Unrecht sofort straft. Die Welt steht keineswegs so sicher, wie mancher meint. Sie ist weder ewig noch stabil. Fest ist nur Gottes Verheißung.

Es ist die Fähigkeit des Menschen, das zu verdrängen, was er nicht anerkennen *»will«*. Was wir nicht glauben wollen, das erkennen wir auch nicht.

Gott benützt die Elemente, aus denen unser Planet hervorging (z.B. das Wasser und die Erde), um sie wieder zu zerstören (V. 6). Bei der Sintflut wurde nur »die damals lebende *Welt*« (Schlatter), d.h. die Menschenwelt, also nicht nur die Menschheit, sondern auch ihre Kultur, ihre Bauten und Werke (Hab 2,13), noch nicht der gesamte Kosmos von Gott gestraft und *»vernichtet«*. So sicher besteht die Welt nicht, wie manche meinen. Zwar lebten zu allen Zeiten Menschen in falscher Sicherheit, als ob nichts passieren könnte (1 Mo 6,5 ff; 7,5.7). Womöglich berufen sie sich noch auf Gottes Verheißungen (Jer 7,4; 6,14), die sie aber im Alltag verachten, ohne Gott treu zu danken im Dienst für ihn. So wird es auch bleiben, und vor Jesu Wiederkunft wird diese Sicherheit viele Menschen verführen und in ihrem sorglosen Sündigen bestärken (Mt 24,37-39).

Zwar hat Gott nach der Sintflut verheißen, daß er die Menschheit nicht noch einmal durch eine Sintflut strafen und ausrotten, auch die Natur damit nicht in Mitleidenschaft ziehen werde (1 Mo 9,11). Aber das gibt uns keinen Freibrief zu sündigen, als ob Gott damit seiner Gerechtigkeit abgeschworen und die Abschaffung jeglichen Gerichtes versprochen habe. Retten kann uns nur die Gnade Jesu – und die muß im Glauben angenommen werden (V. 9).

Das *»Gericht«* wird kommen (V. 7). Gott gibt hier einen kleinen Einblick in seine Zukunft, indem er andeutet, daß Himmel und Erde durch *»Feuer«* gerichtet werden. In vielen Religionen, bei den Griechen nicht weniger als bei den Germanen, ahnte man etwas von dem »Weltenbrand«. Aber Petrus malt die Offenbarung nicht aus, etwa mit den gängigen Bildern seiner Zeit.

Schon im AT hatte Gott deutlich vom Feuer seines Gerichtes gesprochen. Der Zorn Gottes über alles Unrecht brennt wie Feuer (Jes 30,27); so bringt er auch im Gericht das Feuer (Hab 2,13; Zeph 3,8; Jes 33,11 ff; Joe 2,3; Sach 12,6; Mal 3,19). Jesus nennt sich im ähnlichen Sinn »Licht der Welt« (Joh 8,12); vor ihm bleibt nichts verborgen; der Sünder fürchtet das Licht (Joh 3,20). Wenn Gott selbst nicht Schatten gäbe (Ps 91,1), der müßte vergehen.

Das Gericht Gottes bricht nicht schon jetzt über die Welt herein – nicht, weil Gott nicht existierte oder weil er das Gericht nicht durchführen wollte oder weil die Welt gar nicht so schlimm wäre, sondern einzig und allein deshalb, weil Gott uns durch sein Machtwort erhält (vgl. 1 Petr 1,23: die Wiedergeburt empfangen wir durch das Wort Gottes). Wie einen

»Schatz« »behält Gott die Welt im Auge« (so *»behüten«* wörtlich). Er liebt sie also trotz all ihrer Schuld. Aber er kann und will Schuld nicht einfach durchgehen lassen. Darum sind *»die jetzt bestehenden Himmel und Erde ... aufbewahrt auf den Tag des Gerichtes«*. Zunächst kommt das Gericht über die *»ungehorsamen Menschen«*. Aber die Natur ist immer in Mitleidenschaft gezogen. Mensch und Natur sind in der Schöpfung, in Gericht und Heil immer miteinander verbunden (1 Mo 6 ff; Jes 11,6 ff; 24,1 ff; 30,23 ff; 34,4.8.ff; 35,3 ff; 1 Mo 1,24-31; Joe 2,18-27; Jon 4,11; Nah 2,14; Hab 1,14; vgl. Röm 8,19 ff; Jer 4,23 ff).

Seit jeher bedrängt es auch die Frommen, wie sie verstehen sollen, daß Jesus bald wiederkommen wird, daß die »Zeit (der Kairos) nahe« ist (Offb 1,3) und daß er seit bald 2000 Jahren auf sich warten läßt. Nachdem aber Gott uns einen Einblick in seine Pläne gegeben hat, daß nämlich Jesus wiederkommen wird, ist *das Eine* wichtig. Wem das Geoffenbarte *verborgen* (V. 8) ist, der trägt selbst die Schuld. Andrerseits ist es aber auch Unrecht, die Zeit der Wiederkunft berechnen zu wollen, wie es immer wieder entgegen dem klaren Befehl Jesu geschehen ist (Mt 24,36.42; 25,13).

Andererseits können wir anhand der Zeichen, die Jesus uns nannte, sein nahes Kommen ahnen, wie die austreibenden Blätter des Feigenbaumes den nahenden Sommer ankünden (Mt 11,4 f; Lk 12,54 ff). An Vorzeichen nennt uns Jesu Offenbarung mehreres. Dazu gehören die Zerstörung des Tempels und das Strafgericht über Israel (Lk 21,20 ff; Röm 9,30 ff; 11,11 ff), zunehmende Katastrophen wie Krieg (mit Erdbeben) und dessen Folgen, Hunger, Krankheiten (Mt 24,6 f; Offb 6,1-8) sowie die Predigt des Evangeliums allen Völkern (Mt 24,14; Apg 1,7 f). Diese Vorzeichen betreffen auch Israel: Seine Gerichtszeit hat ein Ende (Lk 21,24); es kehrt wieder in sein Land zurück (Dan 12,7; Röm 11,23 ff); es kommt zur Erweckung in Israel (Röm 11,25 ff). Weltweite Vorzeichen sind das Streben nach Welteinheit, sowohl religiös wie auch politisch (Dan 2,40 ff; 7,19 ff; Offb 13; 14,14 ff), der Zerbruch der sittlichen Normen (Ehebruch, sexuelle Verfehlungen, Rausch, Profitgier, Genußsucht; vgl. Mt 24,37 ff; Offb 14,8; 17 f), der

Wohlstand neben weltweiten Katastrophen (Mt 24,37 ff; Offb 6,12 ff; 8,6 ff; 13,11 ff; 16,9.11). Irrlehrer und Antichristusse treten auf (Mt 24,4 f; 11,23 ff; 1 Tim 4,1 ff; 2 Tim 3,1 ff; 1 Jo 2,18 ff; Jud 17 ff; Offb 12,15 f), bis schließlich der Antichrist selbst mit seinem Gefolge kommt (Mt 24,24; 2 Thes 2,3 f; 1 Jo 2,18; Offb 13). Unter seiner Herrschaft erreicht die Verfolgung der Gemeinde ihren Höhepunkt (Mt 24,9 ff.21 ff; 1 Petr 4,12 ff; Offb 6,9 ff; 12,17 f; 13,6 f; 17,6; 18,24). Auch entziehen sich Menschen Gott (Mt 24,37 ff; Offb 16,9.11), Christen fallen ab vom Glauben (Mt 24,10.12 f.22 f; Offb 13,8 f.13 f; 14,9 ff, und nur die von Jesus bewahrte Gemeinde hält durch (Mt 16,18; 24,22; Offb 6,9 ff; 7,9 ff; 14,12 f; 15,2; 20,4). Dann kommt schließlich Jesus und vereint die Seinen, die Lebenden und die Toten, mit sich (Mt 24,31; 1 Thes 4,15 ff; Offb 14,13; 19,6 ff). Weil Jesus so viele Vorzeichen offenbart hat, haben sich immer wieder Christen entgegen seinem Verbot dazu hinreißen lassen, den Tag seiner Wiederkunft dennoch zu berechnen.

Petrus schärft seiner Gemeinde ein, daß Gottes Zeitrechnung eine andere als die unsere ist. Er tröstet sie damit. Vor Gott ist *»ein Tag«* eben kein 24-Stunden-Tag. Das hatte er schon Mose geoffenbart (Ps 90,4; Hab 2,3; Sir 35,22; Hebr 10,37). Darum sind Begriffe wie »nahe« und »bald« relativ (vgl. Offb 1,3).

Manche Ausleger sehen in dem Stichwort von den *»tausend Jahren«* einen Hinweis auf das Reich der Tausend Jahre. Der geschundenen Erde wird Gott die Vollendung schenken. An ihr wird er seine Schöpfermacht erweisen. Sie bekommt ihren Sabbat-Sonntag, an dem Jesus Christus die wahre Sonne ist (Offb 20,1-6; 21,1). Dieser Tag ist seit Jesu Auferstehung im Morgengrauen (Röm 13,12).

Das währt nun freilich schon lange – wem nicht zu lange? Haben auch Glieder der Gemeinde, nachdem die Sektierer die Hoffnung ganz aufgegeben hatten, angefangen, sich ihre eigenen Gedanken darüber zu machen, wie Gott seine Verheißungen erfüllt (V. 9)? Der Vorwurf, Gott *»zieht«* die Erfüllung der *»Verheißung« »in die Länge«*, hat zwei Spitzen:

a) Gott enthält seiner Gemeinde das versprochene herrliche Geschenk vor, das ersehnte Heil;

b) Gott nimmt es mit seiner Gerechtigkeit nicht so ernst, und das Gericht bleibt aus.

Dahinter steht der Vorwurf der Trägheit und der Gleichgültigkeit gegenüber dem menschlichen Ergehen. Diese doppelte Anklage gegen Gott ist nicht nur Unrecht, sondern verkennt Gott.

Gerade Petrus weiß um die Gefahr, daß auch ein Christ unsicher, ängstlich werden kann, ebenso angefochten und schuldig. Darum freut er sich in besonderer Weise über Gottes *»Geduld«*: Jesus Christus hat den langen Atem gerade zu den Briefempfängern (*»zu euch«*). Sie haben mit ihren Irrlehrern und den von jenen Verführten Gottes Geduld ganz besonders nötig. Gott will, daß *»alle«* selig werden (Joh 3,16; 1 Tim 2,4; Röm 2,4; 9-11). Im Gegensatz dazu wollen die Gnostiker nur einige wenige Erwählte gerettet wissen. Sind die Empfänger des Briefes schon so angekränkelt von den Irrlehrern, daß sie nur noch an sich und an ihr Seelenheil denken und darüber vergessen haben, daß Jesus alle retten will?

Der Weg zur Rettung, den Jesus geebnet hat, geht nur über den Platz- oder Richtungswechsel: Die Buße. Ohne Buße gibt es keine Rettung. Jesus drückt das verschieden aus: Einmal nennt er sich den einzigen Weg (Joh 14,6), ein andermal spricht er davon, daß alle, die an ihn glauben (!), nicht verlorengehen (Joh 3,16; Mk 16,16). Wieder ein anderes Mal bekennen die Jünger den Namen Jesu als den einzigen, der Rettung verschafft (Apg 4,18; vgl. Röm 1,16).

»Buße tun« bedeutet im Griechischen wörtlich »umdenken«. In der griech. Welt, wo das Denken so hoch in Ehren stand, bewährte sich der Glaube an Jesus in der neuen Denkweise, daß der Mensch sich seiner Schuld vor Gott bewußt wird (Apg 2,37 f). Das entsprechende hebr. Wort im AT heißt wörtlich *»umkehren«*, »zu Gott zurückkommen«; es lebt von der bibl. Offenbarung, daß sich der Mensch nach Leib, Seele und Geist von Gott entfernt hat. Die rechte Buße umfaßt darum nicht nur das Denken, sondern den ganzen Menschen. Darum ge-

braucht Petrus die etwas umständliche Formulierung *»den Platz wechseln zur Buße«*. Die griech. Übersetzung des AT, die sog. Septuaginta (LXX), gebraucht dieses griech. Wort für ein hebräisches, das wörtlich »bedauern«, »traurig sein« heißt.

Der *»Tag des Herrn«* kommt gewiß (V. 10). Daran gibt es keinen Zweifel. Ursprünglich bedeutete dieser Tag die Erfüllung der Verheißungen Gottes an sein erwähltes Volk, auf den sie sich freuten im Blick auf ihre Vorrechte (2 Sam 5,22 ff; Joe 3,1 ff; Jer 7,21 ff). Gott offenbart durch den Propheten dem selbstbewußten, unbußfertigen Volk, daß er an seinem Tag über Israel zu Gerichte sitzen wird, so daß man sich vor ihm als dem Tag des Zorns (Zeph 1,15; Kla 2,22; s. Röm 2,5) oder dem Tag der Angst (Jes 2,6-21; Jer 30,5-7; Zeph 1,14-18; Joe 1,15-20; 2,1-11) fürchten muß (vgl. Am 5,18-20; Jes 13,6).

Der Tag des Gerichtes kommt *»wie ein Dieb«* (Mt 24,43; 1 Thes 5,2), der sich nicht vorher anmeldet. Einige Handschriften enthalten (wie in 1 Thes 5,2 u.ö.) den Zusatz »in der Nacht«: Nachts ist die Angst, Dunkelheit, Kälte und Gefahr am größten; auch ist man beim Schlafen am wenigsten auf den Dieb gefaßt, um ihn abzuwehren.

Die Bilder sind unheimlich: *»Die Himmel«* (vgl. 2 Kor 12,2; die Mehrzahl ist mehr als nur eine Umschreibung für die Größe und Weite) *»zergehen«* (wie die Zeit: 1 Petr 4,3; wie der Reichtum: Mt 5,18), sie haben nicht ewigen Bestand. Wir wissen heute, daß auch die Naturwissenschaft mit dem Ende des Kosmos rechnet! Ob auch Matthäus (24,29) davon redet? Dort ist aber auch eine Kriegskatastrophe denkbar, wie wir sie erlebt haben, als Bomben vom Himmel fielen und Brandwolken die Sonne verdunkelten. Hier geht die Katastrophe weiter. Aber das Wort *»zergehen«* kann auch »vorübergehen« bedeuten (1 Mo 18,3; Mk 6,48; Lk 18,37; vgl. Offb 20,11). Was mit den Himmeln geschieht, bleibt im Zwielicht angedeutet.

Was ist mit dem *»Zischen«* gemeint? Das Wort umschreibt den schwingenden Ton eines geschwungenen Schwertes, das Rauschen des vorüberfliegenden Vogels und das Niederprasseln von Teilstücken.

Der prophetische Blick des Petrus wird auf die Erde gelenkt.

Ihr Schicksal wird anders beschrieben. Es ist das Bild des Feuers. Die *»Elemente«* (nicht, wie Gal 4,3 und Kol 2,20, Engelmächte) sind die Urbestandteile, die *»brennend zerschmelzen«*. Zu den Elementen ist wohl auch die *»Erde«* zu zählen. Sie erleidet das gleiche Schicksal. Hat Petrus ahnungsvoll den Brand Roms geschaut (vgl. 1 Petr 4,12!) und dahinter das Gericht über die Erde?

Davon unterschieden sind die *»Werke«* der Menschen. Sie werden *»auf ihr gefunden werden«*. Der Sinn dieser Worte bereitet große Schwierigkeiten. Darum haben die Abschreiber verschiedentlich versucht, den Text zu verbessern: sie werden »aufgelöst« gefunden werden, sie werden »verbrannt«, sie werden »verschwinden«. Aber das meist überlieferte Wort kann bedeuten, daß alles, was Menschenhand geschaffen, auch alles, was Menschen vor der Katastrophe, um es zu retten, versteckt haben, von Gott gefunden werden wird (vgl. Zeph 1,12 f; auch dort steht das Wort in Zusammenhang mit dem Tag des Herrn, Zeph 1,14 f). Der Gedanke, daß Gott durchs Feuer alles straft, findet sich öfters im AT (Mal 3,19; Hab 2,13; Zeph 3,8; vgl. Dan 7,9; Jer 51,58). Alles, was Menschen gemacht und worauf sie so stolz waren, muß verbrennen (Hab 2,13). Durch das Feuer wird jedes Werk geläutert (1 Kor 3,13; vgl. Offb 20,5).

Alles vergeht. Nur das Wort und der, der es spricht, Gott, bleiben (Mt 24,35)!

Wenn *»alles«*, was Gott widersteht, im Gericht *»aufgelöst«* wird (V. 11), dann bleiben doch die, die mit Jesus verbunden sind (Joh 10,28 ff). Petrus tröstet die Christen, die vor der Anfechtung stehen. Es geht ihm nicht darum, die Neugier zu befriedigen und Einblicke in die Zukunft zu geben. Das Wissen ist nicht das, worauf es ankommt, sondern die Bewahrung. Es gibt den Ansporn zu *»heiligem Wandel«* (Nachfolge!) und *»Gehorsam«* (s. 1,3). In ihm erweisen wir unseren Glauben (Röm 13,11-14; 1 Thes 5,4-11). Dabei kann sich keiner sicher fühlen (1 Kor 10,12). Dieser Abschnitt treibt uns zu bitten, darum daß Jesus uns seinen Hl. Geist schenke (2 Tim 1,7), daß er uns führe und leite, damit wir durchhalten. In jedem Fall werden wir sein wie ein Brand, der aus dem Feuer gerissen wird (Am 4,11): Nur mit knapper Not entgehen wir, weil Jesus seine schützenden Hände über uns hält.

Die rechte christliche Hoffnung wird nicht ungeduldig, sondern *wartet* (V. 12), daß noch möglichst viele zum Glauben kommen (V.9), macht Gott ganz gewiß keine Vorwürfe. Aber die Gemeinde *»eilt«* auch auf den großen Tag zu (1,10), indem jeder einzelne sich selbst rein halten will für Jesus, andere retten (Mt 24,14; Röm 11,25; Offb 7,9) und das Seine zur Beschleunigung der Wiederkunft tun will, indem er dafür betet, wie Jesus uns lehrte (Offb 22, 16-21; vgl. Lk 18,1 ff).

Auffallend spricht Petrus hier von der *»Wiederkunft des Tages Gottes«*. Sonst wird nur von der Wiederkunft *Jesu* gesprochen. Sollte er auch hier unter der Leitung des Hl. Geistes von Jesus als von Gott gesprochen haben (1,1; vgl. aber auch Jes 40,1 ff)? An verschiedenen Stellen des NT wird von der Wiederkunft Jesu gesprochen. Es ist nicht leicht, die Trostworte zusammenzufassen in einen Zeitplan, der mehr der Neugier als dem Trost dient.

Ein Versuch sei gewagt:

a) Der erste Advent mit Jesu Geburt, Wirken, Leiden und Auferstehen, um uns das Heil zu erwerben.

b) Seit Jesu Auferstehung, Himmelfahrt und Pfingsten bietet er uns sein Heil an.

c) Alles zielt auf seinen zweiten Advent:
- die Erst-Auferstehung der Gläubigen (1 Kor 15,23; Phil 3,21) und Entrückung der Gläubigen (1 Thes 4,13, ff) zum Empfang Jesu
- dann das Preisgericht der Frommen (1 Kor 3,11 ff; 2 Kor 5,1-10), die dem Strafgericht durch Jesu Vergebung entnommen sind (Joh 5,24)
- das Reich der tausend Jahre (Offb 20,1-6)
- das Endgericht (Offb 20,11; Joh 5,29 (vgl. Mt 25,31 ff); 1 Kor 15,24)

– die Endvollendung von Himmel und Erde mit der vollen Gottesgemeinschaft (Offb 21).

Zum Glauben gehört trotz allen Eilens das *»Warten«* (V. 13). Auch wenn wir uns noch so sehr sehnen nach der Vollendung, so haben wir doch in aller Stille und Treue unseren Dienst zu tun (vgl. V. 9).

»Neuer Himmel und neue Erde« sind nicht voneinander zu trennen. In der neuen Welt sind Himmel und Erde zusammengefaßt, sie sind eins. Neu wird in ihr sein, daß die *»Gerechtigkeit«* in ihr herrscht (vgl. Jes 2,3; 11,9). Bis in die letzte Faser werden Jesu Liebe und Gerechtigkeit regieren, so daß endlich der Kampf ums Dasein zu Ende gekommen sein wird (Röm 8,23!).

In der neuen Welt geht es nicht so sehr um unsere Vollendung, so beglückend sie sein wird, als daß alles, die ganze Natur, von Gottes Erkenntnis erfüllt und so voll Gerechtigkeit sein wird. Es ist der Sieg Jesu über alle Ungerechtigkeit. Dann wird Gott der Vater und Jesus bei den Seinen und mit ihnen in Reinheit verbunden sein (Offb 21,1 ff). Das macht die neue Welt so schön.

Jesus hat Johannes noch mehr offenbart, ihn noch mehr ins Vertrauen gezogen (Joh 15,15; Offb 1,1 f. 11.19). Erst ganz am Ende der Zeit werden auch Himmel und Erde erneuert. Vorher kommt das Reich der tausend Jahre (Offb 19,11-20,6; vgl. Joh 16,21; Offb 20,11 ff; 21,1 ff; siehe auch Jes 65,17; 66,22).

»Nach seiner Verheißung« kommt die neue Welt. Wir leiden noch unter der alten Welt und ihrer Ungerechtigkeit, je länger, je mehr (Mt 24,12). Wie viele Menschen haben schon versucht, die bestehende Welt zu verbessern und zu heilen! Wie oft wollten Menschen auch unter dem Einfluß des christlichen Glaubens das Reich Gottes auf Erden herbeizwingen (vgl. Mt 11,12)! Wir dürfen zwar mithelfen beim Bau der Gemeinde Jesu (1 Kor 3,9 – beachte den Zusammenhang), aber sein Reich baut Jesus allein. Diese Ehre läßt er sich nicht nehmen: »Ich mache alles neu!« (Offb 21,5).

Vorschlag zur Bibelarbeit über 2. Petrus 3,1-13

1. Einleitung

Vom langen Warten wird man müde. Darum betont Petrus zweimal (V. 1 u. V. 2), daß die Gemeinde erinnert und aufgeweckt werden muß. Ihr droht die Gefahr, Jesu Wort und Wille zu übersehen.

2. Durchführung

a) Das Warten wird zur Anfechtung

Jesus hat verheißen wiederzukommen. Er läßt lange auf sich warten.

(1) Die einen haben das Warten aufgegeben:
- Wo geht die Verheißung in Erfüllung (V. 4)?
- Alles bleibt seit eh und je beim alten (V. 4).

Kurz: Worauf sollen wir noch warten? Wir haben doch alles.

(2) Die anderen wollen gar nicht, daß er wiederkommt; sonst müßte sich ihr Leben ändern (V. 3).

(3) Was wir nicht wahrhaben wollen, nehmen wir auch nicht wahr (V. 5).

Kurz: Die Frommen leiden unter diesen Anfechtungen.

b) Das Warten will anspornen

(1) Es bleibt keineswegs alles beim alten:
- Die Erde besteht nur durch das schützende Machtwort Gottes (V. 5).
- Auf Befehl Gottes kam die Sintflut – das Gericht (V. 6).
- Je näher das Gericht, desto mehr Spötter (V. 3).
- Gott hat eine andere Zeitrechnung (V. 8).
- Die Welt wird von Gott wie ein Schatz zum Gericht bewahrt (V. 7).

(2) Die Frommen bleiben erhalten (V. 11).
(3) Während des Wartens sollen sie sich eilend bewähren (V. 11)
- im Gehorsam,
- im Retterwillen (Mission),
- im Bitten um Jesu Kommen.
(4) Wer errettet wird, der wird das nur allein aus Gnade um Jesu willen.

c) Das Warten will retten!

(1) Die Spötter fragen:
- Ist Gott an uns Menschen noch interessiert?
- Will Gott das Heil noch bringen?
- Will Gott das Recht noch durchsetzen?
(2) Es ist Gottes fester Wille, alle Menschen zu retten (V. 9):
- Das Warten ist Gnadenzeit für die Gemeinde und für die Welt (V. 9).
- Jetzt kann jeder noch Buße tun (V. 9).

d) Das Warten wird belohnt

(1) Jesus wird plötzlich wiederkommen (V. 10), unangemeldet wie ein Dieb. Die Gemeinde muß wach sein.
(2) Die bis in die letzten Fasern des Seins gottferne Welt wird im Feuer vergehen (V. 10).
(3) Die Werke der Menschen und sie selbst werden von Gott zum Gericht gefunden (V. 10).
(4) Gott schafft die neue Welt, indem er ihr die Gerechtigkeit durch seine bleibende Gegenwart schenkt (V. 13).

Zusammenfassung

Die christliche Gemeinde kann sich freuen: auf den Tag der Vollendung, wenn Gott bei ihr ist und sie bei ihm in Gerechtigkeit sein kann.

8. Es geht um Jesu Ehre (3,14-18)

3,14-18: **»Darum, Geliebte, weil ihr darauf wartet, müht euch, unbefleckt und makellos durch ihn im Frieden gefunden zu werden.**
(15) Und haltet die Geduld unseres Herrn für die Rettung, wie auch unser geliebter Bruder Paulus nach der ihm gegebenen Weisheit euch geschrieben hat;
(16) wie auch in allen Briefen redete er in ihnen darüber. In ihnen ist manches schwer verständlich, was die Ungelehrten und Ungefestigten verdrehen wie auch die übrigen Schriften zu ihrem eigenen Verderben.
(17) Also, ihr Geliebten, weil ihr es schon im voraus wißt, hütet euch, daß ihr nicht vom Irrtum der Gesetzlosen verführt aus der eigenen Stärkung herausfallt.
(18) Wachset aber in der Gnade und in der Erkenntnis unseres Herrn und Retters Jesu Christi. Ihm ist die Ehre sowohl jetzt als auch bis zum Tag der Ewigkeit. Amen.«

Aus der Zukunftserwartung, dem drohenden Gericht wie auch der bevorstehenden Herrlichkeit, entspringt der Eifer, die *»Bemühung«* (V. 14). Weil Christen von Gott und darum auch von Petrus und anderen Mitchristen *»Geliebte«* sind, brauchen sie das Gericht nicht zu fürchten, sondern dürfen sich auf die Gemeinschaft mit Christus freuen. Die Freude spornt an (1 Petr 1,7 f; 2 Kor 7,1; 1 Joh 3,3). *»Müht euch, unbefleckt und makellos«* zu sein! Wir drücken das gerne mit dem anderen bibl. Stichwort aus: Heiligt euch! Wer rein bleiben will, weiß, was er zu tun hat. Petrus schreibt zu diesem Thema den ganzen Brief; wir sollten uns vom Bösen fernhalten, Jesu Weisung beachten (1 Petr 1,13-16.22; 2,1 f. 11 ff) und mit Jesus verbunden bleiben (1 Joh 3,6). Dadurch werden wir zugleich auch rein (Joh 15,3). Beides hängt eng zusammen. Solange wir hier leben, werden wir schmutzig. Aus unserer Kraft werden wir nie fleckenlos. Nur durch Jesu Vergebung werden wir rein. Wahrscheinlich beziehen sich die Worte *»durch ihn«* (nämlich durch Jesus) auf Jesus als den Weg, auf dem wir makellos werden. Paulus drückt unsere Vergebung so aus: »Jesus ist uns gemacht von Gott zur Heiligung« (1 Kor 1,30). Petrus kann in diesem Zusammenhang auch wie Paulus von der Gerechtigkeit Gottes sprechen (1,1).

Freilich kann das griech. Wort auch anders übersetzt werden: *»Vor ihm«*, dem Richter, sollen wir *»im Frieden gefunden werden«*. Ja, die vieldeutige sprachliche Form kann auch heißen: *»Für ihn«* sollen wir *»im Frieden gefunden werden«*. Unser Leben hat als Lebensziel also die Ehre Jesu und Gottes.

Wie in 1,2 betont Petrus noch einmal, wie wichtig der *»Friede«* ist. Nach allem, was an Spannung durch die falschen Lehrer (2,1 ff) in die Gemeinde hineingetragen ist, betont Petrus den Frieden. Dieser erwächst aus dem Gehorsam gegenüber den ethischen Forderungen, von denen Petrus spricht, nämlich den Begierden zu entfliehen (1,4), Zucht und Geduld (1,6), Frömmigkeit und Bruderliebe, ja überhaupt die Liebe zu Mensch und Gott zu üben (1,7) sowie Habgier (2,3), Lästern (2,12) und Schwelgerei (2,13) zu meiden.

Denn nur wenn wir nicht ehebrechen, weder neidisch noch geldgierig sind, werden wir Frieden haben. Da wir aber auf Erden nie vollkommen sind, werden wir den Frieden nur durch die Liebe Jesu bekommen. Jesus ist unser Friede (Eph 2,14). Jesus verschafft uns Frieden, so daß zwischen uns und Gott nicht mehr die trennende Sünde steht (Eph 2,15; Kol 1,20). Darum mahnt das NT so sehr, den Frieden mit Gott anzunehmen, und darum wünscht ihn sich die Gemeinde, so daß sie gerne den Segen empfängt (4 Mo 6,26; Lk 2,14; vgl. Lk 10,5; 24,36; Joh 14,27; 16,33). Nur wer in Jesus erfunden ist, der hat Frieden mit Gott. Und darauf kommt es im Gericht Gottes an.

Schlichte Gemüter könnten das Geschriebene mißverstehen und meinen, sie könnten durch ihr eigenes Bemühen selig werden (V. 15). Dem stellt Petrus entgegen die *»Geduld unseres Herrn«* Jesu, die uns allein die *»Rettung«* verschafft. Das hat auch der Apostel Paulus unablässig geschrieben. Paulus gebrauchte zwar für das Geheimnis der Liebe Jesu und Gottes nicht das Wort »Geduld«, sondern den Begriff »Gerechtigkeit« (Röm 3,21 ff; 5,1 ff).

Andere Ausleger sehen in der Formulierung *»haltet die Geduld unseres Herrn für die Rettung«* einen Hinweis auf Vers 9. Dann würde Petrus noch einmal auf die Behauptung eingehen, Jesus käme überhaupt nicht wieder. Näher liegt aber die Anknüpfung an das zuvor Geschriebene: Nicht die eigenen guten Taten retten uns, sondern Gottes Geduld mit uns. Dem entspricht auch die Fortsetzung in Vers 16: Paulus wird mißdeutet, ja, bewußt verdreht.

Petrus, der Apostel, stellt sich mit Recht neben den Apostel Paulus: Petrus schreibt *»wie auch … Paulus«*. Paulus ist der *»geliebte Bruder«*. Welche Reife spricht aus diesem Wort nach allem, was vorgefallen war (z.B. in Antiochien nach Gal 2,11-14; die Zusammenarbeit mit Paulus dürfte nicht immer leicht gewesen sein: Apg 15,36-39!)! Paulus hat *»nach der ihm gegebenen Weisheit geschrieben«* (vgl. die stehende Redensart: 1 Kor 3,10; Gal 2,9). Dasselbe beansprucht auch Petrus (vgl. das dreimalige *»wie auch«* in V. 15 f).

»In allen Briefen redete« (V. 16) Paulus, d.h. er diktierte sie einem Schreiber (Sosthenes; vgl. 1 Kor 1,1 mit 1 Kor 16,21; Timotheus: 2 Kor 1,1; beachte Gal 6,11; Timotheus: Phil 1,1 ebenso Kol 1,1 und 4,18; beachte 2 Thes 3,17).

»Wie auch (Paulus) in allen Briefen«, so hat auch Petrus das gleiche Thema: die Rettung des Menschen durch Jesu Geduld am Kreuz (Hebr 12,3). Weil Gott Paulus in seiner Art benutzt wie auch Petrus oder die Propheten, trägt jede ihrer Schriften deren eigene Handschrift und persönlichen Stil. Darum kann Petrus sagen, Paulus sei manchmal *»schwer verständlich«*. Paulus schreibt das von sich selbst (2 Kor 10,10). Nicht alle Abschreiber des NT konnten oder wollten das so stehen lassen. Sie konnten das mit der Inspiration der Hl. Schrift nicht vereinbaren. Darum hat ein uns unbekannter Abschreiber einer Handschrift den Text im Griechischen mit einem Buchstaben so verändert, daß der Wortlaut heißt: *»In ihnen«* – nicht in den *»Briefen«*, sondern in den Gedanken! Denn es ist einleuchtend, daß die göttliche Offenbarung nicht so leicht verständlich ist. Die Kritik an Paulus hielt er wohl für Unrecht.

Offensichtlich wurde Gottes Wort, durch den Mund des Paulus diktiert, des öfteren mißverstanden. Wir erfahren das aus den beiden Thessalonicherbriefen. Manche erwarteten, nachdem sie den ersten Thessalonicherbrief kannten, die Wiederkunft Jesu als nahe bevorstehend, so daß Paulus im Auftrag Jesu einen zweiten Brief schreiben mußte. Oder es wurde etwa der Gedanke der Freiheit mißdeutet, als ob Paulus lehrte, jeder könne tun und lassen, was er wolle. Dagegen mußte sich Paulus wehren (1 Kor 5,1-5; 6,12-20) und die Grenze der Freiheit in der Liebe aufzeigen (1 Kor 8; Röm 14,14; 15,7).

In den Schriften des NT zeigt sich, daß sie alle zwar im Kern ihrer Botschaft eins sind: in der Kunde von Jesus, dem Sünderheiland, der für uns am Kreuz gestorben und vom Tode auferstanden ist. Es gibt aber doch Formulierungen und Aspekte, die typisch für jeden Schreiber sind, so daß die Schriften mehr oder weniger leicht je ihrem Schreiber zuzuordnen sind. Auch Paulus ist sich mit den anderen Aposteln einig (Apg 15,1 ff; Gal 2,6-10). Dennoch hat auch er seine theologische und stilistische Eigenart. Darum betont Petrus, Paulus habe *»in der ihm gegebenen Weisheit«* geschrieben. Ihm ist vom Hl. Geist eben eine in gewissen Grenzen andere Gabe gegeben worden; diese wird von Petrus anerkannt und muß von allen ebenso geachtet werden.

In der Botschaft als solcher liegt es, daß sie nicht leicht verständlich ist. Wie sollten wir Menschen Göttliches leicht verstehen können? Das darf aber nicht dazu führen, daß wir Menschen nun versuchen, die Unterschiede aufzuspüren und sie womöglich so herauszuheben, daß der biblische Gedanke dabei *»verdreht«* wird.

Dieses Schicksal widerfährt nicht nur Paulus, sondern allen *»Schriften«*, d.h. auch dem AT, das im NT so genannt wird (Mt 21,42; 22,29; 26,54; Lk 4,21; Apg 1,16; Röm 1,2; 1 Petr 2,6 u.ö.). Außerdem erleidet die Hl. Schrift dieses Schicksal von Anfang an bis heute. Jeder Ausleger muß Gott bitten, ihn durch seinen Hl. Geist zu leiten, seine Hl. Schrift recht zu deuten. Die Freude, durch Gottes Offenbarung ins Vertrauen gezogen zu werden, darf dadurch nicht getrübt werden, daß Menschen die Bibel verdrehen. Darunter hat Luther genauso gelitten im

Kampf etwa mit dem Humanisten Erasmus oder Bengel im aufkommenden Rationalismus oder die Bekennende Kirche unter den Deutschen Christen. Dieses Ringen um die treue Auslegung der Hl. Schrift geht bis heute weiter und wird andauern, bis Jesus wiederkommen wird.

Wenn Petrus seinen Brief voll Sendungsbewußtsein und doch zugleich bescheiden neben die Briefe des Apostels Paulus stellt, geht er davon aus, daß auch die Paulusbriefe in den Gemeinden reihum gelesen werden (1 Thes 5,27; Kol 4,16). Auch nennt er Apostel und Prophet in einem Atemzug (1,20; vgl. 3,1.15 f). Im NT wird die Weisung Jesu niedergelegt und die Verbindung der Botschaft Jesu mit dem AT aufgezeigt (Röm 4,3; vgl. auch die übrigen AT-Zitate; Apg 17,11). Die Kirche hat den Anspruch des Petrus wie auch der anderen NT-Schreiber anerkannt und mit erstaunlicher Treffsicherheit in den gottesdienstlichen Gebrauch aus der Vielzahl der Literatur *die* Schriften aufgenommen, die wir heute als NT, als Hl. Schrift, vor uns haben.

Freilich gab und gibt es immer Besserwisser, Unbelehrbare, *»Ungelehrte«*, die sich nicht weiterbilden wollen und die Gottesdienste darum bald wieder verlassen (Hebr 10,25) oder gar nicht erst in die Bibelstunde kommen. Sie meinen nämlich, dort würde nur »Milch« für die, die im Glauben noch Kinder seien, geboten, während sie schon im Glauben erstarkt seien und »feste Speise« vertrügen (Hebr 5,12; 1 Petr 2,2). In Wirklichkeit sind jene *»ungefestigt«*, also bestenfalls noch Anfänger, ja, nicht einmal das. Sie verdrehen die Hl. Schrift zum *»eigenen Verderben«*; sie gehen also verloren (2 Kor 4,3; 2 Petr 2,14).

Weil die Christen von Gott *»Geliebte«* sind (V. 17), sollen sie sich auch entsprechend verhalten und *»sich hüten«*, daß sie nicht *»verführt«* werden und nicht aus der Gemeinde (2,1) *»herausfallen«*.

»Im voraus wissen« sie um die Gefährdung durch falsche Lehrer, weil Jesus sie schon zu seinen Lebzeiten davor gewarnt hat (Mk 13,5), später dann Paulus (z.B. 1 u. 2 Kor, aber auch fast alle Briefe; ohne das notwendige Ringen um Wahr-

heit wäre wohl keine der ntl. Schriften geschrieben worden!). Von der Irrlehre wird die Gemeinde nie überrascht, wenn sie auf Jesu Wort hört. Die Gefahr droht von seiten der *»Gesetzlosen«* (Mt 24,12), also jener Gemeindeglieder, die sich nicht mehr unter Gottes Weisung stellen und sich von Gott nichts mehr sagen lassen, sondern ihre Freiheit betonen. Deren freiheitliche Ideen sind *»verführerisch«*, ja »mitreißend« (so wörtl.), weil sie unseren Wünschen und Leidenschaften entgegenkommen. Aber der Irrtum ist lebensgefährlich, weil wir dann Gott verfehlen.

»Schützen« kann sich die Gemeinde, indem sie sich an die *»Stärkung«* hält. Das entsprechende Wort kommt öfters im NT vor, vor allem bei Paulus. So betont gerade er, daß wir durch Gott gestärkt werden (Röm 16,25; 1 Thes 3,13; 2 Thes 2,17; 3,3; auch 1 Petr 5,10), ja auch von Christen als den Mitarbeitern Gottes (Timotheus [1 Thes 3,2] und Paulus [Röm 1,11 f]). Gott stärkt uns durch das Evangelium von Jesus (Röm 16,25).

Petrus drückt unsere Stärkung mit anderen Worten in Vers 18 noch einmal aus: Die *»Gnade«* und die *»Erkenntnis«* Jesu schützen uns vor dem Irrtum. Beide sind elementar wichtig; darum sollen wir in ihnen *»wachsen«*. Das geschieht durch das Wirken Gottes, der allein Wachstum schenkt (1 Kor 3,7). Dadurch wird der Gemeinde mehr bewußt, wie wichtig die »Gnade« (1,2) und die *»Erkenntnis«* (1,2.8; Phil 3,8) Jesu ist: die eigene Ohnmacht und die überwältigende Liebe Jesu. Zum Wachsen gehört, daß wir einsehen, wer unser Herr (Phil 2,10 f) ist und wem wir unsere Rettung verdanken: Jesus. Zu wachsen heißt nicht, mehr Wissen über Gott anzuhäufen, sondern ihn herzlicher zu lieben und ihm Freude zu machen. Zum Wachsen gehört die Frucht (Gal 5,22; 1 Kor 3,5-11; 2 Kor 9,6-11). Die Gemeinde wächst wie ein Bau zum Tempel (Eph 2,20 ff), wo Gottes Wort und Heilsgedanken verkündigt werden und wo er verherrlicht wird; auch wächst die Gemeinde wie ein Leib, so daß das Haupt immer wichtiger und einflußreicher wird (Eph 4,15 f; Kol 2,19). Dadurch wird die Gemeinde nicht nur in sich stärker (wie hier erbeten), sondern auch missionarisch (Apg 6,7; 7,17; 12,24; vgl. die Worte vom Segen Gottes, der Israel zum großen Volk machen wird [1 Mo

17,20] bzw. Jakob [1 Mo 35,11; Jer 3,16; 23,3]). Noch einmal betont Petrus (wie 1 Petr 5,11) – was Paulus auch mehrfach hervorhebt (z.B. Röm 16,27) –, worauf es dem Christen und der ganzen christl. Gemeinde ankommt: Jesus soll jetzt und zu allen Zeiten *»Ehre«* (1,3) erhalten. Ihm gebührt sie für seine Heilstat. Zu seines Vaters Verherrlichung hat Jesus seine Gemeinde gegründet. Ihm bringt sie in ihren Liedern und mit ihren Werken das Lob. Noch gelingt uns das mit unreinen Lippen und Herzen nicht vollkommen. Aber in der Ewigkeit erwarten wir die Vollendung (V. 13). Dann werden die einen erzwungen, die anderen aus freiem Herzen ihm die Ehre geben (Phil 2,10 f).

Vorschlag zur Bibelarbeit über 2. Petrus 3,14 - 18

1. Einleitung

Den Abschnitt 3,14 - 18 kann man nur von Vers 18 b her verstehen. Es geht um Jesu Ehre. Um diesen Punkt dreht sich das dritte Kapitel des 2. Petrusbriefes, ja der ganze Brief, das NT, ja, das AT – die ganze Bibel.
Der wahren Gemeinde Jesu, der Kirche, liegt Jesu Ehre am Herzen. Ihm zur Ehre wurden die Dome gebaut; ihm zur Ehre leben wir Christen.
Wie ehren wir Jesus?

2. Durchführung

a) Wir warten auf Jesus (V. 14)

(1) Im Warten auf Jesu Wiederkunft geben wir ihm die Ehre.
(2) Wer recht auf ihn wartet, ist angespornt zur Tat.

b) Wir mühen uns für Jesus (V. 14),

(1) indem wir unbefleckt sein, d.h. die Sünde meiden wollen (bes. betont ist der Friede – Jesu Gemeinde ist zu allen Zeiten voll Spannungen!);
(2) indem wir uns die Maßstäbe für unser Tun von ihm geben lassen und nicht gesetzlos (V. 17) sein wollen;
(3) indem wir seine Vergebung (»durch ihn«, V. 14) erbitten.

c) Wir anerkennen Jesus (V. 15)

(1) Es steht schlecht um uns. Wir müssen gerettet werden, wenn wir selig werden wollen.
(2) Wir brauchen die »Geduld« (V. 15), d.h. die Vergebung Jesu; nur er rettet. Doch Vorsicht: (a) Jesu Geduld ist kein Zeichen für Gottes Großzügigkeit, und (b) Jesu Vergebung muß durch Buße angenommen werden.
(3) Wir brauchen die Offenbarung Jesu in der Hl. Schrift.
(4) Wir dürfen die Hl. Schrift nicht kritisieren, d.h. »verdrehen« (V. 16), auch wenn Gott die Unterschiede der Schreiber in der Wiedergabe seiner Offenbarung gebraucht.

d) Wir hüten uns vor dem Abirren von Jesus (V. 15)

(1) Es gibt vielerlei Verführungen, vor allem durch die, die sich von Gott nichts sagen lassen (V. 17: »Gesetzlose«).
(2) Schutz und Stärkung gibt allein die Offenbarung Gottes in der Hl. Schrift.

e) Wir wollen wachsen (V. 18),

(1) indem wir in Jesu Gnade und Erkenntnis zunehmen, d.h. ihn mehr lieben;
(2) indem wir mehr Frucht bringen (Gal 5,22) und ihm als unserem Herrn und Retter mehr gehorchen;

(3) indem wir mehr Menschen einladen zu Jesus, so daß seine Gemeinde mehr wächst.

Zusammenfassung

Die Gemeinde Jesu hat nur *ein* Ziel: ihn heute, morgen und in alle Ewigkeit zu ehren.